Michael Brückner

Keine Panik
vor dem Finanzamt

Michael Brückner

Keine Panik vor dem Finanzamt

Wie Sie Ärger vermeiden
und Ihr gutes Recht verteidigen

REDLINE WIRTSCHAFT

Bibliografische Information der Deutschen Nationalbibliothek

Die Deutsche Nationalbibliothek verzeichnet diese Publikation in der Deutschen Nationalbibliografie.
Detaillierte bibliografische Daten sind im Internet über http://dnb.d-nb.de abrufbar.

ISBN: 978-3-636-01430-6

Unsere Web-Adresse:
www.redline-wirtschaft.de

© 2007 by Redline Wirtschaft, Redline GmbH, Heidelberg.
Ein Unternehmen von Süddeutscher Verlag | Mediengruppe.

Alle Rechte, insbesondere das Recht der Vervielfältigung und Verbreitung sowie der Übersetzung, vorbehalten. Kein Teil des Werkes darf in irgendeiner Form (durch Fotokopie, Mikrofilm oder ein anderes Verfahren) ohne schriftliche Genehmigung des Verlages reproduziert oder unter Verwendung elektronischer Systeme gespeichert, verarbeitet, vervielfältigt oder verbreitet werden.

Umschlaggestaltung: Init, Büro für Gestaltung, Bielefeld
Umschlagabbildung: CORBIS, Düsseldorf
Satz: M. Zech, Redline GmbH
Druck: Himmer, Augsburg
Bindearbeiten: Thomas, Augsburg
Printed in Germany

Inhalt

Vorwort		9
1	**Von großen und kleinen Steuersündern**	13
	Vier Fälle aus der Praxis	13
	Steuerpflichtige leisten Widerstand	20
	Circulus diaboli – Staat und Steuerzahler im Teufelskreis	22
	Was brave Bürger zu „Sündern" macht	25
	Mehr Steuermoral durch Steuervereinfachung?	30
	Prominente Sünder – und ihre Strafen	32
	Auf einen Blick	39
2	**Die Informationsquellen der Finanzbehörden**	41
	Die Finanzämter rüsten auf	41
	„Nach bestem Wissen und Gewissen": die Steuererklärung	42
	Der automatisierte Kontenabruf: Adieu Bankgeheimnis	47
	Versicherungen im Visier der Fahnder	50
	Von neidischen Nachbarn, enttäuschten Partnern und „netten" Kollegen	51
	Kontrollmitteilungen: Finanzämter unter sich	54
	Die Zollfalle und ihre möglichen Folgen	57
	Betriebsprüfung: Der „große Lauschangriff"	60
	Auf einen Blick	67
3	**Der alltägliche Ärger mit dem Finanzamt**	69
	Die „kleinen Beziehungsprobleme" mit dem Fiskus	69
	Rechtzeitig Einspruch einlegen	70
	Das häusliche Arbeitszimmer: Stoff für Dauerzoff	77
	Senioren unter Beobachtung	77
	Festsetzungsverjährung: Irgendwann ist Schluss	78
	Exkurs: Vorsicht, ebay-Falle	80

Inhalt

	Wichtige Steueränderungen für Anleger	82
	Auf einen Blick	83
4	**Die Gegner kennen: Wer macht was in den Finanzbehörden?**	85
	Der Start einer Finanzamtskarriere	85
	Wie das Finanzamt organisiert ist	89
	Die Oberfinanzdirektionen führen Aufsicht	93
	BuStra: Die „Staatsanwaltschaft" im Finanzamt	94
	Die Steuerfahnder als „Polizisten" des Finanzamts	96
	Die Aufgaben der Steuerfahndung	99
	Wenn die Fahnder vor der Tür stehen	102
	Auf einen Blick	104
5	**Wenn es ernst wird**	105
	Steuerstrafrecht – die fiskalische Keule	105
	Mit einem blauen Auge davongekommen: die Steuerordnungswidrigkeit	106
	Steuerstraftaten: Wenn aus Sündern Kriminelle werden	107
	Beihilfe zur Steuerhinterziehung	112
	Anstiftung zur Steuerhinterziehung	112
	Die gewerbsmäßige Steuerhinterziehung	115
	Geldwäsche: Der eilfertige Vorwurf	117
	Auf einen Blick	122
6	**Risk-Management: Welche Auswege sind möglich?**	123
	Überlegt handeln und nichts überstürzen	123
	Der Coole: Nerven behalten und das Beste hoffen	124
	Die Strategin: Geschickt auf Zeit spielen	126
	Der Vabanque-Spieler: Immer die Hand an der Notbremse	127
	Der reuige Sünder: Die Selbstanzeige als Notausgang	129
	Auf einen Blick	135
7	**Psychologische Tipps für den Ernstfall**	137
	Nicht den Kopf verlieren – möglichst cool bleiben	137

Offen über Probleme sprechen ... 138
Alkohol und Drogen sind keine Problemlöser ... 139
Hals über Kopf ins Ausland ... 140
Die Vogel-Strauß-Strategie ... 143
Aggressives Vorgehen ... 144
Den reuigen Sünder mimen ... 145
Business as usual – die beste Strategie ... 145
Auf einen Blick ... 147

8 Welche Strafen drohen? ... 149
Das groteske System der „Straftaxen" ... 149
Die zweite Größe: der Tagessatz ... 153
Strafen bei gewerbsmäßiger Steuerhinterziehung ... 155
Einstellung des Verfahrens oder Strafbefehl ... 156
Geldbuße bei Ordnungswidrigkeiten ... 160
Auf einen Blick ... 161

9 Wenn die Vollstrecker kommen ... 163
Blühende Landschaften und die Willkür des Fiskus ... 163
Kampf mit harten Bandagen ... 164
Rechtzeitiges Verhandeln lohnt sich ... 166
Der Erlass von Steuerschulden ... 169
Die Privatinsolvenz ... 169
Die Stundung ... 171
Die Eidesstattliche Versicherung ... 172
Auf einen Blick ... 173

10 Nichts wie weg? Was Steuerparadiese wirklich bieten ... 175
Diskretion Ehrensache ... 175
Warum in die Ferne schweifen? ... 179
Steuerparadies auf Abruf? ... 181
Nicht nur auf das Bankgeheimnis schauen ... 183
Auf Einlagensicherung achten ... 185
Der diskrete Geldtransfer ... 186
Vom Geheimnis der „Bleibepost" ... 188
Wohnsitznahme in der Schweiz ... 190

Inhalt

Die beliebtesten Auswanderungsländer
für steuermüde Deutsche 191
Auf einen Blick 193
Kurz & bündig: Die wichtigsten „Oasen" 193
Andorra 194
Monaco 196
Fürstentum Liechtenstein 198
Großherzogtum Luxemburg 200
Österreich 202
Schweiz 203
Jungholz und Kleinwalsertal 205

Anhang 207
Straf und Bußgeldvorschriften,
Straf- und Bußgeldverfahren 207
Auszüge aus der Abgabenordnung
zum Thema „Pfändung" 210
Mini-Glossar 211
Nützliche Links 216
Nützliche Adressen 217
Literaturverzeichnis 217
Für alle, die noch etwas zu lachen haben 218
Das Letzte 219
Statt eines Nachworts 220

Stichwortverzeichnis 221

Vorwort

„Steuerehrlichkeit ist ein Anfall, der bei den meisten Menschen schnell vorübergeht." Diese Erkenntnis stammt von Mark Twain und beweist zumindest zweierlei: Erstens kann man als cooler Zeitgenosse allfälligem Ärger mit dem Fiskus auch humorvoll begegnen, ganz nach dem Lebensmotto, wonach Humor die Höflichkeit der Verzweiflung ist. Und zweitens sind Steuerschummeleien keine Erscheinung, die erst in der Gegenwart verstärkt zutage tritt. Wer aber erst einmal ins Visier der Steuerbehörden geraten ist, dem vergeht sehr schnell die lockere Heiterkeit im Umgang mit diesem Thema. Eine Unachtsamkeit, eine kleine Schummelei nach dem Motto „Das macht doch jeder" kann zu erheblichen Problemen und empfindlichen Strafen führen. Im schlimmsten Fall steht die gesamte Existenz auf dem Spiel. Die Staatsmacht springt mit ertappten Sündern nicht eben zimperlich um. Das dürfte nicht zuletzt darauf zurückzuführen sein, dass sie gleichermaßen „Opfer" und Richter ist. Sie wird von einem ihrer Bürger betrogen, indem dieser ihr Steuern vorenthält, und darf den Sünder dafür bestrafen. Die Sanktionen werden entweder von den Mitarbeiterinnen und Mitarbeitern der Bußgeld- und Strafsachenstellen des Finanzamts bei Gericht beantragt, oder es kommt zu einer Hauptverhandlung. Finanzbeamte, Staatsanwälte, Richter – sie alle werden aus Steuermitteln bezahlt und kennen daher kein Pardon, wenn sich einer seiner fiskalischen Pflichten entzieht.

Symptomatisch erscheint in diesem Zusammenhang die Entgleisung einer Mannheimer Richterin, die vor einigen Jahren zumindest auf regionaler Ebene für Schlagzeilen sorgte. Sie beließ es nicht nur dabei, dem Angeklagten eine hohe Strafe aufzuerlegen, der Steuerhinterzieher musste sich überdies von der Juristin beschimpfen lassen, er sei ein Fall „von Schmarotzertum am Gemeinwesen". Süffisant kommentierte der renommierte Rechtsanwalt Professor Franz Salditt den Ausfall der Richterin mit den Worten, vermutlich schwebe der Dame vor, „alles Einkommen gehöre zunächst einmal dem Staat, der den Bürgern davon einen jeweils angemessenen Anteil überlasse".

Die Kontroll- und Überwachungsmethoden wurden in den vergangenen Jahren drastisch verschärft. Die automatisierte Kontoabfrage, von der weder der Kunde noch die Bank etwas erfährt, der europaweite Versand von Kontrollmiteilungen und nicht zuletzt der Einsatz von hochleistungsfähiger Software hat das Entdeckungsrisiko für Steuersünder erheblich erhöht. Doch damit nicht genug: Geplant ist die Einführung von Steuerzahler-Identifikationsnummern. Diese Nummer wird dann jeder Steuerzahler von Geburt an erhalten. Selbst die Ruheständler müssen mit einer schärferen Überwachung rechnen, nachdem durch die Einführung des Alterseinkünfte-Vorsorgegesetzes die Zahl der steuerpflichtigen Rentner deutlich gestiegen ist.

Experten schlagen schon seit geraumer Zeit Alarm. „Der Staat will seine Bürger bevormunden und den gläsernen durchsichtigen Bürger schaffen. Der Mandant, der in einem Steuerstrafverfahren verteidigt wird, legt schon längst kein abweichendes Verhalten mehr an den Tag. Er ist nur derjenige, den man erwischt hat", schreibt zum Beispiel der Steuerfachanwalt Wilfried Hasse aus Starnberg. Und der süddeutsche Privatbankier Christoph Breunig klagt über „das ausgeprägte Verhalten der deutschen Behörden, alles ständig kontrollieren und überwachen zu müssen, und zwar in einem geradezu unglaublichen Misstrauensverhältnis gegenüber den Bürgern".

Erstaunlich muten diese Kontrollexzesse nicht zuletzt deshalb an, weil in Deutschland ab dem Jahr 2009 eine Abgeltungssteuer gelten soll. Dann überweisen die Banken automatisch einen Teil der Kapitalerträge und Spekulationsgewinne an den Fiskus. Ein einfaches und pragmatisches Verfahren, wie es im benachbarten Österreich schon im Jahr 1993 mit großem Erfolg eingeführt wurde. Das Hinterziehen von Steuern auf Zinsen, Dividenden oder Spekulationsgewinnen bei Wertpapiergeschäften gehört damit der Vergangenheit an.

Dieses Buch will Steuerunehrlichkeit nicht verharmlosen oder gar insgeheim um Verständnis werben. Im Gegenteil: Auf den

Vorwort

folgenden Seiten werden sowohl die neuen, hochmodernen Kontrollmöglichkeiten des Fiskus als auch die drohenden Strafen dargestellt, die dem Steuerhinterzieher drohen. Insofern kommt diesem Buch Präventionscharakter zu. Steuerzahler, die den einen oder anderen Sündenfall bereits hinter sich haben, bislang aber ungeschoren davonkamen, sollten ernsthaft in Erwägung ziehen, ein vertrauliches Gespräch mit ihrem Steuerberater oder Anwalt zu führen, um die Möglichkeit einer Selbstanzeige zu prüfen. Dann erspart man sich zumindest die bei einer Entdeckung nahezu unvermeidbare Steuerstrafe, die – wie erwähnt – verglichen mit anderen Delikten ausgesprochen hart ausfallen kann. Allerdings sei bereits an dieser Stelle angemerkt, dass eine Selbstanzeige nicht immer ein Allheilmittel darstellt. Jeder Einzelfall sollte sorgfältig unter die Lupe genommen werden.

Und dann bleibt da noch die dritte Gruppe: Steuersünder, deren „kreative Buchführung" aufgeflogen ist und die jetzt gewaltigen Ärger mit den Finanzbehörden haben. Ein Steuerstrafverfahren nimmt in der Regel viele Monate, mitunter sogar Jahre in Anspruch. Für die Betroffenen, die nicht nur ihre Verurteilung und die damit oft einhergehende soziale Stigmatisierung fürchten, sondern vielfach auch wirtschaftlich vor erheblichen Problemen stehen, ist dies eine schlimme Zeit. So etwas lässt nur die wirklich hartgesottenen Steuerbetrüger kalt, nicht aber den 65-jährigen Großvater, der nach einem arbeitsreichen und gesetzestreuen Leben seine Ersparnisse „steuerschonend" in Luxemburg anlegte, um eines Tages die Ausbildung seiner Enkel bezahlen zu können. Auch an diese Gruppe der ertappten Steuersünder wendet sich dieses Buch. Es gibt Tipps und Hinweise, was in dieser schwierigen Situation zu tun und – fast noch wichtiger – zu lassen ist.

Fest steht, dass der ausgeprägte Wille der Steuerbehörden, alles und zu jeder Zeit mit ausgefeilten und bisweilen leider sogar fragwürdigen Methoden kontrollieren und überwachen zu wollen, in den vergangenen Jahren drastisch zugenommen hat. Mit solchen Restriktionen erreicht der Staat oft das Gegenteil dessen, was eigentlich beabsichtigt war. Ein sehr konkretes Beispiel ist die erwähnte Einführung der automatisierten Kontoabfrage zum 1. April

2005. Seither sind die Finanzbehörden ermächtigt, die Bankdaten aller Steuerbürger zentral abzufragen. Viele Sparer empfinden dies als einen gravierenden Eingriff in ihre Privatsphäre und flüchten mit ihrem Geld nach Österreich oder in die Sondergebiete Jungholz und Kleinwalsertal, wo das Bankgeheimnis noch in vollem Umfang gilt. Die dortigen Banken werden dadurch mit Liquidität überflutet, die sie als billige Unternehmenskredite wieder nach Deutschland vergeben und somit ihren deutschen Kollegen nach dem Einlagen- nun auch noch das Firmenkundengeschäft verhageln.

Schuld daran sind nicht die österreichischen Banker. Sie nehmen letztlich nur unternehmerische Chancen wahr. Verantwortlich sind vorrangig Politiker, die das Steuersystem immer komplizierter machen und ihren Bürgern so wenig trauen, dass sie ständig neue Kontrollmechanismen einführen. Was einst angeblich der Terrorbekämpfung diente, kann heute schon einem kleinen Steuersünder zum Verhängnis werden. Mit der Abschaffung der steuerlichen Absetzbarkeit von privaten Steuerberaterkosten erschwert man es den Bürgern zudem, seine Rechte effizient wahrzunehmen. Und das wäre eigentlich bitter nötig, denn nach aktuellen Schätzungen ist fast jeder zweite Steuerbescheid fehlerhaft.

Michael Brückner

Neujahr 2007

1 Von großen und kleinen Steuersündern

Vier Fälle aus der Praxis

Die Zukunft des freischaffenden Künstlers Markus B. sah blendend aus. Zehn Jahre nach dem Ausscheiden aus seinem ihn langweilenden Angestelltenjob hatte es der kreative 48-Jährige geschafft: Seine Werke waren begehrt, sein Name wurde immer bekannter – und mittlerweile gehörten sogar Großbanken und Versicherungen aus Deutschland und der Schweiz zu seinen treuen Kunden. Und wenn die Banker einen Wunsch hatten, dann diskutierten sie nicht über 100 Euro mehr oder weniger. Markus B. freilich zahlte einen hohen Preis für seinen Erfolg: Pro Woche verbrachte er zwischen 80 und 90 Stunden in seinem Studio, die Wochenenden gehörten für ihn zur Regelarbeitszeit. Privatleben? Fehlanzeige. Der Künstler war wie berauscht von seinem Erfolg und stürzte sich obsessiv in seine Arbeit. Urlaub langweilte ihn.

Vieles kam in diesen Zeiten zu kurz – darunter seine Buchhaltung, die aus einem Haufen unsortierter Belege bestand, die er in einem Karton aufbewahrte. Den Inhalt dieses Kartons übergab er in regelmäßigen Abständen der Mitarbeiterin seines Steuerberaters, die für ihn die Steuererklärungen erstellte. Markus B. hatte – wie die meisten Kreativen – ein gespanntes Verhältnis zu Behörden aller Art. Zwischen dem freiberuflichen Künstler und dem Finanzamt lagen gar Welten. Markus B. ahnte nicht, dass diese ganz andere Welt einmal sein Leben total verändern und seine Existenz weitgehend ruinieren würde.

An einem Tag im Jahr 2005 übernahm das Schicksal die Regie. Und es sollte kein gütiges Schicksal sein. Markus B.s Steuerberater, den er persönlich schon seit Jahren nicht mehr gesehen hatte, eröffnete ihm, dass in Kürze der Betrieb des Künstlers vom zuständigen Finanzamt geprüft werde. Betriebs- oder Außenprüfung heißt so etwas. Und selbst gestandene Unternehmer bekommen feuchte Hände, wenn der Besuch eines Prüfers oder einer Prüferin bevorsteht.

Markus B. jedoch nahm's relativ gelassen. Noch wähnte er sich auf der sicheren Seite. Eine fatale Fehleinschätzung. Denn schon nach kurzer Zeit konfrontierte ihn die Prüferin mit einer sechsstelligen Summe, die er nicht als Betriebseinnahmen deklariert und daher nicht versteuert habe. Für Markus B. war es ein Schock, der ihn tagelang paralysierte. An kreatives Arbeiten war nicht zu denken. Seine chaotische Buchhaltung sollte schwerwiegende Folgen haben. Noch bevor der Künstler die ungeklärten Positionen mit seinem Steuerberater diskutieren konnte, fuhr die Staatsmacht das gesamte Arsenal an „Folterwerkzeugen" auf, um den Druck zu erhöhen. Die Betriebsprüferin informierte umgehend ihre Kollegin von der Bußgeld- und Strafsachenstelle, die in der abkürzungsverliebten Finanzverwaltung allgemein als „BuStra" bezeichnet wird. Rücksicht hatte Markus B. nun nicht mehr zu erwarten. Die BuStra-Dame schickte ihm pünktlich zu seinem Geburtstag die Mitteilung ins Haus, dass gegen ihn das Steuerstrafverfahren eröffnet worden sei. Wenig später bekam er erneut unangenehme Post vom Finanzamt. Die Sachgebietsleiterin für Betriebsprüfungen teilte ihm in einem Zweizeiler mit, dass nun zusätzlich die früheren Jahre seiner freiberuflichen Tätigkeit akribisch unter die Lupe genommen würden. Beginn der Prüfung: Zwei Tage vor Weihnachten!

Erst allmählich realisierte der unbedarfte Künstler, in welche Situation er geraten war: Es bestand „hinreichender Tatverdacht", dass er Steuern in fünfstelliger Größenordnung hinterzogen habe. Und zwar – natürlich – mit Vorsatz, dafür bestand für die ermittelnden Beamtinnen nicht der Hauch eines Zweifels. Erhebliche Steuernachzahlungen, hohe Verzugszinsen, eine empfindliche Geldstrafe, dazu horrende Honorare für Anwälte und Steuerberater. Markus B., gestern noch erfolgreich und voller Pläne, stand unversehens vor dem Ruin. Seine chaotische Buchhaltung sollte brutal bestraft werden.

* * *

Der mittelständische Unternehmer aus Niedersachsen war zunächst ausgesprochen cool geblieben, als der Betriebsprüfer seinen Ausweis zückte und in einem extra für ihn hergerichteten Raum mit dem großen Lauschangriff auf die Firma begann. Der Firmenchef wusste, dass die Buchhaltung in Ordnung war. Tatsächlich hatte der Prüfer zunächst nichts zu mäkeln. Doch dann kam ihm etwas höchst suspekt vor. Das Unternehmen hatte erst vor kurzem eine neue Halle gekauft. Woher denn bitte schön das Geld für diese Investition stamme, begehrte der Finanzkontrolleur zu wissen. Der Unternehmer gab an, sein Schwiegervater habe ihm 260.000 Euro zur Verfügung gestellt. Damit gab sich der Prüfer nicht zufrieden. Er stürzte sich auf die Bücher der Schwiegereltern, kam aber trotzdem zu keinem Ergebnis. Die Herkunft des Kapitals sei nicht einwandfrei zu klären, stellte der Kontrolleur fest. Also stamme das Geld vermutlich aus unversteuerten Betriebseinnahmen des Unternehmers.

Ohne weitere Diskussion schaltete der Prüfer die Steuerfahndung („Steufa") ein, die sich sofort einen Durchsuchungsbeschluss sicherte und sowohl die Geschäfts- als auch die Privaträume des Unternehmers auf den Kopf stellte. Sie beschlagnahmte Belege, Unterlagen, Notizen und Quittungen. Gleichzeitig tauchten die Fahnder beim Steuerberater und den Banken des Unternehmers auf. Dort beschlagnahmten sie Unterlagen – ebenso beim Schwiegervater des Beschuldigten. Nachdem der größtmögliche Imageschaden angerichtet war, stießen die Fahnder auf Belege, aus denen die Unschuld des Verdächtigten hervorging. Tatsächlich nämlich verfügte der Schwiegervater aus einem Grundstücksverkauf über 900.000 Euro. Geld genug, um seinem Schwiegersohn den Bau der Halle zu finanzieren. Das Verfahren gegen den Unternehmer wurde eingestellt, doch für den Betroffenen war dies nicht genug. Er ging bis vor das Bundesverfassungsgericht – und erhielt dort späte Satisfaktion. Die Karlsruher Richter warfen den niedersächsischen Beamten „Unverhältnismäßigkeit der Mittel" vor und betonten noch einmal ausdrücklich den hohen Wert der Integrität der Wohnung (Aktenzeichen 2BvR2030/04).

***

Ein weiteres Beispiel, das eindrucksvoll belegt, dass Übereifer seitens der Finanzbehörden oft geradezu kontraproduktive Folgen haben kann, sprich: Es fließt nicht mehr Geld in die klammen Staatskassen, sondern weniger. Lange schon hatte ein Finanzbeamter einen Unternehmer aus der Nähe von Hamburg im Verdacht, es mit seinen Steuern nicht allzu genau zu nehmen. Doch bislang fehlte es an Hinweisen, die einen konkreten Verdacht begründet hätten. Dann eines Tages schien sich der Argwohn des ehrgeizigen Finanzbeamten zu bestätigen. Der Fiskus war auf verdächtige Unterlagen gestoßen und forderte von dem Unternehmer Steuernachzahlungen in zweistelliger Millionenhöhe. Dabei machte der Beamte gleich Nägel mit Köpfen und pfändete die Geschäfts- und Privatkonten des Betroffenen. Der Unternehmer war mit einem Schlag handlungsunfähig. Rechnungen konnten nicht mehr bezahlt werden – und um die Dinge des täglichen Lebens zu finanzieren, musste der erfolgreiche Unternehmer seinen Vater anpumpen.

Nicht nur das: Gleichzeitig schickte das Finanzamt die Steuerfahnder, die das Privathaus und die Büros des Verdächtigen durchwühlten. Natürlich wurde gleich ein Steuerstrafverfahren eingeleitet. Jahrelang stritten sich die Parteien daraufhin vor Gericht, bis am Ende feststand: Die Forderungen des Fiskus waren nicht berechtigt. Zu diesem Zeitpunkt allerdings existierte die Firma nicht mehr. Unter den Attacken des Finanzamtes hatte der Unternehmer Insolvenz beantragen müssen. Die Verbissenheit übermotivierter Steuereintreiber hatte für den Fiskus fatale Folgen: Ein guter Steuerzahler weniger, 35 Arbeitslose mehr!

***

Joachim H. und seine Frau Nadine standen lange Zeit auf der Sonnenseite des Lebens. Der 40-Jährige Diplom-Ingenieur arbeitet als Abteilungsleiter in einem mittelständischen schwäbischen Maschinenbauunternehmen und seine 35-Jährige Frau verdient als Lehrerin an einer angesehenen Privatschule ihr Geld. Auch Sohn

Tobias (11) bereitet seinen Eltern keine Probleme. Als vor einigen Jahren die Geldanlage im benachbarten Luxemburg en vogue erschien, eröffnete auch Joachim H. im diskreten Großherzogtum ein Konto. Nicht in Luxemburg-Stadt, sondern im verträumten Echternach - nur durch die Sauer, dem kleinen Grenzfluss, von Deutschland getrennt. Dort wollte das Ehepaar H. ein finanzielles Polster für das Studium ihres Sohnes und eine Grundlage für ihre private Altersvorsorge aufbauen. Als Besserverdiener wurden Joachim und Nadine ohnehin schon geschröpft, deshalb sahen sie nicht ein, den Fiskus an den Zinserträgen aus ihren Rücklagen zu beteiligen.

Anfangs ließ das Ehepaar noch große Vorsicht walten. Einmal im Monat gönnte sich die Familie einen Ausflug nach Luxemburg, zahlte ein paar tausend Mark (später Euro) auf ihr Konto ein und delektierte sich anschließend an den Highlights der luxemburgischen Küche und den nicht minder vortrefflichen Weinen. Irgendwann aber wurde der Familie der monatliche Finanztourismus dann doch zu umständlich - und Joachim H. traf eine fatale Entscheidung. Fortan überwies er das Geld von seinem Konto bei der heimischen Sparkasse auf sein nun gar nicht mehr diskretes Konto im Großherzogtum. „Unsere Kontoauszüge gehen keinen etwas an - das wäre ja noch schöner", beruhigte er seine Frau, die schon von Anfang an ein mulmiges Gefühl hatte.

Die Gefahr war real - und sie war ganz nah: Der anspruchsvolle Lebensstil der Familie H. rief einen Neider auf den Plan, der die beiden Erfolgsmenschen beim Finanzamt denunzierte und gleich ein paar konkrete Hinweise lieferte. Ein paar Wochen später erhielten Joachim und Nadine H. unangenehme Post vom Finanzamt, das eine „Außenprüfung" anordnete. So etwas kannte Joachim H. bis dahin nur aus seinem Betrieb. Die Prüferin Kerstin S. gab sich zunächst äußerst zuvorkommend, erkundigte sich nach dem Beruf von Joachim und Nadine, ließ sich die Depotauszüge und Zinsbescheinigungen ihrer deutschen Bankverbindungen vorlegen.

Doch dann fragte die Kontrolleurin nach den laufenden Kontoauszügen - und Joachim H. traf der Schlag. Jetzt würde die Schnüfflerin die Überweisungen nach Luxemburg entdecken. Joachim H. weigerte sich. Seine privaten Kontoauszüge gingen den Fiskus nichts an, gab er der Prüferin zu verstehen. Und die nette Dame wurde plötzlich streng: Dann werde eben das Finanzamt die Belege direkt von der Bank anfordern. „Wenn die nicht spuren, drohen wir mal mit Lizenzentzug. Und außerdem haben wir ja noch die Steuerfahndung", machte Kerstin S. dem Ehepaar noch mal richtig Angst, bevor sie sich mit süffisantem Lächeln verabschiedete.

Zähneknirschend legte Joachim H. die Auszüge vor. Zu seinem Konto in Luxemburg machte er zunächst keine Angaben. Auch die Bank selbst hielt sich diskret zurück. Nun ließ Kerstin S. das Ehepaar die ganze Macht der Staatsgewalt spüren: Sie schätzte, dass dem Fiskus in den zurückliegenden zehn Jahren 70.000 Euro an Zinserträgen verloren gegangen seien und informierte umgehend ihre Kollegin von der Bußgeld- und Strafsachenstelle, die gleich noch die Einleitungsverfügung eines Steuerstrafverfahrens nachschob. Tatsächlich hatten Joachim und Nadine maximal 15.000 Euro Zinsen am Fiskus vorbei kassiert. Um die hohe Strafschätzung zu entkräften, legte das Ehepaar reumütig die Luxemburger Kontoauszüge vor. Die Quittung: rund 8.000 Euro Nachzahlung einschließlich Zinsen, eine Geldstrafe von rund 5.000 Euro sowie Anwaltshonorare in Höhe von 3.000 Euro. Von den demütigenden Gesprächen mit den Finanzbehörden ganz zu schweigen.

Zumindest die Geldstrafe hätte sich das Ehepaar mit einer rechtzeitigen Selbstanzeige ersparen können.

* * *

Vier völlig unterschiedliche Fälle. Unterschiedlich im Hinblick auf die Größenordnungen. Mal geht es um 15.000, mal um 15 Millionen Euro. Unterschiedlich aber natürlich vor allem in der Frage der Schuld. Im Fall des Künstlers Markus B. bestanden die Forderungen des Fiskus zu Recht, in den beiden anderen Fällen handelte es sich um reinen Übereifer der Finanzbeamten. Eines haben die geschilderten Erlebnisse dennoch gemein: Sie zeigen, welch existenzbedrohende Folgen es haben kann, wenn man ins Visier der Finanzbeamten gerät. Hinterzieher werden in den Medien oft verharmlosend als Steuersünder bezeichnet. Tatsächlich handelt es sich bei vorsätzlicher

Steuerhinterziehung jedoch um ein Vergehen, in gravierenden Fällen sogar um ein Verbrechen (siehe Info-Kasten S. 20). Und genauso fühlen sich die Betroffenen dann behandelt – wie Kriminelle.

Bei Betrügereien in großem Stil, oft verbunden mit weiteren Delikten wie Geldwäsche und Urkundenfälschung, mag dies noch angemessen erscheinen. Aber gilt das auch für einen 70-Jährigen, der seinen Kindern und Enkeln etwas hinterlassen möchte und seine Ersparnisse daher „steueroptimiert" in Luxemburg angelegt hat? Oder für den Freiberufler, der fast 50 Jahre ein gesetzestreues Leben führte, sich sozial engagierte und nur durch chaotische Begleitumstände zum Steuersünder wurde? Steuerhinterziehung sei kein Kavaliersdelikt, ist seitens der Finanzbehörden mit der Stetigkeit einer tibetanischen Gebetsmühle immer wieder zu hören. Aber erstens hat dies kein vernünftiger Mensch behauptet. Und zweitens legt die Möglichkeit der strafbefreienden Selbstanzeige, die ansonsten nirgendwo im Strafrecht zu finden ist und mit der wir uns später noch eingehender beschäftigen werden, zumindest die Vermutung nahe, dass Steuerschummeleien eben doch nicht ganz so ernst genommen werden wie andere Straftaten. Wer sich freilich die Höhe der verhängten Strafen anschaut, kommt schnell zu einer anderen Einschätzung.

Es geht an dieser Stelle nicht darum, Steuervergehen moralisch zu bewerten oder gar um Verständnis für die Täter zu werben. Allerdings muss die Frage gestattet sein, ob es wirklich vertretbar erscheint, die Menschen zu „gläsernen Steuerbürgern" zu machen, wie es in den vergangenen Jahren geschehen ist. Und erscheint es mit den Prinzipien eines liberalen Rechtsstaats noch vereinbar, wenn zum Beispiel der Befund des Hamburger Steueranwalts Ulrich Gerken richtig sein sollte, der vor einiger Zeit feststellte: „Jeder von uns ist für die Steuerbeamten zunächst ein Betrüger, und zwar so lange, bis das Gegenteil bewiesen ist."

> **Vergehen oder Verbrechen?**
>
> Als Verbrechen bezeichnet man einen schwerwiegenden Verstoß gegen die Rechtsordnung einer Gesellschaft oder die Grundregeln menschlichen Zusammenlebens. Näher definiert wird der Begriff in § 12 des Strafgesetzbuches. Danach handelt es sich bei Verbrechen um Delikte, bei denen eine Strafandrohung von mindestens einem Jahr Haft besteht. Kriminelle Delikte sind demzufolge zum Beispiel Mord, Körperverletzung mit Todesfolge, Völkermord, Hochverrat, gewerbsmäßiger Rauschgifthandel, erpresserischer Bandendiebstahl und Vergewaltigung. Was nur wenige wissen: Steuerhinterziehung kann ebenfalls als Verbrechen ausgelegt werden (§370a AO). Wir werden uns im zweiten Kapitel näher mit diesem Sonderfall beschäftigen.
>
> Minderschwere Straftaten werden als Vergehen bezeichnet. Konkret bedeutet dies zum Beispiel in Deutschland: Wird eine Straftat mit einer Mindeststrafe von weniger als einem Jahr Gefängnis bedroht, handelt es sich um ein Vergehen. Die Mindeststrafe für Steuerhinterziehung beträgt (unabhängig von den in der Regel verhängten Geldstrafen) sechs Monate. Somit gilt die „normale" Steuerhinterziehung hierzulande als Vergehen.

Steuerpflichtige leisten Widerstand

Bis zu 80 Prozent der Bürger, so eine eher vage Schätzung erfahrener Steuerberater und Anwälte, sind mehr oder weniger große Steuersünder. Die Palette reicht vom scheinbar harmlosen „Schummeln" bei den Bewirtungskosten über die dem Finanzamt verschwiegenen Zinseinnahmen bis hin zur mit krimineller Energie und ausgeklügelten Strategien vollzogenen Hinterziehung. Was aber bringt Menschen dazu, solche Risiken einzugehen, die im schlimmsten Fall empfindliche Strafen zur Folge haben können? Natürlich spielt bei manchen die Gier eine wichtige Rolle, die Obsession, immer mehr besitzen und mit anderen nicht teilen zu wollen. Schon gar nicht mit dem Finanzamt. Manche Täter mit besonders ausgeprägter krimineller Energie betrügen und hinterziehen gewerbsmäßig. Das heißt, sie finanzieren damit ihr oft luxuriöses Leben.

Mitunter sind es Existenzängste, die aus unbescholtenen Staatsbürgern Steuerhinterzieher werden lassen. So ist es ein offenes Geheimnis, dass mancher Handwerker längst schon Insolvenzantrag hätte stellen müssen, wenn er nicht die eine oder andere Dienstleistung „ohne Rechnung" (und damit steuerfrei) erbringen würde. Die Folgen dieser Schwarzarbeit sind erheblich. Der Auftraggeber umgeht die Zahlung der Umsatzsteuer für die Leistungen des Handwerks. Der wiederum dürfte das vereinbarte Entgelt nicht in seiner Steuererklärung deklarieren.

Wenn Menschen Geld am Staat vorbei einnehmen, dann sind neben wirtschaftlichen Erwägungen oft emotionale Faktoren im Spiel. In der Finanzwissenschaft findet sich der Begriff „Steuerwiderstand", der ein weitverbreitetes Phänomen auf den Punkt bringt: Sowohl mit steigenden Steuern als auch mit dem wachsenden subjektiven Empfinden, vom Fiskus ungerecht behandelt zu werden, wächst die Bereitschaft zur „ganz persönlichen Steuerreform". Der renommierte österreichische Nationalökonom Joseph Schumpeter stellte im vergangenen Jahrhundert sinngemäß fest, bei mehr als 30 Prozent höre die Moral auf. Er meinte dies in doppeltem Sinne. Zum einen sei es unmoralisch, wenn ein Staat seinen Bürgern mehr als 30 Prozent ihres redlich verdienten Geldes abnähme. Und zum zweiten wachse bei einem Steuersatz von mehr als 30 Prozent die Bereitschaft zur Hinterziehung.

Viele Jahre später setzte der damalige Verfassungsrichter Paul Kirchhof die Grenze schon beträchtlich höher an: Der von ihm geleitete Senat entwickelte im Jahr 1995 den sogenannten „Halbteilungsgrundsatz". Bedeutet: Selbst Spitzenverdienern müssten von 1 Euro nach Abzug der Steuern mindestens 50 Cent netto übrig bleiben. Damit ist es seit einiger Zeit vorbei. Im Jahr 2006 stellte das Bundesverfassungsgericht klar, dass der Staat mehr als 50 Prozent Steuern kassieren darf. Aus der Eigentumsgarantie des Grundgesetzes lasse sich keine allgemein verbindliche absolute Belastungsobergrenze in der Nähe der hälftigen Teilung ableiten, urteilten die höchsten deutschen Richter. In der Praxis kann dies bedeuten: Bestimmte Personengruppen müssen sich damit abfinden, mehr als die Hälfte ihrer Einnahmen an den Staat weiterleiten zu müssen.

Das wirft die Frage auf, wo eine gerechte Steuerpolitik endet und eine schleichende Enteignung beginnt.

Circulus diaboli – Staat und Steuerzahler im Teufelskreis

Wann immer es in den vergangenen Jahren gesellschaftliche und soziale Probleme zu lösen galt, dauerte es nicht lange, bis sich die jeweilige Regierung auf den bequemen Weg von Steuererhöhungen verständigte. Da man allerdings in der Politik längst gelernt hat, unangenehme Nachrichten möglichst positiv zu verkaufen, bedienen sich die Verantwortlichen bewährter Strategien, um die wählende Bevölkerung bei Laune zu halten. Sehr probat ist zum Beispiel die Methode, mit einer Steuererhöhung hehre Ziele zu verbinden, die in der breiten Bevölkerung auf Zustimmung stoßen. Die sogenannte Öko-Steuer ist ein solcher Geniestreich. Sie dient zwar vorrangig dazu, die immer bedrohlicher werdenden Löcher in der Rentenversicherung zu stopfen, wurde aber von der damaligen Regierung als Beitrag zum Schutz der Umwelt ausgegeben. Produkte mit dem Kürzel „Öko" im Namen verkaufen sich eben immer gut, selbst wenn es eine Steuererhöhung ist. Als dann die große Koalition im Jahr 2005 ihr Amt antrat, wurde flugs beschlossen, die Mehrwertsteuer um happige 3 Prozentpunkte zu erhöhen, mit der Begründung, die Regierung wolle doch nur die Lohnnebenkosten stabilisieren und damit mehr Arbeitsplätze schaffen. Tatsächlich wird ein Großteil der Mehreinnahmen dazu verwendet, das drastisch angewachsene Staatsdefizit wenn schon nicht abzubauen, so doch zumindest die Neuverschuldung zu begrenzen. Egal in welchem Land, egal unter welcher Regierung, überall gilt die sicher nicht neue Erkenntnis: Die Staatsschulden von heute sind die Steuererhöhungen von morgen. Wer sich anschaut, welche Schuldenberge die führenden Wirtschaftsnationen in den vergangenen Jahren aufgebaut haben, kann leicht ausrechnen, in welche Richtung sich die Steuerpolitik in den nächsten Jahren entwickeln wird.

Die zweite Strategie einer konsensfähigen Steuerpolitik besteht darin, zielgruppenspezifisch vorzugehen und subtile Neidreflexe zu aktivieren. Sehr bewährt hat sich dabei der Vergleich zwischen einer Krankenschwester und dem Chefarzt. Der gut verdienende Mediziner gehört nämlich zu den Zeitgenossen mit den „breiten Schultern", deshalb muss er höhere Belastungen tragen. Doch damit nicht genug. Wer mehr verdient, sollte sich noch stärker für die Gesellschaft engagieren und mit einem Aufschlag auf die Einkommensteuer (wiederum PR-wirksam als „Reichensteuer" verbrämt) zur Lösung der deutschen Bildungsmisere beitragen. Dass sich viele gut verdienende Bürger in viel effizienterer Weise in die Gesellschaft einbringen – zum Beispiel durch die Gründung gemeinnütziger Stiftungen –, zählt dabei nicht. Denn im Grunde geht es nicht um „soziale Gerechtigkeit", sondern um eine vermeintlich einfache Lösung für schwierige Problemen. Und diese Lösung lautet für die Politik: Im Zweifelsfall werden die Steuern erhöht.

Bemerkenswert ist, dass sich gegen diese Strategie kein echter Widerstand formiert, sieht man von gelegentlichen Unmutsäußerungen einmal ab. Das mag zum Teil Fatalismus sein, doch steckt in erster Linie ein gesellschaftlicher Wandel dahinter. In Deutschland gibt es nur noch 26 Millionen Steuerzahler, aber 28,5 Millionen Transferleistungsempfänger. Das heißt, immer mehr Menschen leben ganz oder teilweise von staatlichen Leistungen, die von immer weniger Menschen aufgebracht werden müssen. Und das sind fürwahr nicht immer diejenigen mit den „breiten Schultern". Jeder, der sich für die Interessen der Beitrags- und Steuerzahler einsetze, vertrete in Deutschland mittlerweile eine Minderheitenposition, brachte es der „Spiegel" (28/2006) auf den Punkt.

Angesichts immer stärkerer steuerlicher Belastungen flüchten die Betroffenen in scheinbare Auswege. Sie lassen sich von windigen Finanzberatern halsbrecherische Anlageformen aufschwätzen – angeblich mit dem Ziel, dem Finanzamt „ein Schnippchen zu schlagen". Nicht selten enden solche vermeintlichen Lösungen in einem wirtschaftlichen Desaster. Oder aber besser verdienende Angestellte, Freiberufler und Gewerbetreibende machen ihre ganz „private Steuerreform" und tricksen den Fiskus aus. Die extrem hohen Risiken, die sie dabei eingehen, sind den wenigsten bekannt. „Ach, das merkt doch keiner" oder „In den Finanzämtern herrscht Personalmangel, die kommen mit der Arbeit gar nicht nach" – solche Sätze mögen das schlechte Gewissen des „Sünders" für einen Moment beruhigen, gleichwohl handelt es sich um eine fatale Fehleinschätzung, die schlimme Folgen haben kann.

Wie auch immer, jedenfalls führt der legale oder illegale Steuerwiderstand dazu, dass dem Staat erhebliche Steuerausfälle entstehen. Der jährliche Schaden addiert sich allein in Deutschland auf über 70 Milliarden Euro. Geld, das in den Kassen von Bund, Ländern und Gemeinden fehlt. Die reagieren mit Leistungskürzungen, zusätzlicher Verschuldung und – über kurz oder lang – höheren Steuern. Ein Teufelskreis, aus dem es nur ein Entrinnen gäbe, wenn die Bürger ihr Staatsverständnis radikal änderten. Konkret, wenn sie im Staat nicht mehr die Vollkaskoversicherung und die Umverteilungsmaschine sehen, sondern auf wesentlich mehr Eigenverantwortung und die Prinzipien einer emanzipierten Bürgergesellschaft setzen würden. Eine Gesellschaft, in der sich der Staat nur noch auf seine Kernkompetenzen konzentriert. Mehrheitsfähig ist diese Vision indessen nicht, was freilich nicht verwundert: Die Mehrheit der Bürger lebt von einem aufgeblähten Staatswesen recht gut. Immerhin ist der Staat ein großer Arbeitgeber, der im Jahr 2005 nach Angaben des Statistischen Bundesamtes rund 3,8 Millionen Menschen beschäftigte. Das ist zwar weniger als in den Jahren zuvor, hinzugerechnet werden müssen aber realistischerweise noch all die Mitarbeiter/innen in staatsnahen Organisationen und Verbänden. Man darf daher das Beharrungsvermögen nicht unterschätzen.

Unter den Folgen dieses Teufelskreises leidet vor allem der Mittelstand, der mit hohen Steuern und Abgaben leben muss. Die wirklich Wohlhabenden finden dank erfahrener und international agierender Vermögensberater immer noch „Gestaltungsmöglichkeiten", um ihre Steuerlast auf legale Weise zu verringern – und sei es mit der Verlegung des Wohnsitzes ins steuerbegünstigte Ausland. Doch der leitende Angestellte, der in Deutschland seinen Job hat, der Freiberufler, dessen Klienten aus der näheren Umgebung kommen, oder der kleine oder mittelständische Gewerbetreibende, der den regionalen Markt bedient – sie alle haben keine Chance, sich dem Abgabedruck zu entziehen. Jedenfalls keine legale. Das fördert die Versuchung, illegale Wege zu gehen und sich auf ein Vabanquespiel einzulassen.

Was brave Bürger zu „Sündern" macht

Die Herren und (deutlich weniger) Damen, die im Fall der Fälle in den Kanzleien der Steuerfachanwälte auftauchen, weil sie zu Recht oder zu Unrecht der Hinterziehung bezichtigt werden, machen mehrheitlich einen soliden und charakterfesten Eindruck. „Ein Mafioso mit krimineller Energie ist mir in meiner 15-jährigen Berufserfahrung noch nicht begegnet", berichtet ein Steuerstrafverteidiger aus München. Es handelt sich vielmehr um erfolgreiche Menschen, größtenteils mit einer bis dahin „blütenweißen Weste". Menschen, die ein hohes Maß an Verantwortung tragen und häufig sogar tief in ihrem Glauben verwurzelt sind. Natürlich gibt es da die Hasardeure, die Zocker und die hart gesottenen Wiederholungstäter. Doch die bilden nicht die Mehrheit. Da stellt sich die Frage, was einen jahrzehntelang gesetzestreuen Bürger zum Steuersünder macht. Tatsächlich können mehrere Gründe dafür ausschlaggebend gewesen sein, dass er an einer bestimmten Stelle seines Lebenswegs die falsche Richtung wählte. Mit den häufigsten Gründen wollen wir uns an dieser Stelle etwas näher auseinandersetzen.

1   Das subjektive Empfinden, ungerecht behandelt zu werden
Vor einigen Jahren schon kam der US-amerikanische Sozialpsychologe Jerald Greenberg zu einer interessanten Erkenntnis: Enttäuschte Menschen neigen zum Betrug. Es ist der Versuch, die von ihnen als mangelhaft empfundene Gerechtigkeit zu korrigieren. „Corriger la fortune", nennen das nicht nur die Franzosen. Für das Experiment von Jerald Greenberg wurde eine Gruppe von Männern und Frauen gebeten, sich einen Modeprospekt genau anzusehen und ihn anschließend zu benoten. Für diese Arbeit wurde allen Teilnehmern ein kleines Honorar von 5 Dollar versprochen. Nach dem Versuch

erfuhr ein Teil der Juroren, dass leider nur 3 Dollar pro Person zur Verfügung stünden. Anderen Teilnehmern eröffnete man, sie würden leider kein Honorar erhalten. Nur gegenüber der dritten Gruppe hielt der Prüfungsleiter Wort und sagte ein Entgelt von 5 Dollar zu. Schließlich wurde der Auszahlungsvorgang so fingiert, dass alle Teilnehmer die Möglichkeit hatten, heimlich höhere Geldbeträge abzurufen. Der zufriedene Teil der Gruppe, dem 5 Dollar zugesagt worden waren, blieb ehrlich. Alle Probanden riefen jeweils nur 5 Dollar ab. Viele von jenen, die nur 3 Dollar erhalten sollten, erhöhten ihr Honorar eigenmächtig um 2 Dollar. Am ausgeprägtesten war die Neigung zum Betrug bei denen, die eigentlich leer ausgehen sollten.

Deutschland hat ohne Frage eines der kompliziertesten Steuergesetze der Welt. Grund hierfür war der eigentlich gut gemeinte Versuch, so gerecht wie möglich vorzugehen und nach Möglichkeit jedem Einzelfall gerecht zu werden. Heraus kam ein Labyrinth, in dem sich sogar Finanzbeamte und Steuerberater bisweilen nicht mehr zurechtfinden. Bis heute erschienen rund 70 Prozent der gesamten Fachliteratur zum Steuerrecht in deutscher Sprache, obwohl Deutschland nur 2 Prozent zum weltweiten Steueraufkommen beiträgt. Trotzdem hat der Gesetzgeber das Ziel einer größtmöglichen Steuergerechtigkeit zumindest nach Einschätzung seiner Bürger weit verfehlt. Man frage zufällig ausgewählte Passanten in den Fußgängerzonen der Städte, ob sie das deutsche Steuersystem für gerecht halten. Die große Mehrheit wird diese Frage verneinen.

Der Grund ist einfach: Wann immer (Steuer-)Reformen anstehen, ertönt von verschiedenen Seiten die strenge Mahnung, es müsse unbedingt sozial gerecht zugehen. Dem wird wohl niemand widersprechen, denn wer möchte sich schon dem Verdacht aussetzen, für soziale Ungerechtigkeit zu plädieren? Doch je mehr Menschen einer Aussage zustimmen können, desto geringer ist in der Regel ihre Substanz. Welches sind die Merkmale von sozialer Gerechtigkeit, was zeichnet sie aus, wann ist sie erreicht? An diesen Fragen verzweifelte schon der Nationalökonom und Sozialphilosoph Friedrich A. Hayek. Er schrieb 1977: „Mehr als zehn Jahre lang habe ich mich intensiv damit befasst, den Sinn des Begriffs ‚soziale Gerechtigkeit' herauszufinden. Der Versuch ist gescheitert; oder besser gesagt, ich bin zu dem Schluss gelangt, dass für eine Gesellschaft freier Menschen dieses Wort überhaupt keinen Sinn hat."

Das hindert die Politik jedoch nicht daran, das Wort *Gerechtigkeit* weiter mit dem Präfix *sozial* zu schmücken. Im Bundestagswahlkampf 1998 tauchte dieser verschwommene Begriff mehr als 100-mal bei der SPD und über 50-mal bei der CDU auf. Sozial gerecht, das ist im Zweifelsfall immer, was dem Nachbarn wehtut und mir nicht. Daher kann es ein wirklich gerechtes Steuersystem nie geben. Weil aber viele Zeitgenossen die Art des fiskalischen Zugriffs individuell als ungerecht empfinden, wächst bei ihnen die Neigung, Steuern einfach zu hinterziehen.

2 Das Gefühl, vom Staat „über den Tisch gezogen zu werden"

Ganz vorn in der Abgabenordnung (AO) findet sich ein bemerkenswerter Satz: *„Steuern sind Leistungen, die nicht eine Gegenleistung für eine besondere Leistung darstellen ..."* (Paragraph 3, Abs. 1) Das heißt, die Bürger zahlen an den Staat, wissen aber nicht genau wofür. Klar, der Staat sorgt für innere und äußere Sicherheit, schafft die nötige Infrastruktur, kümmert sich um Bildung, investiert in eine saubere Umwelt und hilft im Rahmen seiner Möglichkeiten Menschen, die in Not geraten sind. Doch mehr und mehr Steuerzahlern drängt sich der Verdacht auf, dass ein Großteil des vom Staat vereinnahmten Geldes eben nicht für so hehre Ziele ausgegeben wird. Der Staat investiert mehr Geld in marode öffentliche Sicherungssysteme als in Bildung und Wissenschaft. Geld, das vor allem für Zinsen aufgrund des gigantischen Schuldenbergs ausgegeben wird. Der öffentliche Schuldenstand lag nach Angaben des Bundes der Steuerzahler Ende 2006 bei über 1,5 Billionen Euro. Die Steuergelder fließen also zu einem großen Teil in die Sünden der Vergangenheit statt in Investitionen für die Zukunft.

Hinzu kommen die haarsträubenden Berichte über ein gigantisches Ausmaß an Steuergeldverschwendung. Jedes Jahr, wenn der Bund der Steuerzahler sein berüchtigtes Schwarzbuch präsentiert, fragt sich so mancher insgeheim, weshalb Steuerverschwender nicht ebenso bestraft werden wie Steuerhinterzieher. Immerhin fügen beide dem Gemeinwesen Schaden zu.

Schließlich können viele Kapitalanleger noch immer nicht verstehen, weshalb die Erträge aus ihrem ohnehin schon versteuerten Geld noch einmal mit dem Fiskus geteilt werden müssen, zumal der Staat mit Recht die Notwendigkeit der privaten Vorsorge betont, andererseits aber die steuerlichen Rahmenbedingungen für die Kapitalanlagen in den vergangenen Jahren systematisch verschlechterte – vor allem durch die ständige Senkung des Sparerfreibetrags auf aktuell jährlich 750 Euro bei Singles und 1.500 Euro bei Verheirateten.

Mit schwindender Akzeptanz sinkt das Unrechtsbewusstsein. Wer sich gleichsam „über den Tisch gezogen" fühlt, wehrt sich. Und zwar leider nicht immer nur mit legalen Mitteln.

3 Aktuelle Probleme und Zukunftsängste

Nehmen wir den Handwerksmeister Otto F. aus der Nähe von Augsburg. Seine Geschäfte laufen seit Jahren schlecht. Seine Kunden rufen ihn nur noch, wenn es absolut notwendig ist – und dann beginnen sie noch zu feilschen. Würde seine Frau nicht noch hinzuverdienen, geriete die Familie F. schon bald in existenzielle Nöte. Wie soll sich Otto F. verhalten, wenn ihn ein Kunde fragt, wie teuer denn die Reparatur würde, wenn man sich auf einen BAT-Tarif verständigen könnte (BAT = „Bar auf Tatze", also ohne Rechnung und unversteuert)? Lehnt er ab, was er als steuerehrlicher Bürger eigentlich müsste, ruft der Kunde einen „flexibleren" Kollegen.

Zweites Beispiel: Die alleinstehende Gertrud G. in Nordhessen ist 52 Jahre alt und bangt um ihren Arbeitsplatz. Sie weiß, dass sie in ihrem Alter wohl kaum einen neuen Job finden wird, zumal sie in einer strukturschwachen Region wohnt. Gertrud G. lebte recht bescheiden, hat sich über Jahre hinweg ein finanzielles Polster aufgebaut, das sich sehen lassen kann. Einen Teil ihres Vermögens hat sie schon vor einiger Zeit in Luxemburg angelegt. Frau G. versucht, jeden Cent zu sparen, um im Falle ihrer Arbeitslosigkeit von ihren Rücklagen leben zu können. Sparsam ist sie allerdings nicht nur gegenüber sich selbst, sondern ebenso mit Blick auf den

Fiskus. Die Zinserträge auf ihr Luxemburger Konto verheimlicht sie dem Finanzamt. Korrekt? Nein! Verwerflich? Das muss jeder Leser selbst entscheiden. Richtig jedenfalls ist, dass manche Steuersünder aus schierer Not und um des wirtschaftlichen Überlebens willen Einnahmen am Staat vorbeischleusen.

4 Gier, Luxussucht und „sportlicher Ehrgeiz"
Natürlich gibt es die hartnäckigen Hinterzieher ohne jedes Unrechtsbewusstsein, die sich mit den hinterzogenen Steuern ein Luxusleben gönnen und für die es sozusagen eine sportliche Herausforderung ist, das Finanzamt zu betrügen. Im Nachhinein ist es schwer festzustellen, wann diese Menschen auf die schiefe Bahn geraten sind – und welche Gründe dafür ausschlaggebend waren. Manche werden sicher von einem hohen Maß an krimineller Energie angetrieben, weshalb sie sich oft noch anderer Straftaten schuldig machen. Andere gerieten durch ausgeprägtes Suchtverhalten in diese Situation. Und in manchen Fällen ist es eben therapiebedürftiger Geiz – nicht nur den Mitmenschen, sondern auch dem Finanzamt gegenüber. In dieser Gruppe sind in der Regel die meisten Wiederholungstäter zu finden, weshalb sie sicher nicht zur Zielgruppe dieses Buches zählen.

Steuerhinterziehung kann also eine Vielzahl von Gründen haben – von einem als ungerecht empfundenen Steuersystem über materielle Not bis hin zu Großmannssucht. Hinzu kommen noch die zahlreichen Fälle, die sich im Graubereich zwischen Vorsatz und Fahrlässigkeit abspielen. Hierzu zählt etwa der überforderte Freiberufler, der keine Zeit für eine systematische Buchführung findet und dadurch dem Fiskus Steuern vorenthält. War das wirklich nur Schlamperei oder schon Vorsatz? Die Antwort auf diese Frage kann für den Betroffenen von entscheidender Bedeutung sein, wie wir später noch ausführen werden. Doch die Erfahrung zeigt: Finanzämter und Gerichte unterstellen in diesen Graubereichen fast immer Vorsatz.

Mehr Steuermoral durch Steuervereinfachung?

„Tax and crime gehören zusammen wie Pflaumenkuchen und Schlagsahne", schreibt eine anonyme Autorin im Internet. Doch warum ist das so? Und vor allem: Wie ließe sich die Steuermoral der Bürger und damit das Steueraufkommen des Staates erhöhen? Viele plädieren für eine nachhaltige Steuervereinfachung. Mehr Transparenz und weniger Ausnahmen lautet die Erfolgsformel. Keine politische Partei, die nicht für Steuervereinfachung plädierte. Doch in der Praxis wird es nicht einfacher, sondern immer komplizierter. Ein Beispiel hierfür liefert das sogenannte Altersvorsorgegesetz. Eigentlich sollte es die Bürger animieren, mehr für ihre private Altersvorsorge zu tun. Das bekannteste Instrument hierzu sollte die Riester-Rente sein, benannt nach dem früheren Arbeitsminister Walter Riester. Die deutsche Regelungswut machte daraus ein bürokratisches Monster. „Der steuersystematisch richtige Ansatz wird mit bürokratischer Kompliziertheit völlig zugeschüttet", kritisierte schon früh Professor Joachim Lang, Direktor des Instituts für Steuerrecht an die Universität Köln.

Solche Kritik aus dem Bereich der Wissenschaft ist alles andere als selten. Professor Ute Sacksofsky von der Universität Frankfurt kritisiert unter anderem „den steuerrechtlichen Aktionismus des Gesetzgebers". Im Schnitt werde das Einkommensteuergesetz etwa zehnmal pro Jahr geändert. Die Steuergesetze würden darüber hinaus immer stärker von Einzelregelungen aufgebläht. Ein unübersichtliches Steuersystem und eine große Distanz zwischen den Finanzämtern und den Bürgern, die dort als „Steuerpflichtige" geführt werden, tragen nach Ansicht von Professor Klaus Mackscheid, Direktor des Finanzwissenschaftlichen Forschungsinstituts der Universität Köln, „zur Unsicherheit des Zensiten" (also des Steuerbürgers) bei.

Distanz, mangelnde Transparenz und Unsicherheit führen zwangsläufig zu Fehlern – und zwar auf beiden Seiten. Mitunter liegt ein einfaches Versehen vor, wenn ein übereifriger Finanzbeamter bereits Steuerverkürzung vermutet. Wohin dies führt, zeigt die Statistik: Deutschland hält mit deutlichem Abstand den Weltrekord bei den Steuerprozessen. Jahr für Jahr landen in der Bundesrepublik im Schnitt 75.000 Fälle vor den Finanzgerichten. In den USA und Japan ist es nur ein Bruchteil davon.

An Versuchen, das Steuersystem radikal zu vereinfachen, hat es in vielen Staaten der Welt in den vergangenen Jahren nicht gefehlt. In den USA zum Beispiel brachte die Steuerreform von 1986 niedrige Steuersätze, aber eine breite Bemessungsgrundlage. Dahinter steht die Idee der sogenannten Flat Tax, also einer Einfachsteuer. Ein solches Modell wurde bereits in mehreren Staaten Osteuropas im Zuge der Transformation von der einstigen sozialistischen Staatswirtschaft hin zur Marktwirtschaft umgesetzt (siehe Tabelle). Um dem betreffenden Staat ausreichende Einnahmen zu sichern, geht die Flat Tax mit der konsequenten Abschaffung aller Ausnahmeregelungen einher (Abschreibungsmodelle, Verlustrechnungen usw.). Dadurch steigt die Bemessungsgrundlage, und für die Bürger besteht kein Anreiz mehr, in zum Teil äußerst fragwürdige Abschreibungsobjekte zu investieren.

Ansatzweise wurde eine solche Flat-Tax-Lösung im deutschen Bundestagswahlkampf 2005 diskutiert, nachdem der Steuerrechtler Paul Kirchhof entsprechende Vorschläge unterbreitet hatte. Es zeigte sich sehr schnell, dass solche Lösungen derzeit politisch in Deutschland nicht durchsetzbar erscheinen. Selbst eine mehrstufige Flat Tax wird von den meisten Bürgern als ungerecht empfunden. Die Mehrheit hält das Prinzip der Steuerprogression für die bessere Lösung, bei dem hohe Einkommen immer höher besteuert werden. Ein fataler Irrtum. Denn je höher der Spitzensteuersatz, desto größer die Versuchung, durch legale Abschreibungsmöglichkeiten oder sogar Auswanderung beziehungsweise durch illegale Handlungen (Hinterziehung) die persönliche Steuerlast zu reduzieren. Mit Blick auf den bekannten Formel-1-Piloten schrieb der renommierte Steuerrechtler Professor Joachim Lang bereits vor einigen Jahren: „Die global agierenden ‚Schumachers' pflegen heute in einem Land, das mehr als 15 Prozent vom Einkommen abkassiert, gar keine Steuern mehr zu bezahlen. Die Realität einer scharfen Steuerprogression ist also nicht ihre soziale Gerechtigkeit, sondern ihre steuermoralschwächende Ineffizienz."

> **Stichwort „Flat Tax"**
>
> Der englische Begriff steht für einen einheitlichen Steuertarif, daher auch Einheits- oder Einfachsteuer genannt. Gleichzeitig entfallen alle Steuervergünstigungen und Subventionen. Trotz niedriger Steuertarife nimmt der Staat daher nach Meinung der Anhänger dieser Lösung durch die Verbreiterung der Besteuerungsgrundlage am Ende mindestens ebenso viel Geld ein wie nach dem bisherigen Progressionsmodell.
>
> | Staaten mit Flat Tax | Einkommensteuer | Körperschaftsteuer |
> |---|---|---|
> | Russland | 13,5% | 25% |
> | Ukraine | 13% | 24% |
> | Slowakei | 19% | 19% |
> | Estland | 23% | 24% |
> | Litauen | 33% | 15% |
> | Rumänien | 16% | 16% |
> | Serbien | 14% | 10% |
> | Georgien | 12% | 20% |
> | Hongkong | 15% | k. A. |
>
> *Weitere Staaten planen die Einführung der Flat Tax.*

Prominente Sünder – und ihre Strafen

„Sie haben das Finanzamt belogen? Macht nix, denn Sie befinden sich in guter Gesellschaft", so flott begrüßt ein Steuerfachanwalt aus Norddeutschland auf seiner Homepage seine Besucher. Möglicherweise ein bisschen zu flott, wenn man sich vor Augen führt, welche Strafen den Betroffenen drohen können. Aber in einem Punkt hat der Jurist ohne Frage recht: Es gibt eine Reihe höchst prominenter Personen aus Politik, Wirtschaft, Showbusiness und Sport, die bereits ihre liebe Not mit den Finanzbehörden hatten. Und es ist sicher nicht übertrieben, wenn wir feststellen: Mancher stand schon mit einem Bein im Gefängnis. Einige prominente Beispiele haben wir am Ende des ersten Kapitels zusammengetragen. Sie sollen nicht dazu dienen, dass sich potenzielle Hinterzieher in „guter Gesellschaft" wähnen, sondern im Gegenteil deutlich machen, dass selbst ein prominenter Name nicht vor der Strafverfolgung durch die Finanz- und Justizbehörden schützt.

1 *Beispiel: Otto Graf Lambsdorff, Rechtsanwalt, deutscher Spitzenpolitiker, von 1977 bis 1984 Bundeswirtschaftsminister unter den Bundeskanzlern Helmut Schmidt und Helmut Kohl.*
Er gilt bis heute als einer der profiliertesten Politiker der FDP und einer der kenntnisreichsten Wirtschaftsminister seit Ludwig Erhard. Sein „Scheidungsbrief" sprengte im September 1982 die sozialliberale Koalition. Lambsdorff machte Helmut Schmidt zum Ex-Kanzler und verhalf Helmut Kohl ins Kanzleramt. Gleichzeitig geriet der Spitzenpolitiker allerdings immer stärker in den Strudel der sogenannten Parteispendenaffäre. Hintergrund war ein Aktiengeschäft des Flick-Konzerns im Jahr 1975. Das Unternehmen reinvestierte die dabei erzielten Erlöse und kam dadurch in den Genuss weitreichender Steuererleichterungen. Genehmigt wurden diese Vorteile durch das Bundeswirtschaftsministerium, das in den fraglichen Jahren zunächst von Hans Friderichs und später von Otto Graf Lambsdorff geleitet wurde. Ermittlungen der Staatsanwaltschaft Bonn Anfang der 1980er Jahre ließen vermuten, dass es einen Zusammenhang zwischen diesen steuerlichen Vergünstigungen und der vom Flick-Konzern geleisteten Parteispenden gab. Zwischen 1985 und 1987 standen Friderichs und Lambsdorff wegen Steuerhinterziehung beziehungsweise Beihilfe zur Steuerhinterziehung vor Gericht und wurden verurteilt. Lambsdorff erhielt eine Geldstrafe in Höhe von 180.000 D-Mark, wurde jedoch vom Vorwurf der Bestechlichkeit, der ebenfalls im Raum stand, freigesprochen.

2 *Beispiel: Peter Graf, gelernter Versicherungskaufmann und Tennistrainer. Er ist Vater und ehemaliger Manager der deutschen Tennisspielerin Steffi Graf.*
Tochter Steffi Graf bestritt gerade die US-Open, als am 3. August 1995 ihr Vater Peter Graf wegen dringenden Verdachts auf Steuerhinterziehung in Untersuchungshaft genommen wurde. Zeitweise schien es, als würde auch der damaligen Weltranglistenersten ein ähnliches Schicksal widerfahren. Bereits einige Monate zuvor hatte die Staatsanwaltschaft Mannheim ein Verfahren wegen des Verdachts der Steuerhinterziehung gegen Peter und Steffi Graf eingeleitet. Ende Mai folgten dann umfassende Hausdurchsuchungen. Vermutlich um die steile Karriere der Ausnahmesportlerin nicht zu gefährden, übernahm Peter Graf schließlich die volle Verantwortung für die Finanzgeschäfte seiner Tochter. Daraufhin wurde das Verfahren gegen die Tennisspielerin eingestellt.

Laut Schlussbericht der Steuerfahndung Mannheim sollte Peter Graf zwischen 1989 und 1993 rund 41 Millionen D-Mark zugunsten seiner Tochter an den Finanzbehörden vorbeigeschleust haben. Dabei ging es vor allem um Einnahmen aus Werbeverträgen. Nachdem Graf 1996 gegen Auflagen und die Zahlung einer Kaution in Millionenhöhe aus der Untersuchungshaft entlassen worden war, erhob die Staatsanwaltschaft Klage gegen den prominenten Vater und dessen Finanzberater. Ihnen wurde „besonders schwere, gemeinschaftlich begangene Steuerhinterziehung in zwölf Fällen" vorgeworfen. Das Urteil erging Anfang 1997. Das Gericht verurteilte Graf wegen Steuerhinterziehung in Höhe von 12,3 Millionen D-Mark zu drei Jahren und neun Monaten Haft. Im April 1998 wurde Graf vorzeitig aus der Haft entlassen.

3 *Beispiel: Boris Becker, Ex-Tennisstar mit angeblichem Wohnsitz im Steuerparadies Monaco, der tatsächlich aber Anfang der 1990er Jahre in München lebte.*
Im Oktober 2002 machte Boris Becker Schlagzeilen ganz anderer Art. Da ging es nicht um sportliche Erfolge oder amouröse Affären, sondern ganz prosaisch um die Frage, ob der einstige Weltklassespieler eine Freiheitsstrafe antreten muss. Mit einem Bein stand er

bereits im Gefängnis. Dreieinhalb Jahre Haft hatte die Staatsanwaltschaft für den damals 34-Jährigen gefordert, was eine Aussetzung der Strafe zur Bewährung ausgeschlossen hätte. Denn dies ist nur möglich bei einer Haftstrafe von maximal zwei Jahren. Durch bewusst falsche Angaben in seinen Steuererklärungen habe der Tennisstar 3,3 Millionen D-Mark dem Fiskus vorenthalten, lautete der Vorwurf. Acht Jahre hatte sich das Verfahren hingezogen, bis endlich am 24. Oktober 2002 die Vorsitzende Richterin Huberta Knöringer das mit Spannung erwartete Urteil verkündete: Becker kam mit einer zweijährigen Bewährungsstrafe und einer Geldstrafe von insgesamt 500.000 Euro davon.

Dass Boris Becker überhaupt vor Gericht stand, ist seinem eigenen Leichtsinn zuzuschreiben, denn sein ganz individuelles „Steuersparmodell" erschien höchst professionell und bot den deutschen Steuerbehörden keine Angriffsflächen. Der Sportler wohnte in der ersten Hälfte der 1990er Jahren offiziell im Steuerparadies Monaco (siehe Kapitel „Nichts wie weg"). Von den dort herrschenden paradiesischen Zuständen aber profitieren nur Personen, die im Land selbst Einkommen beziehen. Unternehmen, die ihre Einnahmen im Ausland erwirtschaften, sind hingegen im Operettenstaat am Mittelmeer einkommensteuerpflichtig. Deshalb flossen Beckers Preisgelder und Werbeeinnahmen via Amsterdam an eine Firma auf der Karibikinsel Curaçao, wo die Einnahmen nur moderat versteuert wurden. Von diesem Unternehmen erhielt Boris Becker sein Gehalt nach Monaco überwiesen. In diesem Fall ohne steuerlichen Zugriff seitens der monegassischen Behörden.

Wie gesagt, das war alles fein ausgetüftelt. Doch Becker machte einen entscheidenden Fehler: Er fühlte sich in München-Bogenhausen auf Dauer eben doch wohler als im Ministaat Monaco und hielt sich überwiegend unter weiß-blauem Himmel auf, was angesichts der Bekanntheit dieses prominenten Sportlers naturgemäß auffallen musste – nicht zuletzt den Steuerbehörden.

4   Beispiel: Freddy Quinn, Showstar („Junge, komm' bald wieder") mit 44 Jahren Bühnenerfahrung.
Der „singende Seemann" beging den gleichen Fehler wie Boris Becker. Um den deutschen Fiskus auszubremsen, wählte er einen angeblichen Hauptwohnsitz in der steuerbegünstigten Schweiz. Die deutschen Finanzbehörden schauten daher zunächst einmal in die Röhre. Bis das Showtalent dann offenkundig beim Finanzamt angeschwärzt wurde. Freddy Quinn, so stellten die Ermittler bald fest, wohnte überwiegend in Hamburg, gemeinsam mit seiner 13 Jahre älteren Lebensgefährtin. Das hatte gravierende Konsequenzen: Der Sänger war die ganzen Jahre über in Deutschland steuerpflichtig. Durch diesen Trick habe er dem Fiskus rund 900.000 Euro vorenthalten, warf ihm der Staatsanwalt vor.

Im November 2004 musste sich Freddy Quinn vor dem Hamburger Landgericht verantworten. Für den reuigen Künstler ein schwerer Gang: „Ich habe Lampenfieber wie noch nie, weil dies eine Premiere für mich ist", vertraute er Journalisten an. Vor Gericht räumte Quinn die Steuerhinterziehung unter Tränen ein, sprach von einem „sorglosen Umgang mit Gagen" und davon, dass er nicht einmal das für ihn zuständige Finanzamt gekannt habe. „Freddys Hände in Handschellen statt am Schifferklavier?", feixte eine Agenturjournalistin bereits, die über den Prozess vor der Wirtschaftskammer berichtete. Sein Geständnis und die Tatsache, dass er seine Steuerschulden zwischenzeitlich beglichen hatte, bewahrten den „Jungen von St. Pauli" vor Schlimmerem: Er wurde zu einer zweijährigen Bewährungsstrafe und einer Geldbuße von 150.000 Euro verurteilt. Ein vergleichsweise mildes Urteil, wie Prozessbeobachter meinten.

5   Beispiel: Patrick Lindner, mit bürgerlichem Namen Friedrich Raab, Volksmusik- und Schlagerstar, stolperte über einen Abschreibungstrick.
Es war das Mitteilungsbedürfnis seines Lebensgefährten, das Patrick Lindner in größte Probleme brachte. Der nämlich hatte in seinem Buch „Abenteuer Adoption" ausführlich über das gemeinsame Leben mit dem Schlagerstar und ihrem Adoptivkind in einer feudalen Villa im vornehmen Münchner Stadtteil Grünwald berichtet und

dabei offenbar nicht ins Kalkül gezogen, dass Finanzbeamte nicht nur Steuerakten lesen. Die Damen und Herren vom Amt wurden hellhörig: Lindner hatte die Villa doch angeblich an seinen Freund vermietet und die Verluste aus Vermietung und Verpachtung – in erster Linie Schuldzinsen – steuermindernd geltend gemacht. Nun beschrieb sein Lebensgefährte blumig das gemeinsame Leben mit dem Sänger. Nicht nur für die Leser war offensichtlich: Die beiden waren schon in der fraglichen Zeit Anfang der 1990er Jahre ein Paar. Wenn aber Lindner seine eigene Villa selbst bewohnte, durfte er keine steuerlichen Abschreibungen vornehmen.

Die bayerischen Finanzbehörden fackelten nicht lange und leiteten das Steuerstrafverfahren ein. In den Jahren 1993 bis 1996 habe Lindner somit rund 166.000 Euro Steuern hinterzogen, lautete der Vorwurf. In erster Instanz wurde der populäre Sänger kurz vor Weihnachten 2003 zu einer drakonischen Geldstrafe von 432.000 Euro verurteilt – mehr als das Zweieinhalbfache der hinterzogenen Steuern. Fast zwei Jahre später kam es zum Berufungsprozess vor dem Landgericht München I. Lindner gab dabei erstmals die Steuerhinterziehung zu. Da außerdem im ersten Prozess die Steuerschulden zu hoch angesetzt gewesen waren, fiel das Urteil der Richter in der Berufungsinstanz deutlich milder aus: Der Schlagersänger kam mit einer Geldstrafe von 150.000 Euro davon.

6 *Beispiel: Ludwig-Holger Pfahls, ehemals Richter am Bayerischen Obersten Landgericht und Staatsanwalt für Wirtschaftssachen, später Präsident des Bundesamtes für Verfassungsschutz und bis 1992 Staatssekretär im Verteidigungsministerium.*

Unter allen hier kurz vorgestellten Fällen ist dieser wohl der mit Abstand spektakulärste. Er hat alles, was ein reißerischer Krimi braucht. Nur das Ende mutet seltsam banal an. Doch der Reihe nach: Am 22. April 1999 erließ das Amtsgericht Augsburg Haftbefehl gegen den sieben Jahre zuvor als Staatssekretär im Verteidigungsministerium zurückgetretenen Juristen und Politiker Ludwig-Holger Pfahls. Die Münchner Generalstaatsanwaltschaft setzte diese Entscheidung außer Vollzug. Anfang Mai setzte sich Pfahls nach Taiwan ab. Die Wahl fiel nicht von ungefähr auf diese fernöstliche

Inselrepublik: das Land unterhält kein Auslieferungsabkommen mit Deutschland. Danach verlor sich jede Spur von dem Gesuchten, obwohl der Ex-Geheimdienstchef in den folgenden Jahren zu den meistgesuchten Deutschen gehörte. Jahrelang schienen die Ermittler einem Phantom nachzujagen.

In einem Fahndungsaufruf des Bundeskriminalamtes wurde Pfahls vorgeworfen, im Zusammenhang mit Panzerlieferungen an Saudi-Arabien Schmiergelder in Höhe von etwa 2 Millionen Euro erhalten und nicht versteuert zu haben. Neben Steuerhinterziehung wurde Pfahls zudem der Bestechlichkeit beschuldigt.

Es sollte fünf Jahre dauern, bis der Gesuchte am 13. Juli 2004 in Paris verhaftet und ein halbes Jahr später an Deutschland ausgeliefert werden konnte. In dem am 28. Juni 2005 vor dem Landgericht Augsburg beginnenden Prozess wurde Pfahls von keinem Geringeren als dem ehemaligen Bundeskanzler Helmut Kohl entlastet, der seine alleinige Verantwortung für die Panzergeschäfte mit Saudi-Arabien bestätigte. Somit entging Pfahls dem Vorwurf der Bestechlichkeit. Nach einem sogenannten „Deal" zwischen Gericht, Staatsanwaltschaft und Verteidigung wurde der ehemalige Staatssekretär wegen Steuerhinterziehung und Vorteilsannahme zu einer Haftstrafe von zwei Jahren und drei Monaten verurteilt. Unter Anrechnung seiner Auslieferungshaft in Frankreich wurde Pfahls am 1. September 2005 nach Verbüßung der Hälfte seiner Strafe mit Auflagen freigelassen.

Diese Fälle von Steuerhinterziehung durch Prominente aus Politik, Sport und Showbusiness könnten unterschiedlicher nicht sein. Sie zeigen, wie breit der Vorwurf der Steuerhinterziehung greift. Sie reicht vom vermeintlich kleinen Steuertrick, der cleveren Wahl eines scheinbaren Wohnsitzes im Ausland bis hin zum kühl kalkulierten Vorsatz. Diese kurze Liste von prominenten Steuersündern ist bei weitem nicht vollständig. Viele, die sich im Augenblick noch sicher fühlen, könnten schon morgen am Pranger stehen. Denn selbst die raffinierteste Strategie kann auffliegen, wenn Sorglosigkeit und Selbstüberschätzung ins Spiel kommen.

Damit aber nicht der Eindruck entsteht, Sünder seien ausschließlich unter den frustrierten Steuerpflichtigen zu finden, hier noch drei authentische Fälle, die zeigen, dass auch in den Finanzämtern manches schwarze Schaf grast: In Hamburg hatte eine Finanzbeamtin jahrelang Steuererklärungen frei erfunden und in ihrer Behörde eingereicht. In allen Fällen bestanden Erstattungsansprüche, die natürlich auf Konten der Sachbearbeiterin flossen. Dadurch entstand ein Schaden von über 1,5 Millionen Euro. Die an mittelschwerer Spielsucht leidende Beamtin wurde wegen Steuerhinterziehung und Untreue zu zwei Jahren und acht Monaten Haft verurteilt. Mit einer achtmonatigen Bewährungsstrafe ahndete ein Wiener Gericht die Manipulationen einer österreichischen Finanzbeamtin. Sie hatte gegen Entgelt zwei anderen Frauen dabei geholfen, eine erhöhte Familienbeihilfe zu erschwindeln.

In Berlin schließlich soll eine junge Steueroberskretärin als Vollziehungsbeamtin im Außendienst Steuerschuldner in Pankow und Weißensee unter Druck gesetzt haben. Einen Teil des eingetriebenen Geldes steckte sie in die eigene Tasche.

Wer mag da den ersten Stein werfen?

Auf einen Blick

Steuerhinterziehung ist ein Vergehen, in gravierenden Fällen sogar ein Verbrechen.

Schätzungsweise bis zu 80 Prozent der Deutschen beschummeln das Finanzamt.

Die Risiken, bei den größeren oder kleineren Schummeleien entdeckt zu werden, ist in den vergangenen Jahren drastisch gestiegen.

Der Steuerwiderstand wächst ab einer Belastung von 30 Prozent deutlich.

Steuerhinterziehung führt zu Steuerausfällen. Und die bereiten den Boden für neue Steuererhöhungen – ein Teufelskreis.

Subjektiv empfundenes Unrecht und wirtschaftliche Probleme sind neben Gier und Luxussucht die stärksten Triebfedern für Steuertricksereien.

Ein einfacheres, transparenteres Steuersystem könnte das Ausmaß der Steuerhinterziehung reduzieren.

Die Liste prominenter Steuerhinterzieher ist lang – und wächst ständig.

2 Die Informationsquellen der Finanzbehörden

Die Finanzämter rüsten auf

„Big Fiskus is watching you": Die Vision von George Orwell vom gläsernen, ständig überwachten Bürger ist längst Realität geworden. Zumindest, wenn es um Nachforschungen der Finanzbehörden geht, spielt der in anderen Bereichen fast schon als sakrosankt erklärte Datenschutz keine Rolle mehr. Spätestens der weltweite Kampf gegen den Terrorismus und die damit verbundenen schärferen Überwachungen haben quasi als Nebeneffekt den Finanzbehörden ganz neue Möglichkeiten eröffnet. Während die Finanzbeamten und ihre Lobbygruppen bei jeder sich bietenden publicityträchtigen Gelegenheit über angebliche oder tatsächliche Arbeitsüberlastung lamentieren, verfügen die Finanzämter über eine leistungsfähige Schnüffelsoftware, die in kurzer Zeit selbst große Datenmengen nach Auffälligkeiten durchforsten kann. Sie bedienen sich dabei zum Beispiel Methoden der statistischen Wahrscheinlichkeitsrechnung, von denen der normale Steuerzahler vermutlich gar nicht weiß, dass es sie überhaupt gibt. Davon später mehr.

Vor 20 oder 30 Jahren reichte es häufig noch aus, ein Konto bei einer Bank in einem anderen Bundesland zu eröffnen, um es vor den neugierigen Blicken des Fiskus zu schützen. Heute sind – von wenigen Ausnahmen abgesehen – nicht einmal mehr Auslandskonten gegen die Ausspähung gefeit. In kurzer Zeit kann sich das Finanzamt einen vollständigen Überblick über alle von einem bestimmten Steuerbürger unterhaltenen inländischen Konten und Wertpapierdepots verschaffen. Selbstverständlich sind neben den Banken alle anderen Institutionen, Rentenversicherungsträger und Unternehmen (zum Beispiel Internet-Auktionshäuser wie ebay) verpflichtet; den Finanzbehörden vorbehaltlos Auskünfte zu geben.

Die Informationswege der staatlichen Geldeintreiber sind ausgesprochen vielfältig: Sie reichen von der einfachen Plausibilitätsprüfung der eingereichten Steuererklärung über den Einsatz hochmoderner technischer Analyseverfahren bis hin zu Außenprüfungen und dem brachialen Einsatz der Steuerfahndung. Die von vielen Bürgern gestellte Frage: „Was weiß eigentlich das Finanzamt über mich?" kann man nur mit einem warnenden „In der Regel mehr als Sie ahnen" beantworten. „Schon heute kann man sagen, dass die Finanzverwaltung bei entsprechender personeller und sachlicher Ausstattung in der Lage wäre, den gesamten Zahlungsverkehr in steuerlicher Hinsicht auszuwerten", stellen der Finanzrichter Peter Bilshofer und der Oberstaatsanwalt Raimund Weyand in ihrem lesenswerten Buch „Die Informationsquellen und -wege der Finanzverwaltung" fest (der Inhalt des Buches ist durchaus spannender als der Titel). Das lässt für die Zukunft sicher noch einiges erwarten. Der „gläserne Steuerbürger" ist mehr als zwei Dekaden nach dem Orwell-Jahr 1984 in weiten Teilen bereits Realität geworden.

„Nach bestem Wissen und Gewissen": die Steuererklärung

Es klingt wie die Vorstellung vom fiskalischen Paradies: Mitten in Europa gibt es ein Land, in dem man Finanzämter vergeblich sucht, in dem Unternehmer offiziell keiner Buchführungspflicht unterliegen und in dem es folglich weder Steuerprüfer noch Steuerfahnder gibt. Ein Land, in dem kein Beamter in Geschäftsunterlagen herumschnüffelt, peinliche Fragen stellt und im Zweifelsfall gegen den Steuerbürger entscheidet. Ein solches Land gibt es tatsächlich, doch nur die wenigsten wollen dort leben: Andorra ist die vielleicht attraktivste Steueroase Europas, doch wer möchte schon auf Dauer abgeschieden in den Pyrenäen leben, mehr als zwei Stunden Autofahrt von Barcelona entfernt? Wir nehmen Andorra im letzten Teil dieses Buches noch einmal genauer unter die Lupe.

Da aber die meisten von uns ein Leben in ihren jeweiligen Heimatländern vorziehen, müssen wir uns mit den Verhältnissen arrangieren. Und dazu gehört, Jahr für Jahr pünktlich eine Steuererklärung vorzulegen – erstellt nach „bestem Wissen und Gewissen", was der Bürger mit seiner Unterschrift ausdrücklich bestätigen muss. Kommt er dieser Pflicht nicht oder nicht in vollem Umfang nach, können die Besteuerungsgrundlagen vom Finanzamt geschätzt werden (siehe Paragraph 162 AO). Obwohl bei diesem Schätzverfahren willkürliche „Strafzuschläge" nicht statthaft sind, wird der Finanzbeamte im Zweifel die Summe eher höher ansetzen.

Die vom Steuerzahler eingereichten Unterlagen stellen zweifellos die wichtigste Informationsquelle des Fiskus dar. So fragen sich viele Bürger bei der Erstellung ihrer Steuererklärung:

1 Wie intensiv prüft der Fiskus?
2 Welche Personengruppen werden von den Finanzbeamten besonders durchleuchtet?
3 Was erfährt das Finanzamt automatisch?

Vorsicht: Keine dieser spannenden Fragen lässt sich mit letzter Sicherheit beantworten. Die nachfolgenden Angaben beruhen auf den langjährigen Erfahrungen von Steuerberatern und ehemaligen Mitarbeiter/innen von Finanzämtern. Sie geben Anhaltspunkte, doch sollte sich niemand bei seiner ganz persönlichen Chancen/Risiko-Abwägung darauf verlassen. Versuchen wir trotzdem, die Fragen zu beantworten.

Wie intensiv prüft der Fiskus? Natürlich können die Finanzbeamten nicht jede einzelne Steuererklärung auf den Prüfstand stellen. Ihre Zeit ist ohnehin knapp, zumal im Zuge des Alterseinkünftegesetzes seit 2006 viele Rentner Steuererklärungen abgeben müssen. Die meisten Erklärungen werden daher gleichsam „durchgewinkt", sofern dem Beamten bei der oberflächlichen Prüfung keine Ungereimtheiten förmlich ins Auge springen. Das kann zum Beispiel passieren, wenn ein Steuerbürger plötzlich eine größere Anschaffung – etwa eine Immobilie – ganz oder zum Großteil aus Eigenmitteln bezahlt. In diesem Fall dürfte sich das Finanzamt die Steuererklärungen der vergangenen Jahre noch einmal anschauen, um zu prüfen, ob der Bürger in der Ansparphase seine Erträge aus dem aufgebauten Kapital (Zinsen, Dividenden usw.) entsprechend deklariert hat. Ist das nicht der Fall, wird der Beamte sogleich nachhaken.

Klingt die Steuererklärung jedoch schlüssig, dürfte sich das Finanzamt mit den eingereichten Unterlagen zufriedengeben und den Vorgang abschließend bearbeiten. Allerdings gibt es eine Reihe von verdächtigen Anhaltspunkten, bei denen die Finanzbeamten hellhörig werden. Der Steuerzahler weckt im Bereich der Einkommensteuer den Argwohn des Fiskus, wenn er

- hohe Werbungskosten bei Einkünften aus Vermietung und Verpachtung geltend macht
- hohe Aufwendungen für Studienreisen absetzen möchte
- Fortbildungskosten von mehr als 2.000 Euro oder Reisekosten von über 7.500 Euro pro Jahr geltend macht
- im Rahmen der doppelten Haushaltsführung Kosten von mehr als 5.000 Euro ansetzt
- durch eine nebenberufliche Erwerbstätigkeit über mehrere Jahre hinweg nur Verluste erwirtschaftet
- eine Personengesellschaft gründet oder bestehende Beteiligungsverhältnisse ändert
- Geschäftsbeziehungen in sogenannte Steueroasen unterhält
- sein Arbeitszimmer steuerlich geltend machen möchte (der Klassiker unter den fiskalischen Streitthemen schlechthin).

Welche Personengruppen werden vom Finanzamt besonders durchleuchtet? Generell lässt sich feststellen: Je höher das Einkommen, desto häufiger und intensiver wird geprüft. Zumindest theoretisch, denn in der Praxis zeigen sich deutliche Unterschiede zwischen den einzelnen Bundesländern. Während die Deutsche Steuer-Gewerkschaft, die rund 135.000 Beschäftigte in Deutschlands Finanzämtern vertritt, der nordrhein-westfälischen Regierung ein Kompliment macht, weil dort Großverdiener ab einem Jahreseinkommen von mehr als einer halben Million Euro wie Betriebe behandelt würden und alle paar Jahre eine ausführliche Betriebsprüfung hinnehmen müssten, stünden die Chancen für Top-Verdiener im benachbarten Hessen anscheinend besser, wo die Finanzbeamten selbst bei gewagten Konstruktionen schon mal ein Auge zudrückten, behaupten jedenfalls die Steuer-Gewerkschafter.

An dieser Stelle sei nachdrücklich davor gewarnt, den Verlautbarungen der Deutschen Steuer-Gewerkschaft allzu große Bedeutung beizumessen. Zum Beispiel, wenn immer wieder auf die schlecht besetzten Finanzämter verwiesen wird, weshalb viele Unternehmen nur sehr selten oder gar nicht mit Betriebsprüfungen rechnen müssten. Die Gewerkschaft vertritt die sicher legitimen Interesse ihrer Mitglieder. Und deshalb müssen angebliche Missstände medienwirksam kommuniziert werden. Verlassen sollte man sich auf diese Informationen auf keinen Fall. Spätestens, wenn sich ein Betriebsprüfer in einen bestimmten Fall festgebissen hat, wird klar, dass er doch über nicht unerhebliche Zeitreserven verfügen muss.

Grundsätzlich lässt sich sagen, dass Spitzenverdiener mit einem Jahreseinkommen von über 200.000 Euro in fast 70 Prozent der Fälle intensiv geprüft werden. Wer es auf 100.000 Euro und mehr bringt, unterliegt nur mit 10-prozentiger Wahrscheinlichkeit einer genaueren Kontrolle. Bei Einkünften unter 75.000 Euro schauen die Beamten nur in 5 Prozent der Steuerfälle näher hin. Steuerbürger, die vom Fiskus aufgrund von Vorfällen in der Vergangenheit als „schwarze Schafe" geführt werden, müssen generell mit einer intensiven Prüfung rechnen.

Was erfährt das Finanzamt automatisch? Der Fiskus weiß zum Beispiel sehr genau über die zumindest im Inland erzielten Kapitalerträge Bescheid. Nachdem sich die meisten Staaten der Europäischen Union auf ein wechselseitiges Informationssystem verständigt haben, bleiben den Finanzämtern künftig sogar die im Ausland erzielten Zinsen nicht verborgen.

Alle deutschen Banken und Sparkassen müssen die Finanzbehörden über die eingereichten Freistellungsaufträge informieren. Diese gewaltigen Datenmassen speichert das Bundesamt für Finanzen. Wer mithin bei seinen Banken zu hohe Freistellungsaufträge eingereicht hat, fliegt relativ schnell auf. Das kann fatale Folgen haben, wie das Beispiel des Freiberuflers Manfred F. aus Niedersachsen beweist. Er wechselte häufig von einer Bank zur anderen, um jeweils die höchsten Zinsen für sein Tagesgeld zu kassieren. Klar, dass er bald den Überblick verlieren musste und nicht mehr wusste, welcher Bank er Freistellungsaufträge in welcher Höhe erteilt hatte.

Das Finanzamt war besser informiert und forderte Manfred F. auf, sämtliche Jahressteuerbescheide vorzulegen. Zunächst blieb es bei einer vergleichsweise moderaten Nachzahlung von etwas mehr als 300 Euro. Schlimmer jedoch war, dass sich die Finanzbeamten nun näher für den Freiberufler interessierten und ihm eine Betriebsprüferin ins Haus schickten. Die konnte außer ein paar Kleinigkeiten zwar nichts finden, doch der zeitliche Aufwand und das zusätzliche Honorar für den Steuerberater waren schon erheblich.

Ab 2007 öffnen sich zudem die Depots für den Fiskus. Bisher verschickten die Banken Jahressteuerbescheinigungen an die Anleger, um ihren Kunden das Ausfüllen der Steuererklärung zu erleichtern. Normalerweise bestand kein Zwang, diese Unterlagen an das Finanzamt weiterzuleiten – es sei denn, die Bescheinigungen wurden ausdrücklich angefordert. Ab 2007 hat das Finanzamt aber die Möglichkeit, direkt bei den Banken auf die Jahresbescheinigungen des Steuerzahlers zuzugreifen.

Bestens informiert sind die Finanzämter über Immobilienkäufe oder -verkäufe. Wo immer man ein Haus oder eine Eigentumswohnung erwirbt oder sich von einem Objekt trennt, werden die ortsansässigen Finanzbeamten grundsätzlich ihre Kollegen im Heimatfinanzamt des Käufers oder Verkäufers per Kontrollmitteilung unterrichten. Über Erbschaftsfälle und die Auszahlungen von Lebensversicherungen ist das Finanzamt ebenfalls bestens informiert. Auf die einzelnen Arten von Kontrollmitteilungen kommen wir gleich detaillierter zurück.

Die Frage, wer geprüft wird und wie intensiv, bleibt natürlich nicht dem Zufall überlassen. Hierfür gibt es (wie könnte es anders sein?) eine umfassende, in einzelnen Bereichen aber dennoch wenig konkrete Richtlinie, im Fachjargon GNOFÄ genannt. Dieses Kürzel steht für „Grundsätze zur Neuorganisation der Finanzämter und zur Neuordnung des Besteuerungsverfahrens". Darin wird zwischen „intensiv zu bearbeitenden Steuerfällen" und den „übrigen Steuerfällen" unterschieden. Steuerfälle sind intensiv zu bearbeiten, wenn

- dies generell oder im Einzelfall angeordnet wird
- sie maschinell hierzu ausgewählt werden

- sich Zweifelsfragen von erheblicher steuerlicher Bedeutung ergeben oder
- der jeweilige Bearbeiter nach pflichtgemäßem Ermessen einen Anlass zur Detailprüfung erkennt.

Die nicht intensiv zu bearbeitenden Fälle unterzieht das Finanzamt einer Schlüssigkeits- und Glaubwürdigkeitsprüfung. Schlüssig sind die Angaben laut GNOFÄ dann, wenn die vorgetragenen Tatsachen die begehrte Rechtsfolge eintreten lassen und der Sachvortrag nicht offensichtlich unvollständig erscheint. Und glaubwürdig sind die Angaben dann, wenn zum Beispiel aufgrund von Feststellungen für vorangegangene Zeiträume eine überwiegende Wahrscheinlichkeit für das Vorliegen des Sachverhalts spricht.

Verlassen wir das Feld der juristischen Definitionen und stellen fest: Unabhängig vom Einkommen kann jeder Steuerzahler einmal im Sieb des Auswahlverfahrens hängen bleiben. Bei der dann anstehenden intensiven Prüfung muss sich der Bürger auf einiges gefasst machen.

Der automatisierte Kontenabruf: Adieu Bankgeheimnis

Ein belastbares Bankgeheimnis wie in der Schweiz, in Liechtenstein oder in Österreich hat es in Deutschland zu keiner Zeit gegeben. Auch früher schon erfuhr das Finanzamt beinahe alles, was es wissen wollte. Nur – es war schwieriger und bereitete erheblich mehr Arbeit. Bildhaft ausgedrückt: Früher arbeitete man mit der Angel, heute wirft man riesige Fangnetze aus. Ermöglicht wurde dies durch das am 1. April 2005 eingeführte automatisierte Verfahren zum Abruf von Konteninformationen.

Was steckt dahinter? Im sogenannten vierten Finanzmarktförderungsgesetz, das bereits zum 1. Juli 2002 in Kraft getreten war, wurden alle deutschen Banken und Sparkassen verpflichtet, die wichtigsten Kontostammdaten ihrer Kunden zum automatisierten Abruf bereitzuhalten. Zu diesen Stammdaten gehören:

Die Informationsquellen der Finanzbehörden

- Name und Geburtsdatum des Kontoinhabers und eventuell des Verfügungsberechtigten
- Name und Anschrift eines abweichend wirtschaftlich Berechtigten
- Nummer des Kontos oder des Depots
- Tag der Errichtung und gegebenenfalls der Löschung des Kontos oder des Depots.

Kontostände oder -umsätze gehören demnach nicht zu den Stammdaten. Jedenfalls bisher noch nicht.

Zunächst war nur die Bundesanstalt für Finanzdienstleistungsaufsicht (BaFIN) berechtigt, diese Informationen jederzeit online abzufragen, ohne dass dies der Bank bekannt war. Seit 1. April 2005 dürfen sich nun auch die Steuer- und Sozialbehörden bedienen. Hierzu wendet sich das Heimatfinanzamt des Steuerzahlers einfach an das Bundeszentralamt für Steuern (BZSt), das alles Weitere veranlasst. So erhält das Finanzamt in kürzester Zeit einen kompletten Überblick über alle von einem Steuerzahler in Deutschland unterhaltenen Konten und Depots. Die Daten werden auf einem Hochleistungsserver nach dem sogenannten Blackbox-Verfahren gespeichert. Das heißt, die Banken können nicht feststellen, wer und wann auf die dort registrierten Kundendaten zugegriffen hat.

Obwohl das Bundesverfassungsgericht bis Anfang 2007 noch immer nicht abschließend über die Rechtmäßigkeit der automatischen Kontenabfrage entschieden hatte, wird dieses Instrument von den Finanzbehörden bereits vielfach eingesetzt. Allein im Jahr 2005 kam es in rund 62.000 Fällen zu solchen automatischen Kontoabfragen. Das Schlimme dabei: Die übereifrigen Beamten halten sich offenbar nicht immer an die Regeln. Stichproben in Nordrhein-Westfalen ergaben immerhin, dass im Jahr 2005 etwa 90 Prozent (!) aller Kontenabfragen nicht ausreichend begründet waren. Trotzdem ist nicht damit zu rechnen, dass die Schnüffelwut nachlässt. Im Gegenteil: Schon bald sollen die Finanzämter in der Lage sein, täglich 5.000 Konten pro Kreditinstitut abzurufen. Das alles verkauft die Politik mit dem Nimbus des Gutmenschentums. Schließlich gehe es darum, Steuergerechtigkeit herzustellen.

Was die Sparer und Anleger davon halten, zeigt die Statistik. Zwischen Ende 2004 und Anfang 2006 verzeichneten allein die Volks- und Raiffeisenbanken in Bayern einen Abfluss von Spareinlagen in Höhe von mehr als 430 Millionen Euro. Hochgerechnet auf alle Kreditinstitute in der gesamten Bundesrepublik dürften mehrere Milliarden Euro auf der Flucht sein. Vor allem die Banker in Österreich, der Schweiz und Liechtenstein reiben sich die Hände: Danke, Deutschland!

Die deutschen Kreditinstitute in den grenznahen Regionen bekommen die Folgen der Kontenschnüffelei gleich doppelt zu spüren. Auf der einen Seite ziehen immer mehr Kunden ihre Ersparnisse ab, was das Einlagengeschäft der Banken schmälert. Auf der anderen Seite fließt vor allem das in Österreich angelegte Geld in Form von sehr günstigen Firmenkrediten wieder nach Deutschland zurück. Das hat negative Auswirkungen auf das Kreditgeschäft.

Waren es früher vornehmlich die hartgesottenen Hinterzieher, die ihr mit oftmals kriminellen Machenschaften erwirtschaftetes Schwarzgeld ins „diskrete" Ausland schafften, so sind es heute zum großen Teil unbescholtene Bürger, die ihr Erspartes vor den neugierigen Augen der Finanzämter schützen möchten. Ihnen geht es nicht darum, ein paar Hundert oder Tausend Euro pro Jahr an Zinssteuer zu sparen, ihnen ist der Schutz der Privatsphäre viel wichtiger. Nicht wenige geben ihre Auslandskonten sogar offen an, weiß der Hamburger Steueranwalt Ulrich Gerken. Schließlich steht es jedem Bundesbürger frei, wo immer er möchte ein Konto zu eröffnen. Selbst ein Konto in einer Steueroase wie Liechtenstein mag zwar die Schnüffelbegierde des Fiskus wecken, ist aber absolut nicht illegal. Problematisch wird die Sache erst, wenn der Kontoinhaber seine im Ausland erzielten Kapitalerträge dem heimischen Finanzamt verschweigt.

Wann muss der Steuerzahler mit Kontoabrufen rechnen?

Die Erfahrungen in den ersten Monaten nach Einführung der automatisierten Kontenabfrage zeigen, dass die Finanzbeamten ganz offenkundig nach der Devise arbeiten: Lieber zehnmal zu viel als einmal zu wenig nachhaken. Der Steuerzahler muss in folgenden Fällen mit einer Abfrage rechnen:

Die Informationsquellen der Finanzbehörden

> Der Steuerzahler bezieht hohe Einkünfte, erklärt aber keine oder nur geringe Kapitalerträge.
>
> Der Steuerzahler bezieht relativ geringe Einkünfte, gönnt sich aber einen für den Fiskus erkennbar luxuriösen Lebensstil.
>
> Die erklärten Kapitalerträge weisen von Jahr zu Jahr starke Schwankungen auf.
>
> Beim Heimatfinanzamt gehen Kontrollmitteilungen ein, die auf größere Abweichungen oder Lücken hindeuten.
>
> Der Steuerzahler schließt eine sofort beginnende private Rentenversicherung gegen Einmalzahlung ab, kann aber die Herkunft des dafür eingesetzten Kapitals nicht plausibel erklären.
>
> Denunzianten haben den Steuerzahler angeschwärzt.

Versicherungen im Visier der Fahnder

In jüngster Vergangenheit bekamen sogar die ersten Adressen unter den deutschen Versicherungen Besuch von den Steuerermittlern. Sie besorgten sich die Daten von mehreren Tausend Kunden. Eine rechtlich zumindest fragwürdige Aktion, da gegen die Versicherten in den meisten Fällen nicht einmal ein Anfangsverdacht bestand, der auf Steuerhinterziehung hätte schließen lassen. Grund für das rabiate Vorgehen des Fiskus war ein Produkt, das sich aus Sicht der Ermittler bestens zur Geldwäsche eignet. Dabei zahlt der Kunde einmal eine höhere Summe in einen Fonds, aus dem dann fünf Jahre regelmäßig Beiträge in eine Lebensversicherung fließen. Danach ruht das Kapital für weitere sieben Jahre, in denen dem Kunden Zinsen und sonstige Erträge gutgeschrieben werden. Nach zwölf Jahren erhält der Versicherte dann den Gesamtbetrag steuerfrei ausgezahlt. Ergibt sich danach der Verdacht auf Steuerhinterziehung oder Geldwäsche, ist der Anleger fein raus, denn Steuerunterlagen werden meist nur zehn Jahre lang aufbewahrt. Den Ermittlern dürfte es somit sehr schwerfallen, dem Kunden etwaige „Sünden" nachzuweisen.

Mit Nachfragen rechnen müssen zudem Versicherte, die eine Rentenpolice mit Einmalzahlung abgeschlossen haben („Sofortrente"). Angenommen, der Versicherungskunde deklarierte über Jahre hinweg nur vergleichsweise geringe Kapitaleinkünfte, so wird das Finanzamt sicherlich interessieren, woher der hohe eingezahlte Betrag stammt. Dann sollte man schon eine plausible Antwort parat haben.

Von neidischen Nachbarn, enttäuschten Partnern und „netten" Kollegen

Fast vier Jahrzehnte arbeitete Lieselotte G. im Finanzamt einer mittelgroßen deutschen Stadt. Zuerst im Veranlagungsbezirk und später bei der Steuerfahndung. Mittlerweile ist sie schon viele Jahre im Ruhestand und hat Abstand gewonnen von ihrer früheren Arbeit, die ihr nicht immer nur Spaß machte. Als ganz besonders schlimm empfand sie es, wenn wieder mal ein anonymes Schreiben auf ihrem Tisch landete, in dem ein Bürger von einem „netten Mitmenschen" angeschwärzt wurde. Oft hätte sie diese mitunter schon krankhaft anmutenden Auswüchse von Denunziantentum am liebsten in den Papierkorb geworfen. Neid, Rachsucht, Wichtigtuerei – die ganze Bandbreite niederer Instinkte sei in manchen Briefen zum Ausdruck gekommen, erinnert sich Lieselotte G. Und sie hat gelernt: Erst im Schutze der Anonymität zeigen manche Menschen ihr wahres Gesicht.

Normalerweise gehören anonyme Schreiben sofort in den Papierkorb. Beim Finanzamt ist das anders: Steuer-Denunziantentum gilt mittlerweile als wichtige Informationsquelle für den Fiskus. Und deshalb schauen sich die Beamten sogar anonyme Anzeigen ganz genau an. Zeugen die darin gemachten Angaben von Detailkenntnissen, gehen sie der Sache in jedem Fall nach. Die Ablage „P" kommt mithin nur in Frage, wenn die Vorwürfe nicht schlüssig oder gar absurd klingen.

Immerhin scheinen Steuer-Denunzianten durchaus gefragt zu sein. Zwar ist es im Gegensatz etwa zu den USA nicht üblich, an

Informanten Erfolgshonorare zu zahlen, dennoch haben, wie der WDR schon im Jahr 2003 berichtete, einige Steuerbezirke eigene Hotlines, um Denunziationen entgegenzunehmen. Es ist davon auszugehen, dass viele, wenn nicht gar die meisten Steuerstrafverfahren gerade in kleineren bis mittelschweren Fällen auf Anzeigen Dritter zurückzuführen sind. Da ist zum Beispiel die rachsüchtige Frau, die es ihrem Ex-Mann heimzahlen möchte und dem Finanzamt vom geheimen Konto in der Schweiz erzählt. Oder aber der neidische Nachbar kühlt mit einer anonymen Anzeige seit Mütchen und gibt Hinweise auf angebliche Schwarzarbeit. Eine erhebliche Gefahrenquelle stellen ehemalige Mitarbeiter dar, die den Finanzämtern von der „kreativen Buchhaltung" ihrer ehemaligen Chefs berichten. Sogar verschmähte Liebe hat manchen schon zum Steuer-Denunzianten gemacht.

Während solche Anzeigen in aller Regel anonym erfolgen, arbeiten die sogenannten Gewährspersonen mit offenem Visier. Sie sind den Finanzämtern bereits durch frühere Mitteilungen bekannt, deshalb gehen die Beamten diesen Anzeigen regelmäßig nach. Solchen V-Leuten unterstellen die Behörden, dass es ihnen nicht nur um das reine Anschwärzen eines anderen Menschen geht, den man wirtschaftlich schädigen oder bestrafen möchte.

Die Folgen solcher Anzeigen können erheblich sein und bis zur wirtschaftlichen Existenzvernichtung reichen. Kommen schwerwiegende Machenschaften ans Licht, muss der Angeschwärzte sogar mit einer Gefängnisstrafe rechnen. Doch selbst wenn sich am Ende die Unschuld des Betreffenden herausstellt, bleiben meist ein beträchtlicher finanzieller Schaden (zum Beispiel durch die Anwalts- und Steuerberaterhonorare) sowie die nicht zu unterschätzende psychische Belastung, die ein Steuerstrafverfahren mit sich bringt.

Kein Wunder also, wenn manche zu Unrecht Beschuldigten nun ihrerseits den Denunzianten zur Rechenschaft ziehen möchten. Die entsprechende Handhabe gibt ihnen Paragraph 164 StGB. Darin heißt es unter anderem: „Wer einen anderen bei einer Behörde (...) oder öffentlich wider besseres Wissen einer rechtswidrigen Tat oder der Verletzung einer Dienstpflicht in der Absicht verdächtigt, ein behördliches Verfahren oder andere behördliche Maßnahmen gegen ihn herbeizuführen oder fortdauern zu lassen, wird mit Freiheitsstrafe bis zu fünf Jahren oder mit Geldstrafe bestraft." Vorausgesetzt freilich, der Denunziant ist bekannt. Tatsächlich jedoch gehen die meisten Anzeigen und Beschuldigungen anonym ein.

Interessant wird der Fall, wenn der Finanzbehörde der Name des Anzeigers bekannt ist, sich dessen Anschuldigungen aber als haltlos erwiesen haben. Grundsätzlich kann der zu Unrecht Beschuldigte vom Finanzamt die Bekanntgabe des Namens des Denunzianten verlangen. In der Praxis aber stellen sich die Behörden meist quer und verweisen auf das Steuergeheimnis, das den Anzeiger schützen soll. Daher kann der fälschlicherweise angeschwärzte Steuerzahler nur dann mit der Preisgabe des Denunzianten rechnen, wenn dieser vorsätzlich falsche Angaben gemacht haben sollte. Dies zu beweisen, dürfte schwierig bis unmöglich sein.

Bezeichnend ist in diesem Zusammenhang ein Urteil des Finanzgerichts Niedersachsen aus dem Jahr 2004. Kurz zusammengefasst entschieden die Richter: Wer einen potenziellen Steuerhinterzieher beim Finanzamt anschwärzt, muss nach Ende des daraus entstehenden Strafverfahrens nicht fürchten, dass seine Identität dem freigesprochenen Betroffenen offenbart wird.

Zur Vorgeschichte: Ein Informant hatte sich an die Finanzbehörde gewandt und einen Landwirt beschuldigt, seine Umsätze und Kapitaleinkünfte nicht vollständig zu versteuern. Kaum hatte er seine Beschuldigungen vorgetragen, packte ihn die Angst. Der Anzeiger bat inständig darum, im Strafverfahren nicht genannt zu werden. Er fürchte sonst um sein Leben, redete er den Beamten ins Gewissen. Die Behörde eröffnete gegen den Landwirt ein Steuerstrafverfahren, in dessen Verlauf der Anwalt des Beschuldigten Akteneinsicht beantragte. Der Landwirt wollte unbedingt wissen, wer ihn da angeschwärzt hatte. Doch die Einsichtnahme in die Ermittlungsakten halfen nicht weiter. Die Strafverfolgungsbehörde hatte die entsprechenden Teile aus den Akten ausgeheftet. Nach einer Weile wurde das Strafverfahren eingestellt, da dem Landwirt nur vergleichsweise geringe Unregelmäßigkeiten, aber keine vorsätzliche Steuerhinterziehung nachgewiesen werden konnten.

Nun lag die Akte wieder bei der zuständigen Finanzbehörde. Der zu Unrecht Beschuldigte forderte abermals Akteneinsicht, um den Namen des Denunzianten festzustellen. Das Finanzamt verwies auf das Steuergeheimnis und verweigerte die Einsicht. Das Finanzgericht Niedersachsen bestätigte dieses Verhalten ausdrücklich. Die Identität des Denunzianten falle unter das Steuergeheimnis, solange dieser nicht selbst eine Straftat, etwa eine falsche Verdächtigung oder Verleumdung, begangen habe. Im konkreten Fall habe der Denunziant aber fest an die Steuerhinterziehung des Landwirts geglaubt. Zynisch könnte man also resümieren: Die Namen von Denunzianten sind beim Finanzamt wesentlich besser geschützt als die Konten ehrlicher Bürger.

Nicht wenige „diskrete" Vermögensberater geben ihren Klienten den Tipp, über ihre Geldangelegenheiten zu schweigen „wie ein Grab". Sogar gegenüber Frau und Kindern. Doch dieser Rat birgt Risiken: So existieren in der Schweiz zahlreiche Nummernkonten, von denen keiner weiß, wem sie gehören. Meist ist der Kontoinhaber inzwischen verstorben, ohne seine Hinterbliebenen noch rechtzeitig über sein kleines Geheimnis informiert zu haben.

Kontrollmitteilungen: Finanzämter unter sich

Zu den effizientesten Methoden der Informationsbeschaffung durch die Finanzämter zählt die Erstellung von Kontrollmitteilungen, deren Zahl in den vergangenen Jahren stark zugenommen hat. Manche Finanzbeamte klagen bereits, sie würden in Kontrollmitteilungen fast ertrinken. Die Arbeit, so ist zu fürchten, wird ihnen nicht ausgehen, wenn in den nächsten Jahren nun zusätzlich die Mitteilungen aus dem nahen und ferneren Ausland auf die Schreibtische flattern werden.

Kontrollmitteilungen dienen der Information der Finanzbehörden untereinander. Stellt etwa ein Betriebsprüfer relevante Sachverhalte fest, die für seine Kollegen in einem anderen Amt von Interesse sein könnten, wird er sie über seine Feststellung unterrichten. Ein Beispiel: Prüfer A. in München nimmt die Bücher des Verlages X unter die Lupe. Dabei stellt er fest, dass von dem Unternehmen regelmäßig Honorare an den Biologen B. in Frankfurt fließen, der sich damit sein Einkommen als wissenschaftlicher Mitarbeiter etwas aufbessert. A. informiert nun seine Kollegen in Frankfurt, und die stellen prompt fest, dass B. diese Einkünfte in seiner Einkommensteuererklärung „übersehen" hat. Die Umsatzsteuer, die A. eigentlich gar nicht hätte annehmen dürfen, floss ebenfalls auf sein Konto. In diesem Fall dürfte es nicht lange dauern, bis der Naturwissenschaftler unangenehme Post von der Bußgeld- und Strafsachenstelle seines Finanzamts erhalten dürfte.

Aber auch aus der betrieblichen Korrespondenz können sich Anhaltspunkte für eine Kontrollmitteilung ergeben. So etwa, wenn ein Geschäft bar abgewickelt oder Geld auf das Privatkonto des Rechnungsstellers überwiesen wurde. Dann ist mit fast absoluter Sicherheit davon auszugehen, dass Kontrollmitteilungen erfolgen. Generell aber gibt es kein einheitliches Verfahren im Umgang mit dieser Informationsübermittlung. Das heißt, der Beamte wird in jedem Einzelfall entscheiden. Doch eines ist klar: Im Zweifel entscheidet er sich für eine Kontrollmitteilung.

Es gilt, zwischen einzelnen und flächendeckenden Kontrollmitteilungen zu unterscheiden. Um unser Beispiel noch einmal aufzugreifen: Im geschilderten Fall hatte der Prüfer A nur den wissenschaftlichen Autor B. im Verdacht. Also schickte er nur eine Einzelmitteilung. Hätten mehrere Autoren auf der Liste gestanden, die regelmäßig Honorare von dem geprüften Verlag beziehen, wären flächendeckende Kontrollmitteilungen möglich gewesen. Die Problematik flächendeckender Kontrollmitteilungen führt zu einer heiklen Frage: Was passiert, wenn eine Bank vom Fiskus unter die Lupe genommen wird? Müssen dann alle kleinen Steuersünder, die ihre Zinseinnahmen nicht ordentlich versteuert haben, bald mit kritischen Nachfragen durch ihre Finanzämter rechnen? Grundsätzlich ja, lautet leider die nicht eben beruhigende Nachricht. Zwar dürfen Betriebsprüfungen bei Banken oder anderen Finanzdienstleistern (Versicherungen, Fondsgesellschaften usw.) nicht mit dem vorrangigen Ziel angeordnet werden, in den Konten und Depots der Kunden zu schnüffeln, um den „Zinssündern" auf die Schliche zu kommen.

Doch stoßen die Prüfer während ihrer Arbeit „durch Zufall" auf solche Erkenntnisse, erfolgen sicher umgehend Kontrollmitteilungen.

Bisher gingen wir davon aus, dass die Betriebsprüfer Ausgangspunkt von Kontrollmitteilungen sind. Doch fließen die Informationsströme auch aus anderen Bereichen der Finanzbehörden. Eine wichtige Rolle spielen dabei die Grunderwerbsteuerstellen. Wer immer eine Immobilie ersteht, darf davon ausgehen, dass sein Finanzamt in kurzer Zeit davon erfährt. Für die Notare besteht eine Verpflichtung, Grundstücksgeschäfte an das vor Ort zuständige Finanzamt zu melden. Angenommen, die Ärztin M. aus Köln kauft in Berlin vom Unternehmer Z. aus Leipzig eine Eigentumswohnung für ihre in der Hauptstadt studierende Tochter. Nach der Beurkundung des Kaufvertrags wird der Notar die zuständige Grunderwerbsteuerstelle in Berlin unterrichten. Die wiederum leitet Ausfertigungen der Anzeige weiter an das Finanzamt in Köln (Käuferin) und in Leipzig (Verkäufer).

Das kann mehrere Konsequenzen haben. Spielen wir ein paar denkbare Varianten durch. Das Finanzamt in Köln weiß nun, dass die Ärztin eine Eigentumswohnung in Berlin unterhält. Also werden die Beamten penibel darauf achten, dass die Steuerzahlerin in ihrer Erklärung Mieteinnahmen in angemessener Höhe deklariert. Das Finanzamt in Leipzig hingegen wird unter anderem prüfen, ob der erzielte Verkaufspreis mit dem seinerzeitigen Einstandspreis vereinbar ist oder ob der Verkäufer mit einem getürkten Preis die Spekulationssteuer umgehen möchte.

Ein Fall aus der Praxis: Architekt G. baute für den Unternehmer U. ein Mehrfamilienhaus, das der Bauherr in mehrere Eigentumswohnungen aufteilte. Neben seinem Honorar erhielt der Architekt eine Zweizimmerwohnung zum „Freundschaftspreis", die er an eine Studentin vermietete. Die aber zog nach zwei Jahren wieder aus, und Architekt G. wollte nun seine Immobilie verkaufen, weil seine Geschäfte gerade nicht sonderlich gut liefen. Da die Verkaufserlöse aber auf jeden Fall über dem sehr günstigen Kaufpreis gelegen hätten, wäre ein steuerpflichtiger Spekulationsgewinn entstanden. Also machte der vermeintlich clevere Architekt dem Käufer den

Vorschlag, im notariell beurkundeten Kaufvertrag einen niedrigen Preis auszuweisen und ihm die Restsumme bar und ohne Belege auszuhändigen. Glücklicherweise ließ sich der potenzielle Käufer auf diese Manipulation nicht sein, denn ansonsten hätte es für beide Parteien sehr eng werden können. Keine andere Form der Kapitalanlage überwacht der Staat so genau wie Immobiliengeschäfte. Wer hier schummeln möchte, fliegt fast immer auf.

Auch bei Erbschaften sollte der Steuerbürger auf der Hut sein. Denn nach einem Todesfall erhalten die Finanzbehörden von den Banken automatisch alle Informationen über die Konten des Verstorbenen. Die Beamten schreiben dann routinemäßig die Erben an, um Einkommensteuererklärungen für etwaige Erträge aus den Konten des Erblassers anzufordern. Eine gefährliche Falle: Erklären die Betroffenen, sie wüssten nichts von diesen Konten, werden sofort Kontenabfragen gestartet.

Vorsicht Steuerfalle!

Wer ein Erbe antritt, erhält bald Post von seinem Finanzamt. Dann gilt es, die Hinterlassenschaften des Erblassers in vollem Umfang aufzulisten und eine Erbschaftsteuererklärung abzugeben. Mancher mag vielleicht versucht sein, die eine oder andere Position „zu vergessen". Aber Vorsicht: Aufgrund der erwähnten Meldepflicht weiß das Finanzamt ohnehin schon alles. Die Abfrage dient lediglich als Kontrolle. Man könnte es härter formulieren: Der Steuerbürger wird auf geradezu perfide Weise auf die Probe gestellt. Sind seine Angaben unvollständig, reicht ein übereifriger Finanzbeamte schon aus, um ein Steuerstrafverfahren einzuleiten.

Die Zollfalle und ihre möglichen Folgen

Katharina L. ließ es sich im Zugrestaurant vor einem anstrengenden Geschäftstermin noch einmal so richtig gut gehen. Die Geschäftsführerin einer mittelständischen Werbeagentur im Rhein-Main-Gebiet genehmigte sich noch einen Kaffee und genoss an diesem strahlenden Frühlingstag die vorbeiziehende Landschaft Südbadens. Nur noch etwa 20 Minuten bis Basel, wo sie in einem in Bahnhofsnähe gelegenen Hotel einen wichtigen Kunden aus der Schweiz treffen sollte. Als die Werbemanagerin gerade ihre Unterlagen zusammenpacken wollte, traten zwei Uniformierte ins Zugrestaurant, schauten sich um und nahmen mit sicherem Blick die elegante Dame ins Visier: Designer-Outfit, wertvoller Schmuck, eine teure Armbanduhr, deren Marke nicht nur Uhrmacher sofort selbst auf Distanz erkennen. Der Uniformierte und die ihn begleitende Kollegin waren vom deutschen Zoll. Sie bauten sich unmittelbar vor dem Sitzplatz von Katharina L. auf und gaben ihr einen kleinen Zettel zu lesen. Darauf stand, dass jeder verpflichtet sei, Bargeld oder gleichgestellte Zahlungsmittel im Wert von 15.000 Euro oder mehr anzuzeigen, falls dieser Betrag über die EU-Binnen- oder Außengrenzen verbracht werden soll. Mit dieser Maßnahme will der Gesetzgeber die organisierte Kriminalität, insbesondere die Geldwäsche bekämpfen (siehe Info-Kasten: Vorsicht, Grenzgänger!).

Die Werbemanagerin verneinte und reichte dem Zollmitarbeiter ihren Personalausweis. Seine Kollegin forderte die Reisende daraufhin in ziemlich herrischem Ton auf, ihr die Handtasche und die Notebook-Tasche auszuhändigen. Während die Zollmitarbeiterin selbst in privatesten Dingen schnüffelte und vor allem die Kredit- und EC-Karten genauestens unter die Lupe nahm (es könnte ja Hinweise auf Bankverbindungen in die Schweiz geben), startete der Herr vom Zoll ein regelrechtes Verhör („Wo fahren Sie hin? Was haben Sie dort vor? Wann fahren Sie wieder zurück? Haben Sie weiteres Gepäck dabei?"). Nachdem die Zollmitarbeiterin ihre Schnüffelattacke ergebnislos beendet hatte, verlangte sie nach dem Blazer der Dame. Auch dessen Taschen wurden kontrolliert, außerdem tastete die Fahnderin den gesamten Stoff ab (es könnte ja etwas eingenäht worden sein). Wiederum Fehlanzeige. Die Zollmitarbeiterin gab Katharina L. den Ausweis zurück, schaute sie noch einmal streng an – dann verabschiedeten sich die beiden Uniformierten mit einem knappen „OK". Der ganze Vorgang dauerte nur fünf Minuten. Aber fünf Minuten können in einer so peinlichen Situation, in der die Werbemanagerin die Blicke aller anderen Fahrgäste im Zugrestaurant auf sich zog, verdammt lang sein.

So unangenehm der Vorfall für die Betreffende gewesen sein mag, es handelt sich keineswegs um einen Einzelfall. Im Jahr 2004

Die Zollfalle und ihre möglichen Folgen

wurden die Grenzkontrollen zwischen Deutschland und der Schweiz auf Anordnung der Bundesregierung drastisch verschärft. Autoschlangen von bis zu 30 Kilometern an den Zollübergängen waren keine Seltenheit. Manche sahen darin ein Ablenkungsmanöver der damals angeschlagenen Regierung unter Kanzler Schröder. Sehr viel plausibler klingt eine andere Erklärung: Den Eidgenossen sollten die Folgen ihrer aus Sicht der anderen EU-Staaten immer noch nicht ausreichenden Kooperationsbereitschaft bei der Bekämpfung von Schwarzgeldanlage und Steuerhinterziehung vor Augen geführt werden.

Mittlerweile geht es an den Grenzübergängen in die Schweiz zwar wieder etwas gemäßigter zu, doch mit plötzlichen Zollkontrollen muss jeder rechnen. Und zwar selbst an den EU-Binnengrenzen. Bürger aus den betreffenden Region kennen das: In regelmäßigen Abständen tauchen die Damen und Herren vom Zoll auf, errichten Straßensperren und durchsuchen mit martialischen Gesten verdächtige Fahrzeuge. In grenznahen Gemeinden, wie beispielsweise Lindau am Bodensee, von wo aus man zu Fuß Österreich erreicht, sind solche Kontrollen gang und gäbe. Mitunter gemahnen die Szenen ein wenig an US-Krimiserien – zum Beispiel, wenn der Verdächtige mit gespreizten Beinen und ausgestreckten Armen vor seinem Fahrzeug steht und abgetastet wird. Auch auf dem Lindauer Hauptbahnhof gehen hin und wieder Fahnder in Zivil auf die Pirsch. Besonders verdächtig sind dabei Passagiere, die mit dem mehrfach täglich verkehrenden Eurocity München-Zürich reisen – dem „Hinterzieher-Zügle", wie er oft genannt wird.

Das Ziel dieser Kontrollen ist klar: Die Fahnder wollen „Geldkuriere" aufgreifen, die ihr Erspartes nach Österreich, in die Schweiz oder nach Liechtenstein transferieren möchten. Seit Einführung der erwähnten automatisierten Kontenabfrage im April 2005 haben viele Bürger nur noch einen Wunsch: Weg mit dem Geld ins schnüffelfreie Ausland. Doch der Weg dorthin ist alles andere als einfach. Wer sein Geld überweist, hinterlässt verräterische Spuren. Wer hingegen Bares über die Grenze schmuggelt, läuft Gefahr, in eine Zollkontrolle zu geraten.

Zollbedienstete und Beamte des Bundesgrenzschutzes können diese Kontrollen entweder unmittelbar an der Grenze oder im „grenznahen Bereich" vornehmen. Der Gesetzgeber versteht unter dem Begriff „grenznah" eine Distanz von 30 Kilometern. Dies betrifft sowohl EU-Außengrenzen (also zum Beispiele jene zur Schweiz) als auch die EU-Binnengrenzen (etwa nach Luxemburg oder Österreich). Wer bei einer Kontrolle gegen die Meldepflicht verstößt oder unvollständige beziehungsweise falsche Angaben macht, begeht eine Ordnungswidrigkeit. Hierfür wird ein Bußgeld von mindestens einem Viertel des nicht deklarierten Betrags fällig, bei Vorsatz muss der Betreffende gar die Hälfte berappen. Bei schweren Fällen kann sogar der Gesamtbetrag fällig werden. Als schwerer Fall gilt zum Beispiel schon ein raffiniertes Versteck im Auto (etwa in der Türverkleidung). Doch damit nicht genug. In aller Regel werden die Zollbehörden das Heimatfinanzamt des Betreffenden informieren. Und was es bedeutet, wenn das Finanzamt erfährt, dass Herr A. aus B. mit einem Geldkoffer mit einem sechsstelligen Betrag an der Grenze zur Schweiz den Fahndern ins Netz ging, bedarf sicher nicht der Erwähnung.

> **Vorsicht, Grenzgänger!**
>
> Die Ein-, Aus- und Durchfuhr von Bargeld oder gleichgestellten Zahlungsmitteln stehen unter zollamtlicher Überwachung (Paragraph 1 Abs. 3a ZollVG). Unter gleichgestellten Zahlungsmitteln sind Wertpapiere, Schecks, Wechsel, Edelmetalle und Edelsteine zu verstehen. Selbst Schmuckstücke müssen deklariert werden, sofern sie nicht zum persönlichen Gebrauch bestimmt sind. Personen müssen auf Verlangen von Zollbediensteten Bargeld oder die erwähnten gleichgestellten Zahlungsmittel im Wert von 15.000 Euro oder mehr anzeigen, wenn sie diese über die Binnen- oder Außengrenzen der EU verbringen.

Betriebsprüfung: Der „große Lauschangriff"

Als der Kleinunternehmer Michael F. von einer anstrengenden Dienstreise zurückkehrte, freute er sich auf einen entspannten Abend mit seiner Freundin. Schon von unterwegs hatte er einen

Tisch in einem Nobelrestaurant reservieren lassen. Immerhin gab es etwas zu feiern: Der Unternehmer hatte einen lukrativen Auftrag in der Tasche. Doch als Michael F. noch einmal kurz in seinem Büro vorbeischaute, verging ihm der Appetit unversehens. Dort lag Post von seinem Steuerberater. Und als Anlage ein Brief vom zuständigen Finanzamt. „Anordnung einer Außenprüfung nach Paragraph 193 Absatz 1 Abgabenordnung", stand da zu lesen. Dazu der Termin, zu dem der „große Lauschangriff" auf das Unternehmen beginnen soll, und der Name der Prüferin. „Mit freundlichen Grüßen – Ihr Finanzamt". Zwar war sich Michael F. keiner Steuertricksereien bewusst, doch aus seinen Erfahrungen und den Berichten seiner Unternehmerkollegen war ihm klar: Wenn die Steuerprüfer kommen, wird's teuer. „Irgendetwas finden die immer", stöhnte der Firmenchef – und der Abend war für ihn gelaufen.

So geht es vielen Unternehmern: Die Betriebsprüfung ist gefürchtet – und das mit Recht. Sieht man vom Eingreifen der Steuerfahndung einmal ab, ist dies der gravierendste Einbruch in die Sphäre eines Unternehmers. Dabei bleibt in der Regel die Privatsphäre nicht verschont. Liegt die „Anordnung einer Außenprüfung" vor, geht es in spätestens vier Wochen zur Sache. Verhindern lässt sich die Schnüffelattacke nicht, wohl aber vertagen. Denn bei wichtigen Gründen kann der Unternehmer beantragen, den Beginn der Prüfung hinauszuschieben (Paragraph 197 Absatz 2 Abgabenordnung). Wichtige Gründe sind zum Beispiel Urlaub oder Geschäftsreisen des Unternehmers oder seines Steuerberaters bzw. eines wichtigen Mitarbeiters. Das schafft mehr zeitlichen Spielraum.

Darüber hinaus sollte man sich den Formbrief des Finanzamts genauer anschauen. Ein kleiner formaler Fehler reicht aus für eine Beschwerde und einen Antrag auf Aussetzung der Vollziehung. Solche Fehler liegen zum Beispiel vor, wenn die Finanzbehörde, welche die Betriebsprüfung anordnet, überhaupt nicht zuständig ist. Oder aber, wenn der Name, die Firma, Anschrift, Rechtsform oder Steuernummer in der Prüfungsanordnung falsch sind. Vielleicht hat das Finanzamt vergessen, genau aufzuführen, welche Steuern in welchen Geschäftsjahren geprüft werden sollen.

Die Informationsquellen der Finanzbehörden

Zwar hat das Finanzamt die Möglichkeit, Steuerprüfungen kurzfristig anzukündigen (Blitzbesuche), üblicherweise vergehen jedoch zwischen Ankündigung und Beginn der Betriebsprüfung mindestens vier Wochen. Bei kleinen und mittelständischen Unternehmen kann die Frist kürzer sein. Notfalls sollte man auf eine ausreichende Vorbereitungszeit pochen und den Prüfer gegebenenfalls ausladen, sollte dieser zu dem genannten Zeitpunkt ungelegen kommen. Auf jeden Fall muss das Finanzamt dem Unternehmen ausreichend Zeit zur Vorbereitung geben.

Diese Zeit gilt es zu nutzen. Denn selbst nach Eingang der Prüfungsanordnung besteht die Möglichkeit, bereits abgegebene und fehlerhafte Steuererklärungen zu berichtigen. Liegen gar steuerstrafrechtliche Sachverhalte vor, kann eine Selbstanzeige in Betracht kommen – freilich nur in enger Abstimmung mit dem Steuerberater oder einem Fachanwalt. Wichtig: Erfolgt die Selbstanzeige noch vor Erscheinen des Prüfers bzw. vor Bekanntgabe der Einleitung eines Strafverfahrens, erspart sich der Steuersünder zumindest die Strafe. Auf das Thema „Selbstanzeige" werden wir später noch eingehen. An dieser Stelle nur so viel: Ob sie infrage kommt, hängt natürlich von dem Risiko ab, dass eventuelle Unkorrektheiten bei der Prüfung aufgedeckt werden. Dieses Risiko ist generell sehr hoch. Wer also Vabanque spielen und diese letzte Chance nicht nutzen möchte, sollte sich seiner Sache schon absolut sicher sein. Auf der anderen Seite macht eine Selbstanzeige unmittelbar vor der Betriebsprüfung die Beamten erst richtig heiß. Sie werden bis zum Exzess prüfen und jeden Winkel ausleuchten, um noch auf weitere Unkorrektheiten oder Zeichen „kreativer Buchführung" zu stoßen.

Wo die Betriebsprüfer besonders genau hinschauen	
Prüfungsthema	**Schwerpunkt in**
Ansparabschreibung (siehe Glossar im Anhang)	Hamburg
Aus- und Fortbildungskosten	Schleswig-Holstein
Abfindung	Bayern

Dienstreise	Sachsen
Einnahme-Überschussrechnung	Baden-Württemberg, Mecklenburg-Vorpommern, Bayern
Immobilien	Bayern, Oberfinanzdirektion (OFD) Düsseldorf
Rentner	Bayern, Schleswig-Holstein, NRW
Spekulationsgewinne	Bayern
Unterhaltszahlungen	Bayern, OFD Münster
Arbeitszimmer	Sachsen

Quelle: Focus Money, 24/2006

Möchte das Finanzamt beim Unternehmer zu Hause prüfen, um etwa Arbeitszimmer oder private Kapital- und Mieteinkünfte unter die Lupe zu nehmen, muss die Behörde in ihrer Prüfungsanordnung detailliert begründen, warum sie die privaten Steuersachen des Betreffenden einsehen will. Fehlt diese Begründung, sollte sofort Einspruch eingelegt werden. Generell können natürlich auch Privatleute zu Hause geprüft werden. Daher ist es zutreffender, von Außenprüfungen statt von Betriebsprüfungen zu sprechen.

Üblicherweise findet die Betriebsprüfung in den Geschäftsräumen des Unternehmens statt (Paragraph 200, Absatz 2 Abgabenordnung). Was aber, wenn gar keine Geschäftsräume zur Verfügung stehen, etwa bei kleinen Internethändlern oder freien Journalisten, deren „Firmenzentrale" der Schreibtisch zu Hause im Wohnzimmer ist? In diesem Fall darf dort nicht geprüft werden. Die Beamten müssen entweder die Unterlagen mit ins Finanzamt nehmen oder gegebenenfalls um Rämlichkeiten beim Steuerberater des betreffenden Unternehmens bitten.

Steht die Betriebsprüfung an, müssen Belege und Buchführung in Ordnung sein. Mit Argusaugen achten die Prüfer auf Firmenwagen, Bewirtungskosten, die sogenannte Ansparabschreibung und Verträge mit der Familie. Es kann übrigens durchaus passieren, dass ein anderer Beamter erscheint, als in der Prüfungsanordnung erwähnt. In diesem Fall darf man den Betriebsprüfer gleich wieder wegschicken und eine Berichtigung der Prüfungsanordnung verlangen.

Meist belassen es die Prüfer nicht nur bei der Sichtung der Unterlagen, sondern wenden sich an die Mitarbeiter des Unternehmens. Offiziell geht es dabei nur um harmlose Dinge wie das Besorgen von Unterlagen oder um sachliche Auskünfte. Vorsicht: In scheinbar harmlosen Plaudereien werden die Leute gezielt ausgefragt. Und Wichtigtuer oder Quasselstrippen gibt es in jedem Unternehmen. Dem sollte rechtzeitig entgegengewirkt werden, indem man dem Prüfer sagt, an welche „Auskunftsperson" er sich wenden soll, wenn der Chef verhindert ist.

Besonders ins Visier nehmen die Prüfer mit Vorliebe die Familienunternehmen. Denn je kleiner die Firma, desto größer ist die Chance, auf mögliche Steuersünden zu stoßen. Verlangt der Prüfer aber für Miet-, Kapital- und Arbeitseinkünfte Aufzeichnungen und Belege, kann man dem Beamten die kalte Schulter zeigen. Denn für Privateinnahmen und Werbungskosten braucht niemand Belege aufzubewahren. Das gilt auch für private Bankkonten. Falls der Prüfer aber richtig hartnäckig bleibt, ist Vorsicht geboten.

Zumindest sollte man ihn fragen, wozu er die Belege braucht und welche steuerlichen Konsequenzen zu erwarten sind. Besorgen muss er sich die Belege trotzdem selbst. Will der Prüfer sämtliche Belege und Buchführungsunterlagen auf einmal sehen, braucht man dieser Aufforderung nicht zu folgen, denn es gibt keine Pflicht, alles auf einmal vorzulegen. Es genügt, die Unterlagen sozusagen scheibchenweise an den Prüfer auszuhändigen.

Will der Prüfer mehr als die bei Mittelständlern üblichen drei Jahre kontrollieren und verlangt sämtliche Unterlagen, sollte man sich diesem Wunsch ebenfalls widersetzen. In der Prüfungsanordnung ist klar angegeben, welche Geschäftsjahre er prüfen darf: In Mittel- sowie Kleinbetrieben sind das nur die letzten drei Jahre, für die schon Steuererklärungen vorliegen. Frühere Geschäftsjahre darf er nur dann aufrollen, wenn pro Jahr mindestens 1.500 Euro Steuernachzahlung zu erwarten sind. Allerdings bietet diese Bestimmung keinen wirklichen Schutz. Denn eine Steuernachzahlung in dieser Höhe kommt sogar bei einem Mittelständler oder Freiberufler schnell zusammen. Und schon ist die Erweiterung der Betriebsprüfung rechtmäßig. Finden die Beamten keine Beanstandungen in den zusätzlich geprüften Jahren, verfahren sie ganz pragmatisch nach der Maxime: „Nichts für ungut – ist ja alles in Ordnung."

Möchte der Beamte die Betriebsprüfung erweitern, brauchen Unterlagen und Belege aber erst dann offenbart zu werden, wenn eine geänderte Prüfungsordnung vorliegt. Kommt der Beamte partout nicht zum Ende, sollte man ihn an die übliche Prüfungsdauer erinnern. Das sind etwa 30 Tage in Großunternehmen, 14 Tage in Mittelbetrieben und 8 Tage in Kleinbetrieben. Dauert eine Prüfung länger, empfiehlt sich unter Umständen eine schriftliche Beschwerde beim Vorgesetzten des Beamten mit der Bitte um eine Begründung, weshalb der Kollege vom Amt einfach kein Ende finden will.

Umgekehrt gilt: Beendet der Beamte seine Betriebsprüfung abrupt von heute auf morgen oder unterbricht er seinen Besuch plötzlich für mehrere Tage, kann dies ein erstes Warnsignal sein. In jedem Fall empfiehlt sich eine sofortige Nachfrage. Die Prüfer dürfen dem Geprüften gegenüber keine Antwort schuldig bleiben. Das geschilderte Verhalten deutet stark darauf hin, dass der Finanzbeamte Verdacht auf Steuerhinterziehung hegt und jetzt seine Kollegen von der Steuerfahndung oder der Bußgeld- und Strafsachenstelle einschaltet. Wittert der Finanzbeamte etwa Schwarzgeld und gründet dieser Verdacht des Betriebsprüfers auf einer sogenannten Vermögenszuwachsrechnung (Gegenüberstellung persönlicher Einnahmen und Ausgaben sowie Vermögensänderungen über mehrere Jahre), sollte man dies keineswegs einfach akzeptieren. In diesem Fall gilt: Die Konten selbst noch einmal genau prüfen und die Angelegenheit mit dem Steuerberater und gegebenenfalls mit einem Anwalt besprechen. Bleibt es bei einem vagen Verdacht des Prüfers, kommt eine Steuerschätzung nicht in Betracht.

Wie erwähnt, müssen Prüfer Auskunft erteilen. Zum Beispiel darüber, womit sie sich gerade beschäftigen, welche Schlüsse sie bereits gezogen haben und wie lange sie voraussichtlich noch brauchen werden. Will der Finanzbeamte seine Betriebsprüfung später noch im Haus oder in der Wohnung des Unternehmers fortsetzen, darf ihm der Zutritt verwehrt werden, denn die Wohnung beziehungsweise das Haus sind tabu. Möchte der Beamte private Belege des in der Firma angestellten Ehegatten einsehen, hat die Finanzverwaltung ebenfalls schlechte Karten, sofern sich die Betriebsprüfung nur auf das Unternehmen erstreckt. Hierzu müsste das Finanzamt eine neue Prüfungsanordnung mit Begründung vorlegen.

Wird dem Finanzbeamten eine Auskunftsperson zur Seite gestellt, so muss er sich mit all seinen Fragen und Wünschen nach Belegen und Unterlagen ausschließlich an diesen Mitarbeiter wenden. Der Prüfer muss warten, bis diese Auskunftsperson erreichbar ist, selbst wenn dies die Prüfung stören sollte.

Bei der Suche nach Unkorrektheiten in der Buchführung setzen die Betriebsprüfer mittlerweile Methoden ein, die fast schon etwas esoterisch anmuten. Zeitgenossen ohne ausgeprägte Affinität zur Mathematik mögen Begriffe wie „Benfordsches Gesetz" oder „Chi-Quadrat"-Test wenig sagen. Und doch sind sie Teil der digitalen Betriebsprüfung, die heute in den Finanzämtern schon zur Tagesordnung gehört. Dabei setzen die Beamten die von Audicon entwickelte Prüfungssoftware „Win-IDEA" ein. Letztlich arbeitet dieses Programm auf der Basis von statistischen Wahrscheinlichkeitsrechnungen, wobei die beiden erwähnten Tests eine wichtige Rolle spielen.

Wie schnell ein Steuerzahler in diese neuen elektronischen Fallen tappen kann, zeigt folgendes Praxisbeispiel: Ein freiberuflich tätiger Handelsvertreter aus Nordrhein-Westfalen hatte seine Buchhaltung etwas vernachlässigt und trug die dadurch entstandenen Lücken vor einer anstehenden Betriebsprüfung kurzerhand nach. Der Chi-Quadrat-Test ließ den Manipulationsversuch auffliegen: Unbewusst hatte der Mann immer wieder seine Lieblingszahlen notiert.

Hätte der Beamte die Unterlagen des Freiberuflers auf konventionelle Art geprüft, wäre dies mit erheblichem Zeitaufwand verbunden gewesen. Durch die digitale Prüfung haben die Finanzämter nun die Möglichkeit, viel häufiger komplexes Datenmaterial zu testen als früher. Dabei scheinen sie auf der sicheren Seite zu stehen. Jedenfalls sah das Finanzgericht Münster in einem Beschluss vom 10. November 2003 die Ordnungsmäßigkeit der Kassenführung eines Metzgereibetriebs aufgrund des Ergebnisses des Chi-Quadrat-Tests als widerlegt an (Az: 6 V 4562/03 EU).

Chi-Quadrat und Benfordsches Gesetz – Tools für die Schnüffelsoftware

Der Chi-Quadrat-Test entlarvt angeblich frei erfundene Zahlen in der Buchführung. Dabei werden Verteilungseigenschaften einer statistischen Grundgesamtheit geprüft. Nach dem Chi-Quadrat-Test ist davon auszugehen, dass bei längeren, zufällig entstandenen Zahlenkolonnen jede Ziffer in etwa gleich häufig vorkommt (zum Beispiel die Ziffern 0 bis 9 jeweils in 10 Prozent der Fälle).

Mithilfe des Benfordschen Gesetzes (benannt nach dem 1948 gestorbenen Physiker Frank Benford) wurden die spektakulären Bilanzierungsskandale bei den US-Konzernen Enron und Worldcom aufgedeckt. Auch dabei geht es um die Verteilungshäufigkeit bestimmter Ziffern. Einfach ausgedrückt besagt das Benfordsche Gesetz: Je niedriger der zahlenmäßige Wert einer Ziffernsequenz, desto wahrscheinlicher ist ihr Auftreten. So sind Zahlen mit der Anfangsziffer „1" etwa 6,5-mal häufiger als solche mit der Anfangsziffer „9". Noch vor einigen Jahren war das Benfordsche Gesetz sogar manchem Mathematiker unbekannt. Doch dann stellte sich heraus, dass sich mithilfe dieser Wahrscheinlichkeitsrechnung eine exzellente Schnüffelsoftware zusammenstellen ließ.

Auf einen Blick

Die Finanzbehörden haben in den vergangenen Jahren technisch massiv aufgerüstet. Der „gläserne Steuerzahler" ist längst Realität.

Die Mär von den überarbeiteten Finanzbeamten, die ohnehin keine Zeit hätten, die Erklärungen der Bürger detailliert zu prüfen, sollte man nicht unbedingt glauben. Dahinter stecken oftmals gewerkschaftliche Argumente zur Aufstockung des Personals in den Finanzämtern.

Generell gilt: Je höher das Einkommen, desto häufiger und intensiver wird geprüft. Allerdings sind Unterschiede zwischen den Bundesländern festzustellen.

Die Informationsquellen der Finanzbehörden

Der automatisierte Kontenabruf macht den Bankkunden transparent. Noch dürfen zwar keine Kontoumsätze abgefragt werden, doch dies wäre technisch schon heute machbar.

Vorsicht vor neidischen Nachbarn, enttäuschten Partnern und missgünstigen Konkurrenten, die das Finanzamt mit anonymen Hinweisen versorgen. Klingen die vorgebrachten Beschuldigungen halbwegs plausibel, wird das Finanzamt diesen Denunziationen nachgehen.

Eine Flut von Kontrollmitteilungen schwappt über Deutschland. Noch nie herrschte eine so intensive Kommunikation zwischen den Finanzämtern untereinander wie derzeit. Selbst kleine Steuersünder leben mit einem hohen Entdeckungsrisiko.

Vorsicht bei „Geldtransfers" ins steuerbegünstigte Ausland: Eine Mitteilung vom Zoll an das Heimatfinanzamt hat höchst unangenehme Konsequenzen.

Die Betriebsprüfung ist der gravierendste Einbruch in die Sphäre eines Unternehmers.

Bis zum Erscheinen des Prüfers ist eine steuerbefreiende Selbstanzeige möglich. Gegebenenfalls empfiehlt sich eine rechtzeitige „Beichte" gegenüber dem Steuerberater oder Rechtsanwalt.

Mit besonderer Vorliebe nehmen die Prüfer Familienunternehmen unter die Lupe.

Dank ausgefeilter Schnüffelsoftware entlarvt das Finanzamt auch auf den ersten Blick nicht ersichtliche Anzeigen für eine „kreative Buchführung".

3 Der alltägliche Ärger mit dem Finanzamt

Die „kleinen Beziehungsprobleme" mit dem Fiskus

Wenn es Stress mit dem Finanzamt gibt, muss die Ursache nicht unbedingt eine kleinere oder größere Schummelei sein, obgleich diese Fälle sicher den Schwerpunkt des vorliegenden Buches ausmachen. Selbst der steuerehrlichste Bürger kann von heute auf morgen Probleme mit dem Fiskus bekommen. Dann spürt er häufig seine weitgehende Ohnmacht gegenüber der geballten staatlichen Gewalt. Zugegeben, es gibt sie mittlerweile tatsächlich: Finanzämter, die sich um Bürgernähe und um Höflichkeit gegenüber den Steuerzahlern bemühen, die letztlich ja die Arbeitgeber der Beamten sind. Doch leider ist dies noch immer die Ausnahme. Das Denken und die Abläufe in Behörden, wo man sich freitags spätestens ab 14 Uhr gegenseitig „Schönes Wochenende" zuruft, ist eben tief verwurzelt und lässt sich nicht mit einem Seminarbesuch zum Thema „Bürgernähe" nachhaltig beseitigen. Schutzlos aber ist der Bürger den Bürokraten keineswegs ausgeliefert. Die wichtigsten Tipps zum Umgang mit den Finanzämtern bei kleineren Streitfällen haben wir auf den folgenden Seiten zusammengestellt. Im Anschluss daran werden wir uns dann den ernsteren „Beziehungsproblemen" zwischen Bürgern und den Finanzbehörden zuwenden.

Diesem Befund dürften nur die wenigsten Zeitgenossen widersprechen: Nichts ist frustrierender und langwieriger als Auseinandersetzungen mit Behörden oder behördennahen Unternehmen. Ganz gleich, ob man mit dem Finanzamt, der Baubehörde, dem Ordnungsamt oder der Kfz-Zulassungsstelle im Clinch liegt, in den meisten Fällen spürt der Bürger sehr deutlich, dass sich viele Mitarbeiter in Deutschlands Ämtern noch nicht als Dienstleister verstehen, sondern oftmals kleinliche „Stempel-Ritter" und „Belegeschnüffler" sind, die auf Nachfragen oder Beschwerden ausgesprochen unwirsch reagieren. Der Bürger ist keineswegs Kunde, sondern eben nur Antragsteller, Steuerpflichtiger oder Bezugsberechtigter.

In vielen Bereichen haben die Liberalisierung des Marktes und die zunehmende Konkurrenz dafür gesorgt, dass Freundlichkeit und Kundenorientierung an die Stelle von unmotivierter Abfertigung und Arroganz getreten sind. Nun steht aber nicht zu erwarten, dass die öffentliche Verwaltung oder gar die Finanzämter privatisiert werden – und deshalb müssen wir weiterhin mit einer schwerfälligen Bürokratie leben, die sogar bei unterlaufenen Fehlern wenig Eifer zur Regelung an den Tag legt. Man sollte sich indessen nicht alles bieten lassen. Vor allem dann nicht, wenn es ums Geld geht.

Rechtzeitig Einspruch einlegen

Post vom Finanzamt macht nur selten Freude. Selbst eine Steuerrückerstattung ist nüchtern betrachtet an und für sich ein Ärgernis. Immerhin wird dadurch offenbar, dass der Empfänger mehr Steuern gezahlt hat, als er eigentlich gemusst hätte, womit er dem Staat ein unverzinstes Darlehen gewährte. Trotzdem sollte man den Steuerbescheid unbedingt genau unter die Lupe nehmen. Immerhin hat die Stiftung Warentest schon vor Jahren die alarmierende Feststellung gemacht: Jeder dritte Bescheid vom Fiskus ist fehlerhaft. Im Jahr 2005 legten nach einer Statistik des Bundesfinanzministeriums deutsche Steuerbürger fast 4,5 Millionen Mal Einspruch gegen Entscheidungen der Finanzämter ein. Im Vergleich zu 2004 bedeutete dies einen Zuwachs von rund 30 Prozent.

Die Skepsis der Steuerzahler ist berechtigt, denn selbst Kleinigkeiten können mit ein paar Tausend Euro zu Buche schlagen. Schon bei der Anfertigung der Steuererklärung sollten man deshalb dafür sorgen, den Bescheid später einfach und schnell prüfen zu können: Alle Unterlagen, die an das Finanzamt einreicht werden, sowie natürlich die Steuererklärung selbst sollten unbedingt kopiert werden. Dadurch kann der Steuerzahler ganz gezielt prüfen, ob die Kerndaten richtig übernommen wurden. Dazu gehören zum Beispiel die Höhe des Einkommens sowie die bereits abgeführte Lohnsteuer und die Solidaritätsabgabe. Geprüft werden sollte darüber hinaus, ob das Finanzamt die angesetzten Werbungskosten, Sonderausgaben und außergewöhnlichen Belastungen anerkannt und eventuelle Freibeträge berücksichtigt hat.

Weicht der Steuerbescheid von der eingereichten Steuererklärung ab, so muss der Finanzbeamte dies begründen. Er kann also nicht ohne Weiteres geltend gemachte Werbungskosten streichen oder reduzieren, ohne dies im Steuerbescheid zu begründen.

Wurde die Steuererklärung von einem Steuerberater angefertigt, so erspart dies den gesamten Prüfungsaufwand. Der Mandant schickt oder faxt seinem Berater einfach eine Kopie des Steuerbescheids zu. Im Fall von gravierenden Abweichungen sollte der Steuerzahler mit seinem Berater die weitere Vorgehensweise besprechen. Wichtig: Ein Einspruch ist nur innerhalb von vier Wochen nach Zustellung des Bescheids möglich. Wer zu spät kommt und dafür keine plausiblen Gründe vortragen kann, muss den Fehler des Finanzamts hinnehmen.

Die vierwöchige Einspruchsfrist gilt auch, wenn die Dienste eines Steuerberaters in Anspruch genommen werden. Daher: Ruhig einmal nachhaken, wenn der Steuerberater allzu lange mit dem Einspruch wartet.

Praxistipps zur Prüfung von Einkommensteuerbescheiden

Stimmt der Name und die Anschrift des Steuerbürgers?

Wurden Einnahmen und damit zusammenhängende steuerliche Abzugsbeträge wie Werbungskosten, Sonderausgaben und außergewöhnliche Belastungen richtig angesetzt?

Wurden besondere Freibeträge, wie etwa der Pauschbetrag für Behinderte, eingeräumt?

Wurden etwaige Abzugsbeträge für Kinder berücksichtigt (zum Beispiel Kinderbetreuungskosten)?

Wurden bei der Berechnung der Erstattung/Nachzahlung die Vorauszahlungen beziehungsweise die einbehaltene Lohnsteuer und der Solidaritätszuschlag richtig angesetzt?

> Enthält der Steuerbescheid eine Zinsberechnung und ist diese richtig?
>
> Wurde der einbehaltene Zinsabschlag angerechnet?
>
> Enthält der Steuerbescheid einen Vorläufigkeitsvermerk hinsichtlich bestimmter umstrittener steuerlicher Regelungen?

Quelle: Bund der Steuerzahler, 2006

Zur Wahrung der Frist genügt es, wenn offiziell Einspruch eingelegt und die Begründung später nachgereicht wird. In der Regel wird der Steuerzahler dann vom Finanzamt aufgefordert, innerhalb einer bestimmten Frist seine Argumente vorzutragen. Der Einspruch muss schriftlich erfolgen und vom Steuerzahler beziehungsweise dem beauftragten Steuerberater unterschrieben werden. Möglich ist ferner ein „Einspruch zur Niederschrift". Das heißt, der Steuerzahler erscheint persönlich im Finanzamt und diktiert einem Beamten seine Einwände samt Begründung.

Mit einem Einspruch erreicht man zweierlei:

1 Das Finanzamt muss sich mit dem gesamten Vorgang noch einmal befassen und die ins Feld geführten Argumente angemessen berücksichtigen.
2 Mit einem Einspruch ebnet der Steuerzahler den Weg für eine eventuelle Auseinandersetzung vor dem Finanzgericht. Denn vor den Kadi kann man erst, wenn der Einspruch ganz oder teilweise zurückgewiesen wurde.

Ein Einspruch hat keine aufschiebende Wirkung. Das heißt, der Steuerzahler muss die Forderungen des Finanzamts selbst dann erfüllen, wenn er oder sein Steuerberater berechtigte Zweifel an der Richtigkeit des Steuerbescheids hegen. Folgt das Finanzamt dem Einspruch, ergeht ein neuer Bescheid (Abhilfebescheid). Gleichzeitig erhält der Betreffende die aufgrund des Fehlers zu viel gezahlten Steuern zurückerstattet.

Angenommen, das Finanzamt fordert eine Nachzahlung in Höhe von 5.000 Euro. Bei der Prüfung des Steuerbescheids stellt sich heraus, dass die Werbungskosten falsch übernommen worden sind. Es liegt mithin ein eindeutiger Fehler des Finanzamts vor. Klar, dass der Steuerzahler wenig Neigung verspürt, bis zum Erlass eines neuen Bescheids dem Fiskus 5.000 Euro zur Verfügung zu stellen. Daher beantragt er gleichzeitig mit seinem Einspruch die „Aussetzung der Vollziehung". Dann nämlich muss der fragliche Betrag erst nach einer endgültigen Klärung der Angelegenheit überwiesen werden.

Falls das Finanzamt den Einspruch ablehnt, muss der aufgeschobene Betrag verzinst werden. Der Fiskus berechnet dafür die Hälfte der üblichen Säumnisaufschläge. Bei einem Säumnisaufschlag von 1 Prozent zahlt man also 0,5 Prozent für jeden angefangenen Monat. Vergehen zwischen der Fälligkeit der umstrittenen Steuerschuld und der endgültigen Entscheidung des Finanzamtes über den Einspruch zweieinhalb Monate, so werden 1,5 Prozent berechnet. Bezogen auf einen Betrag von 5.000 Euro immerhin 75 Euro. Es empfiehlt sich daher, die Aussetzung des Vollzugs nur dann zu beantragen, wenn man vom Erfolg seines Einspruchs überzeugt sind.

Die vierwöchige Einspruchsfrist sollte der Steuerzahler unbedingt beachten, weil er ansonsten den Bescheid nicht mehr anfechten kann und vielleicht ausgerechnet dem Fiskus bares Geld schenkt. Wer nun aber aufgrund gravierender Vorkommnisse daran gehindert ist, rechtzeitig Einspruch einzulegen, hat die Möglichkeit, die „Wiedereinsetzung in den vorigen Stand" zu beantragen. Wird diesem Antrag entsprochen, ist ein Einspruch selbst nach Ablauf der Frist möglich. Doch müssen dem Finanzamt schon wichtige Gründe genannt werden, weshalb die Frist verpasst wurde. Ein sechswöchiger Urlaub geht gewiss nicht durch. In diesem Fall verlangt das Finanzamt, dass sich der Steuerzahler entweder seine Post an die Ferienadresse nachschicken lässt oder eine Person seines Vertrauens damit beauftragt, die Post regelmäßig durchzusehen und wichtige Sendungen weiterzuleiten. Eine plötzlich aufgetretene schwere Erkrankung mit Aufenthalt im Hospital oder die verspätete Zustellung des Steuerbescheids zum Beispiel wegen eines Poststreiks werden hingegen als Gründe für die Wiedereinsetzung in den vorigen Stand anerkannt. Dieser Antrag muss mit entsprechender Begründung und eventuellen Beweismitteln (Bescheinigung des Krankenhauses o. Ä.) an das zuständige Finanzamt gerichtet werden.

Mit seinem Einspruch kann sich allerdings der Steuerzahler ins eigene Fleisch (respektive ins eigene Portemonnaie) schneiden. Dann nämlich, wenn eintritt, was in der Gesetzesprosa als „Verböserung" bezeichnet wird. Möglicherweise stellt der pingelige Finanzbeamte ja fest, dass seinem Kollegen bei der Bearbeitung des Steueraktes ein kleiner Fehler unterlaufen ist – und zwar zugunsten des Steuerzahlers. In einem solchen Fall müsste der Beamte den Bürger auf die Verböserung hinweisen. Der Steuerpflichtige hat dann die Möglichkeit, den Einspruch zurückzuziehen und damit eine eventuelle höhere Nachzahlung zu vermeiden.

Die Gefahr der Verböserung besteht bei der sogenannten „schlichten Änderung" nicht. Auch hierbei handelt es sich um ein Instrument, mit dessen Hilfe man sich gegen einen vermeintlich oder tatsächlich fehlerhaften Steuerbescheid wehren kann. Ein Antrag auf schlichte Änderung veranlasst das Finanzamt nur zur punktuellen Prüfung des monierten Sachverhalts. Wenn sich der Einwand auf einen ganz konkreten Punkt des Steuerbescheids konzentriert und eine umfassende Prüfung des Vorgangs nicht notwendig erscheint, kann ein Antrag auf schlichte Änderung Sinn machen. Aber: Man kann den Antrag nach Ablauf der vierwöchigen Frist nicht mehr erweitern.

Bleibt schließlich noch die Dienstaufsichtsbeschwerde, mit deren Hilfe der Bürger die Überprüfung einer behördlichen Entscheidung oder die Rüge eines Beamten erreichen kann. Wenn man also über objektive Hinweise verfügt, dass ein Finanzbeamter einen bewusst schikaniert und benachteiligt, hat man die Möglichkeit, an die vorgesetzte Behörde – in unserem Fall an die Oberfinanzdirektion – eine Dienstaufsichtsbeschwerde zu richten. Ein solcher Schritt ersetzt jedoch keinesfalls den Einspruch gegen den Steuerbescheid. Der Bürger muss daher doppelgleisig fahren: Der Einspruch gegen den Steuerbescheid ist an das zuständige Finanzamt zu richten, die

Dienstaufsichtsbeschwerde gegen den missliebigen Finanzbeamten an die Oberfinanzdirektion.

Bedenken sollte der Steuerzahler allerdings, dass er sich mit einer Dienstaufsichtsbeschwerde nicht unbedingt Freunde macht. Und es ist eine alte, leider immer wieder bestätigte Erfahrung: Auf wen das Finanzamt erst mal aufmerksam geworden ist, bei dem schaut es ganz genau hin und legt die gesetzlichen Bestimmungen so streng wie möglich aus. Daher Vorsicht vor blindem Aktionismus, selbst wenn der Ärger über das Finanzamt noch so groß ist.

Gewinnt man den Eindruck, von einem Sachbearbeiter des Finanzamtes regelrecht drangsaliert zu werden, sollte man zunächst ein offenes Gespräch mit dessen Vorgesetzten – meist der beziehungsweise die Sachgebietsleiter(in) – führen und nach Lösungsmöglichkeiten suchen. Das bringt in aller Regel mehr als eine aggressiv formulierte Dienstaufsichtsbeschwerde.

Musterbrief Einspruch mit Antrag auf Aussetzung der Vollziehung:

Steuernummer: ...

Einkommensteuerbescheid 2006 vom ...

Sehr geehrte Damen und Herren,

gegen den oben genannten Steuerbescheid lege ich Einspruch ein. Bei der Berechnung der Steuerschuld wurden folgende Werbungskosten nicht anerkannt: ... Diese Kosten hatte ich Ihnen durch entsprechende Belege nachgewiesen. Eine Begründung für diese Nichtanerkennung wurde Ihrerseits nicht gegeben. Ich bitte Sie, die Angelegenheit erneut zu prüfen.

Bis zur endgültigen Entscheidung über diesen Widerspruch beantrage ich für den von Ihnen berechneten Nachzahlungsbetrag in Höhe von ... Euro die Aussetzung der Vollziehung.

Mit freundlichen Grüßen

Stefanie Steuer-Fuchs

Was passiert nun, wenn das Finanzamt den Einspruch zurückweist? Diese Entscheidung muss der Bürger nicht einfach hinnehmen. Denn mit dem Einspruchsverfahren wurden ja bereits die Voraussetzungen geschaffen, um die strittige Angelegenheit von einem Finanzgericht prüfen zu lassen. Während aber durch den Einspruch keine Kosten entstehen (ganz gleich, wie das Finanzamt entscheidet), trägt der Kläger bei einer Auseinandersetzung vor Gericht das gesamte Prozessrisiko. Wenn er verliert, muss er für die Kosten des Verfahrens aufkommen. Bei einem Verfahren in der ersten Instanz (Finanzgericht) muss man bei einem verlorenen Prozess und einem Streitwert von 2.500 Euro schon mit rund 200 Euro Kosten rechnen. Hinzu kommt das Honorar für den Steuerberater oder Rechtsanwalt. Und selbst, wenn die Finanzrichter dem Kläger zum Teil recht geben, trägt dieser entweder die Hälfte der Gerichtskosten oder aber einen kleineren Bruchteil davon, je nachdem, in welchem Verhältnis er obsiegt hat.

Lenkt das Finanzamt nach dem Einreichen der Klage überraschend ein und schickt einen im Sinne des Bürgers korrigierten Steuerbescheid, so sollte man die Klage schnellstmöglich zurückziehen. Wird nämlich die Angelegenheit rechtzeitig vor dem Urteil abgeblasen, fallen die Gerichtsgebühren deutlich geringer aus.

Das Prozessrisiko sollte auf jeden Fall mit dem Steuerberater oder Anwalt besprochen werden. Besteht eine Rechtschutzversicherung, ist das Risiko minimiert, sofern die Versicherung steuerrechtliche Auseinandersetzungen abdeckt (was in der Regel der Fall ist). Abhängig von seinen persönlichen und wirtschaftlichen Verhältnissen kann der Steuerzahler gegebenenfalls auch Prozesskostenhilfe in Anspruch nehmen. Auskünfte erteilen die Amtsgerichte.
Entscheidet das Finanzgericht gegen den Bürger, so bleibt diesem noch die Revision vor dem Bundesfinanzhof. Vorausgesetzt, das Finanzgericht lässt eine Revision zu. Dies geschieht dann, wenn

- die Rechtssache grundsätzliche Bedeutung erkennen lässt,
- das Urteil des Finanzgerichts von einer Entscheidung des Bundesfinanzhofes abweicht,
- ein Verfahrensmangel geltend gemacht werden kann.

Lehnt das Finanzgericht die Zulassung einer Revision vor dem Bundesfinanzhof ab, besteht die Möglichkeit einer Nichtzulassungsbeschwerde. Diese muss innerhalb von einem Monat nach Zustellung des Urteils erfolgen. Sowohl bei der Revision selbst als auch bei der Nichtzulassungsbeschwerde muss sich der Antragsteller von einem Steuerberater, Wirtschaftsprüfer oder Anwalt vertreten lassen.

Das häusliche Arbeitszimmer: Stoff für Dauerzoff

Gäbe es eine Hitliste mit den häufigsten Streitfällen im Umgang mit dem Finanzamt, so gehörte das oftmals kleinliche Hin und Her um die Steuervorteile für das häusliche Arbeitszimmer sicherlich auf die ersten Ränge. Dieses „Steuersparmodell des kleinen Mannes", wie das Arbeitszimmer häufig genannt wird, kann seit dem Jahr 2007 nur noch von sehr wenigen Bürgern in Anspruch genommen werden. Denn künftig wird diese Sparmöglichkeit nur dann gewährt, wenn das Arbeitszimmer „Mittelpunkt der gesamten betrieblichen und beruflichen Tätigkeit ist". Voraussetzungen für die Anerkennung sind:

- Die berufliche oder betriebliche Nutzung des Arbeitszimmers muss mehr als 50 Prozent der gesamten beruflichen Tätigkeit ausmachen oder
- für die berufliche oder betriebliche Tätigkeit steht kein anderer Arbeitsplatz zur Verfügung.

In diesen beiden Fällen sind die abziehbaren Kosten auf jährlich 1.250 Euro begrenzt. Betroffen von dieser Einschränkung sind nicht nur die Aufwendungen für das Arbeitszimmer, sondern gleichermaßen die Kosten der Ausstattung.

Senioren unter Beobachtung

Wer denkt, nach dem Ende des aktiven Erwerbslebens seien die oftmals mühseligen Diskussionen mit dem Finanzamt ausgestanden, irrt gewaltig. Seit der Neuregelung der Rentenbesteuerung müssen immer mehr Ruheständler Steuern auf ihre Altersbezüge zahlen. Um dies sicherzustellen und „schwarze Schafe" schnell zu identifizieren, baute die Steuerbehörde ein neues Kontroll- und Schnüffelsystem auf. So wurde die Zentrale Zulagenstelle für Altersvermögen (ZfA) mit Sitz in Brandenburg mit neuen Aufgaben betraut. Sie wird künftig die Informationen über Rentenzahlungen von mehr als 5.700 privaten und öffentlichen Rentenversicherern erfassen und an die Finanzämter weiterleiten. Folgende Daten werden nach Informationen des Bundes der Steuerzahler voraussichtlich ab dem Jahr 2008 gemeldet:

- Steuerzahler-Identifikationsnummer des Rentners (eine solche Nummer wird künftig jeder Deutsche von Geburt an erhalten)
- dessen vollständigen Vor- und Familiennamen sowie Geburtsdatum und -ort
- die Summe der ausgezahlten Leistungen, wobei in der Zahlung enthaltene Nachzahlungen gegebenenfalls gesondert auszuweisen sind
- alle Rentenerhöhungen oder Rentenkürzungen
- der Zeitpunkt des Beginns beziehungsweise des Endes des Rentenbezugs.

Wichtig: Obwohl diese Daten voraussichtlich erst ab dem Jahr 2008 gemeldet werden können, sind sie anderweitig doch bereits seit 2005 gespeichert. Auf manchen Ruheständler könnten mithin bald sehr hohe Nachzahlungen zukommen.

Festsetzungsverjährung: Irgendwann ist Schluss

Manche Streitigkeiten mit dem Finanzamt entwickeln sich zu einer „Never-ending-Story" und ziehen sich Jahre hin. Gewinnt der Fiskus neue Erkenntnisse, kann er ohne Probleme bereits ergangene Steuerbescheide ändern und den Bürger nachträglich zur Kasse bitten. Umgekehrt hat der Steuerzahler das Recht, jederzeit eine

Änderung des Bescheids zu beantragen, wenn dem Finanzamt offenkundige Fehler unterlaufen sind oder aber neue Erkenntnisse vorliegen. Voraussetzung in beiden Fällen ist, dass der Bescheid unter den Vorbehalt der Nachprüfung gestellt wurde. Auf diesen Hinweis sollte man unbedingt achten, denn er kann unter Umständen auf drohendes Ungemach hinweisen. Bei Freiberuflern und Gewerbetreibenden zum Beispiel droht in diesen Fällen meist eine baldige Betriebsprüfung. Stößt der Finanzbeamte dann auf Unregelmäßigkeiten, kann er die unter dem Vorbehalt der Nachprüfung stehenden Steuerbescheide der zurückliegenden Jahre ändern und den Steuerbürger unter Umständen mit horrenden Nachforderungen konfrontieren. Vorsicht also, wenn im Bescheid folgender Satz auftaucht: *„Dieser Bescheid steht unter dem Vorbehalt der Nachprüfung gemäß Paragraph 164 AO."*

Im Interesse des Rechtsfriedens und weil erfahrungsgemäß der Nachweis bestimmter Sachverhalte im Laufe der Zeit immer schwieriger wird, gelten bestimmte Festsetzungsfristen. Nach Ablauf der Festsetzungsfrist darf eine Steuer nicht mehr festgesetzt und nicht mehr geändert werden. Normalerweise beträgt diese Frist vier Jahre (eine Ausnahme sind Verbrauchsteuern und Verbrauchsteuervergütungen mit einer Frist von nur einem Jahr). Wer es indessen mit seiner Steuererklärung nicht ganz so genau genommen hat, darf nicht unbedingt darauf vertrauen, dass spätestens nach vier Jahren der Mantel des gesetzlichen Schweigens über seine Sünden ausgebreitet wird und er noch mal ungeschoren davonkommt. Denn natürlich gibt es zahlreiche Ausnahmen und Möglichkeiten, die Festsetzungsfrist zu verlängern.

Doch bleiben wir zunächst beim Regelfall. Die vierjährige Festsetzungsfrist beginnt mit Ablauf des letzten Tages jenes Jahres, in dem die Steuererklärung ans Finanzamt eingereicht wurde. Es macht dabei keinen Unterschied, ob ein pflichtbewusster Bürger seinen Bescheid schon Ende Januar an das Finanzamt schickt oder die Unterlagen erst am Silvestertag in den Briefkasten der Steuerbehörde wirft. Betrachten wir den Normalfall: Ein Bürger hat seine Steuererklärung für 2005 am 30. September 2006 ans Finanzamt geschickt. Vier Wochen später liegt der Bescheid vor – „unter dem

Vorbehalt der Nachprüfung". Die Verjährungsfrist beginnt dann am 31. Dezember 2006 um Mitternacht und endet mit Ablauf des 31. Dezember 2010.

Nehmen wir weiterhin an, am 10. Januar 2010 kehrt der Finanzbeamte gut erholt aus seinem Weihnachtsurlaub zurück und schaut sich die Unterlagen des betreffenden Steuerbürgers etwas genauer an. Dabei fällt ihm auf, dass bestimmte Werbungskosten im Jahr 2005 nicht hätten anerkannt werden dürfen. Also setzt er die Steuer neu fest und schickt dem Bürger einen geänderten Bescheid. Zu spät, denn die Festsetzungsverjährung ist bereits eingetreten In diesem Fall sollte der Bürger umgehend Einspruch einlegen und die Aussetzung der Vollziehung des Bescheids beantragen.

Kommen wir nun zu den Ausnahmefällen: Wurde eine Steuer leichtfertig verkürzt, verlängert sich die Festsetzungsfrist auf fünf Jahre. Der Begriff der Leichtfertigkeit entspricht in etwa der groben Fahrlässigkeit im Zivilrecht. Wesentlich schlechtere Karten hat der Steuerzahler bei einer vorsätzlichen Hinterziehung. Dann nämlich verjährt die Festsetzungsfrist erst nach zehn Jahren. Das heißt, der Fiskus darf für zehn Jahre Steuern samt Verzugszinsen nachverlangen. Auf die Unterschiede zwischen vorsätzlicher Hinterziehung und leichtfertiger Verkürzung werden wir später detaillierter eingehen. Darüber hinaus kann sich die Festsetzungsfrist durch Betriebsprüfungen und Einsprüche seitens des Steuerzahlers verlängern. Es empfiehlt sich also, jeden Einzelfall von einem Steuerberater prüfen zu lassen.

Exkurs: Vorsicht, ebay-Falle

Der Freiberufler Kurt M. aus der Nähe von Mainz staunte nicht schlecht, als ihm sein Anwalt berichtete, die Betriebsprüferin des Finanzamtes habe eine dicke Akte über seine ebay-Aktivitäten angelegt. Sogar die Bewertungen der Käufer und Verkäufer seien darin minutiös aufgelistet. Kurt M. ist passionierter Uhrensammler und hat im Laufe der Jahre den einen oder anderen Zeitmesser ge- und verkauft. Auch manches überflüssige Geschenk machte er über das Internet-Auktionshaus zu Barem. Allerdings ist das ebay-Mitglied kein Händler. Alle Aktivitäten waren rein privat und daher nicht steuerpflichtig. Doch dauerte es eine ganze Weile, bis das Finanzamt diese Ansicht ebenfalls teilte. Im Zweifelsfall ist eben jedes aktive ebay-Mitglied verdächtig. „Je mehr Bewertungen ein Anbieter bei den Auktionshäusern aufweist, desto verdächtiger wird er", berichtet eine Essener Finanzbeamtin hinter vorgehaltener Hand.

Auf der Suche nach virtuellen Steuerhinterziehern setzt die Finanzverwaltung ein modernes Computerprogramm ein: X-Spider heißt der Hightech-Schnüffler, der das Netz nach sogenannten Powersellern durchkämmt. Dabei handelt es sich oft (aber nicht immer) um Verkäufer, die Neuwaren anbieten und die Erlöse am Staat vorbei vereinnahmen. Dazu gehört zum Beispiel der Juwelier, der Teile seines Schmucks online verkauft, oder aber der Mechaniker, der im Nebenerwerb mit Autoersatzteilen handeln. Die Software X-Spider gilt übrigens als extrem „lernfähig", das heißt, sie passt sich den Tricks der Steuersünder an.

Wer ist ein Gewerbetreibender?

Ganz gleich, ob er ein Ladengeschäft unterhält oder seine Artikel über das Internet verkauft: Nach Paragraph 15 Abs. 2 des Einkommensteuergesetzes gilt derjenige als Betreiber eines Gewerbebetriebs, der sich selbstständig nachhaltig auf dem Markt erwähnt, und zwar in der Absicht, Gewinne zu erzielen. Ein Gewerbebetrieb liegt auch dann vor, wenn die Gewinnerzielungsabsicht nur ein Nebenzweck ist, alle anderen Voraussetzungen aber gegeben sind.

Eine ebay-Sprecherin bestätigte gegenüber dem Autor, dass ihr Unternehmen den Finanzämtern auf Anfrage alle relevanten Transaktionsdaten zur Verfügung stelle. Da hilft es auch nichts, wenn sich das ebay-Mitglied hinter einem Pseudonym versteckt. Allerdings werde das geheime Passwort nicht weitergegeben. Aufgrund der gesetzlichen Bestimmungen in der Bundesrepublik Deutschland sei ebay verpflichtet, den Finanzbehörden die gewünschten Auskünfte zur Verfügung zu stellen, betonte die Sprecherin.

Also Vorsicht: Für die Finanzbehörden präsentieren sich die ebay-Daten wie ein offenes Buch. Der Schnüffelei sind keine Grenzen gesetzt. Dass dabei oft unbescholtene Bürger in falschen Verdacht geraten wie im Fall von Kurt M. stört die Finanzämter nicht sonderlich. Ganz nach dem Motto: Erst wird mal gründlich geschnüffelt. Sollte der Verdächtigte dann tatsächlich eine weiße Weste haben – schön für ihn, dann hat er ja nichts zu befürchten. Das ist etwa so, als würde ein Einzelhändler bei seinen Kunden in großem Umfang stichprobenartig Leibesvisitationen vornehmen, weil er die Menschen schlechterdings für Diebe hält. Wird er dann nicht fündig, heißt es lapidar: Nichts für ungut, war nicht so gemeint.

Welche Schlüsse lassen sich aus der ebay-Schnüffelei ziehen?

1. Wer die elektronische Auktionsplattform dauerhaft nutzen möchte, sollte vorher Rat bei einem Steuerberater einholen.
2. Bietet ebay einem aktiven Mitglied die Auszeichnung „Powerseller" an, sollte man getrost darauf verzichten. Dieses vermeintliche Gütesiegel bringt wenig – allenfalls eine Anfrage vom Finanzamt.
3. Um absolut auf Nummer sicher zu gehen, sollte man Internet-Auktionshäuser meiden. Je weniger elektronische Spuren man hinterlässt, umso besser. Es ist kein angenehmes Gefühl zu wissen, dass ein neugieriger Finanzbeamter sich amüsiert anschaut, was das betreffende ebay-Mitglied in den vergangenen Jahren ge- oder verkauft hat. Von Privatsphäre kann da keine Rede mehr sein. Kurt M. jedenfalls wird seine Uhren künftig wieder wie früher im privaten Freundeskreis verkaufen – selbst wenn es dann etwas länger dauern sollte, einen Interessenten zu finden.

> **Wichtige Steueränderungen für Anleger**
>
> Der Fiskus greift den Sparern und Anlegern immer tiefer in die Tasche. Bereits seit Anfang 2007 gelten die neuen Sparerfreibeträge. Seither dürfen Verheiratete nur noch Kapitalerträge (also zum Beispiel Zinsen und Dividenden) in Höhe von 1.500 Euro steuerfrei vereinnahmen.

Bei Singles liegt die Grenze bei 750 Euro. Die Werbekostenpauschale von 51 Euro (Singles) und 102 Euro (Verheiratete) gilt jedoch weiterhin.

Ein Alleinstehender darf bei einer 3-prozentigen Verzinsung somit nur noch 26.700 Euro anlegen, um seine Kapitalerträge nicht mit dem Finanzamt teilen zu müssen. Bei Ehepaaren liegt die Grenze bei 53.400 Euro.

Wenig bekannt ist die Tatsache, dass Kinder weiterhin pro Jahr 8.501 Euro an Zinsen und Dividenden steuerfrei erhalten dürfen. Die Eltern können somit ganz legal einen Teil ihres Geldes an den Sohn oder die Tochter übertragen. Doch Vorsicht: Bei Kindern über 18 Jahre gilt eine Grenze von 7.680 Euro. Wird dieser Höchstbetrag überschritten, verlieren die Eltern unter anderem den Anspruch auf Kindergeld.

Spätestens im Jahr 2009 soll für Zinsen, Dividenden und Gewinne beim Verkauf von Wertpapieren eine einheitliche Abgeltungssteuer in Kraft treten. Deren Höhe stand bis zum Redaktionsschluss dieses Buches noch nicht fest. Allgemein wird jedoch von 25 Prozent ausgegangen. Der Vorteil: Kein bürokratischer Aufwand bei der Erteilung von Freistellungsaufträgen mehr. Auch das Risiko, in eine Steuerfalle zu tappen, wird dadurch deutlich reduziert. Nachteil: Steuerfreie Kursgewinne nach Ablauf der Spekulationsfrist wird es nicht mehr geben. Nicht zuletzt verspricht sich die Regierung davon eine Rückkehr von „Kapitalflüchtlingen" nach Deutschland. Hier ist jedoch Skepsis angebracht. Schließlich geht es vielen Anlegern, die ihr Geld in den vergangenen Monaten ins diskrete Ausland gebracht haben, nicht allein (möglicherweise noch nicht einmal vorrangig) um Steuervorteile. Die meisten von ihnen legen mehr Wert auf ein striktes Bankgeheimnis und wollen ihr Erspartes nicht auf „gläserne Konten" einzahlen. Von einem strengen Bankgeheimnis freilich kann in Deutschland schon lange keine Rede mehr sein. Spätestens die Einführung der automatisierten Kontenabfrage machte diese Illusion zunichte.

Auf einen Blick

Immer mehr Steuerbescheide sind fehlerhaft. Daher sollte sehr sorgfältig geprüft werden.

Nicht lange zögern: Ein Einspruch muss innerhalb von vier Wochen erfolgen.

Die Frist wird gewahrt, wenn zunächst offiziell Einspruch eingelegt und die Begründung später nachgereicht wird.

Bei Problemen mit einem bestimmten Beamten ist ein sachliches Gespräch mit dessen Vorgesetzten in aller Regel zielführender als eine Dienstaufsichtsbeschwerde.

Das häusliche Arbeitszimmer bot jahrelang Anlass für kleinliche Streitereien mit dem Fiskus. Jetzt profitieren nur noch die wenigsten von diesem „privaten Steuersparmodell".

Vorsicht Ruheständler: Auch sie werden vom Finanzamt seit Inkrafttreten des Altersvorsorgegesetzes verschärft überwacht und kontrolliert.

Nach Ablauf der vierjährigen Festsetzungsverjährung kann eine Steuer nicht mehr festgesetzt oder geändert werden. Bei leichtfertiger Steuerverkürzung oder vorsätzlicher Steuerhinterziehung gelten längere Fristen (fünf beziehungsweise zehn Jahre).

Vorsicht bei allzu häufigen ebay-Aktivitäten. Dies weckt den Argwohn deutscher Steuerbeamter.

4 Die Gegner kennen: Wer macht was in den Finanzbehörden?

Der Start einer Finanzamtskarriere

Es kann bekanntlich nie schaden, wenn man weiß, mit wem man es zu tun hat. Wie wird ein junger Mann oder eine junge Frau zum Betriebsprüfer oder gar zum Steuerfahnder? Eine ausschließlich auf diese Tätigkeit zugeschnittene Ausbildung gibt es nicht, letztlich handelt es sich bei Betriebsprüfern um „normale" Finanzbeamte, die in der Regel schon ein paar Jahre im Innendienst der Behörde gearbeitet haben. Wer Finanzbeamter werden möchte, hat – abhängig von seiner Vorbildung – drei Möglichkeiten. Der mittlere Dienst setzt einen Realschulabschluss oder eine gleichwertige Ausbildung voraus. Die angehenden Mitarbeiter/innen in den Finanzbehörden absolvieren eine zweijährige Ausbildung an einer Landesfinanzschule (Steuerakademie) und parallel dazu ein mehrmonatiges Praktikum in einem Ausbildungsfinanzamt. Nach erfolgreichem Abschluss der Ausbildung zum Finanzwirt ist die Einstellung in das Beamtenverhältnis auf Probe möglich (Steuersekretär/in zur Anstellung). Später folgt dann die Ernennung zu Beamten beziehungsweise Beamtinnen auf Lebenszeit. Fortan genießen die Damen und Herren einen Status, von dem Angestellte nur träumen können: Sie erwerben eine unkündbare Lebensstellung. Beamte und Beamtinnen des mittleren Dienstes arbeiten in der Regel in unterschiedlichen Funktionen im Innendienst der Finanzämter oder werden selbstständig als Außenprüfer oder Vollziehungsbeamte tätig. Möglich ist auch ihr Einsatz in einem Finanzrechenzentrum.

Eine Tätigkeit im gehobenen Dienst setzt üblicherweise das Abitur voraus. Die Beamtenanwärter durchlaufen anschließend eine dreijährige Ausbildung an einer Fachhochschule und erwerben praktische Kenntnisse während eines 15-monatigen Einsatzes in einem Ausbildungsfinanzamt. Nach erfolgreichem Abschluss dürfen sie sich Diplom-Finanzwirt/in nennen.

Wer ein Hochschulstudium absolviert hat (zum Beispiel Jura oder Wirtschaftswissenschaften) kann sich für den höheren Dienst bewerben und damit in die Führungsetage eines Finanzamtes aufsteigen. Das beginnt beim Sachgebietsleiter und reicht über den Finanzamt-Vorsteher bis hin zum Chef der Oberfinanzdirektion.

An dieser Stelle sollten wir uns noch etwas genauer die Hierarchien in einem Finanzamt anschauen. Schließlich kommt es immer wieder vor, dass sich Steuerbürger bei der vorgesetzten Stelle beschweren müssen, weil sie sich von einem Sachbearbeiter ungerecht oder einfach nur unhöflich behandelt fühlen. Zwar hat sich der Ton gegenüber den Bürgern in den vergangenen Jahren etwas gebessert, aber noch immer gibt es Beamte, die unmotiviert ihre Arbeit verrichten, die Steuerbürger abkanzeln oder sie einfach nur die Staatsmacht spüren lassen. Es ist schon sehr bezeichnend, was eine langjährige Mitarbeiterin der Betriebsprüfungsstelle eines Finanzamts Rat suchenden Unternehmern und Freiberuflern empfiehlt: Immer freundlich sein, nie aggressiv werden, „letztlich sitzt der Betriebsprüfer am längeren Hebel". Das mag zwar wie eine Binsenweisheit klingen, doch die Einstellung, die dahinter steht, sollte schon zu denken geben. Finanzbeamte haben gerecht und neutral die ihnen vom Staat übertragenen Aufgaben zu bewältigen. Es kann doch nicht darum gehen, wer am „längeren Hebel" sitzt. Wenn sich ein Unternehmer von einem Betriebsprüfer schikaniert fühlt, muss er das offen sagen dürfen – ohne aggressiv zu werden, aber auch ohne neue Schwierigkeiten befürchten zu müssen.

Zurück zur Organisation eines deutschen Finanzamtes. Die breite Basis bilden die Sachbearbeiter. Mit ihnen hat der Steuerzahler in der Regel am häufigsten Kontakt – sei es direkt, telefonisch oder schriftlich. Von ihnen stammen die Steuerbescheide, auf denen der Name des betreffenden Sachbearbeiters vermerkt ist. Er ist der erste Ansprechpartner, wenn es Probleme mit dem Finanzamt gibt. Bei kleineren Unstimmigkeiten empfiehlt sich ein kurzer Anruf, ansonsten aber sollte grundsätzlich die Schriftform gewählt werden, um den Fall später an anderer Stelle lückenlos dokumentieren zu können.

Auf der nächsten Hierarchieebene arbeiten die Sachgebietsleiter. Sie sind die direkten Vorgesetzten der Sachbearbeiter und stellen das Bindeglied zwischen den Sachbearbeitern und der Amtsleitung dar. In ihrem jeweiligen Sachgebiet üben sie die Dienst- und Fachaufsicht aus und sollen für die rechtzeitige, sachgerechte und wirtschaftliche Aufgabenerledigung sorgen. Der Sachgebietsleiter ist überdies direkter Ansprechpartner für Beschwerden, falls die Auseinandersetzung mit dem Sachbearbeiter nicht zum Ziel führt.

Die Hauptsachgebietsleiter sind nicht die Chefs der Sachgebietsleiter – wenngleich es die Amtsbezeichnung vermuten lässt. Sie stehen vielmehr außerhalb der klassischen Finanzamtshierarchie und verantworten ein bestimmtes Fachgebiet, wie etwa die Vollstreckungsstelle oder die Finanzkasse. An der Spitze eines Finanzamts steht der Vorsteher, der vom Ministerium des betreffenden Bundeslandes bestellt wird und die Dienst- und Fachaufsicht über alle Beschäftigten ausübt. Bei erheblichen Problemen mit dem Finanzamt sollte man sich nicht scheuen, direkt mit dem Vorsteher Kontakt aufzunehmen.

Jeder, der zu seinem Leidwesen schon einmal intensiver mit der Finanzbehörde zu tun hatte, weiß aus eigener Erfahrung, dass es unter Finanzbeamten erhebliche Unterschiede gibt. Nicht nur mentalitätsbedingt, sondern aufgrund ihrer Aufgaben. Da ist der freundliche junge Mann, mit dem man vernünftig reden und eine Lösung finden kann. Doch dann gibt es die aggressiv vorgehenden Steuerfahnder, die – wie an anderer Stelle erwähnt – bisweilen durchaus mit Methoden arbeiten, die zumindest als fragwürdig zu bezeichnen ist. Und da ist die junge, extrem ehrgeizige Betriebsprüferin, die wegen ihres verbissenen Eifers von ihrem Chef schon mal ausgebremst werden muss.

Es mag nicht eben höflich klingen, aber Aufgabe von Betriebsprüfern und Fahndern ist nun einmal das Schnüffeln, das in vielen Fällen nicht einmal vor der Privatsphäre eines Bürgers haltmacht. Einen solchen Job auszuführen, ist gewiss nicht jedem gegeben. „Was sind das nur für Menschen?", hat sich schon so mancher Steuerzahler gefragt, wenn er sich nach dem gnadenlosen Zugriff des Fiskus unversehens am wirtschaftlichen Abgrund sah. Warum ergreift jemand einen solchen Beruf? Ist es eine Laune des Schicksals? Ist es der Versuch, zur sozialen Gerechtigkeit beizutragen und dem eigenen Dienstherrn möglichst hohe zusätzliche Mittel zu bescheren? Ist es am Ende gar das für manche Zeitgenossen prickelnde Gefühl, Macht über Menschen ausüben zu können? Oder geht da nur einer beziehungsweise eine mehr oder weniger emotionslos einem Job nach? Steuerfahnder seien wie Eunuchen, berichtete einmal einer von ihnen. Sie ermittelten ohne Liebe, aber auch ohne Hass.

Die Frage, was nun Prüfer oder Fahnder antreiben mag, hat immerhin schon Romanciers beschäftigt. Der bekannteste Roman ist sicher „Die Steuerfahnderin" von Peter Carey. In dem 1991 erschienenen Werk erzählt der Autor die Geschichte einer jungen australischen Fahnderin, die mit viel Idealismus ihrer Aufgabe nachgeht. Sie fühlt sich wohl dabei, die Steuertricksereien der egoistischen Superreichen aufzudecken und dem Staat zusätzliche Mittel zu sichern, mit denen Kindergärten, Schulen und Krankenhäuser gebaut werden können. Inwieweit in der Realität so viel Sozialromantik mit im Spiel ist, sei dahingestellt. Jedenfalls lernt die Fahnderin bald eine andere, weniger befriedigende Seite ihres Jobs kennen. Sie ermittelt gegen ein heruntergekommenes Familienunternehmen, bei dem es nichts zu holen, aber viel zu zerstören gibt – und von dessen Ruin niemand etwas hat.

So weit die Fiktion. Doch wie sieht die Wirklichkeit aus? Meist lesen sich die Biografien von Betriebsprüfern und Steuerfahndern gänzlich unspektakulär. Beispielhaft ist der Lebenslauf der Hamburger Betriebsprüferin und ehemaligen Steuerfahnderin Sonja G. Nach Realschulabschluss und zweijähriger höherer Handelsschule ließ sich die 1967 geborene Frau zunächst zur Steuerfachgehilfin ausbilden. Anschließend entschied sie sich für eine Tätigkeit im öffentlichen Dienst als Beamtin. Sie absolvierte eine Ausbildung im gehobenen Dienst der Finanzverwaltung zur Diplom-Finanzwirtin (FH) und ließ sich später zur Steuerberaterin weiterbilden. Ihre Karriere im Amt begann zunächst als Koordinatorin eines Veranlagungsbezirks. Wenige Jahre später folgte die Einarbeitung als Betriebsprüferin. Drei Jahre nahm Sonja G. die Unternehmen in ihrer

Region unter die Lupe, bevor sie als Fahnderin Jagd auf Steuersünder machte. Seit einigen Jahren ist die Beamtin wieder als Betriebsprüferin tätig.

Wie das Finanzamt organisiert ist

Nun wissen wir, wer in einem Finanzamt arbeitet und über welche Ausbildung die betreffenden Personen verfügen. Aus Gründen der Vollständigkeit seien an dieser Stelle noch die wichtigsten Sachgebiete eines Finanzamts kurz dargestellt, bevor wir uns näher mit der Bußgeld- und Strafsachenstelle sowie der Steuerfahndung auseinandersetzen:

1. Die Arbeitnehmerstelle (ANSt)
   Diese Stelle bearbeitet die Steuererklärungen (Veranlagung zur Einkommensteuer) von Bürgern, die Arbeitslohn und/oder Kapital- und/oder Renteneinkünfte bezogen haben. Außerdem ist die Arbeitnehmerstelle zuständig für die gesonderte Festsetzung der Arbeitnehmersparzulage.
2. Betriebsprüfung (BP)
   Die Betriebsprüfer/innen überprüfen in einem bestimmten Turnus, der von der Größe des Betriebes abhängig ist, die erklärten Besteuerungsgrundlagen vor Ort anhand der Geschäftsunterlagen. Dabei wird insbesondere die Ordnungsmäßigkeit der Buchführung geprüft; aber auch die Kassenführung, die Kostenträgerrechnung, die Umsatzverprobung, die Vermögenszuwachsrechnung und die Geldverkehrsrechnung stellen ein Teil der Betriebsprüfung dar.
   Bei einer Betriebsprüfung wird außerdem häufig die steuerliche Behandlung von Zweifelsfällen geklärt, die nicht eindeutig aus den steuerlichen Vorschriften deutlich wird. Die Feststellungen der Betriebsprüfer/innen werden in einem Prüfungsbericht zusammengefasst. Diese können nicht nur zuungunsten, sondern theoretisch auch zugunsten des Unternehmens ausfallen.

3   Bewertungsstelle
    Diese Stelle liefert dem Veranlagungsbereich wichtige Besteuerungsgrundlagen, die im Zusammenhang mit Grundbesitz stehen (zum Beispiel Einstufung als Einfamilienhaus oder Mehrfamilienhaus). Hier wird auch der Grundbesitz der Bürger bewertet. Der Einheitswert wird durch die Bewertungsstelle nach den Vorgaben des Bewertungsgesetzes festgesetzt. Aus dem Einheitswert errechnet sich der für die Berechnung der Grundsteuer maßgebliche Messbetrag unter zu Hilfenahme einer Messzahl. Einheitswert und Grundsteuer-Messbetrag werden dem Immobilieneigentümer mit dem sogenannten Einheitswertbescheid direkt durch das Finanzamt mitgeteilt.
    Die im Bedarfsfall festzustellenden Grundbesitzwerte sind Besteuerungsgrundlage für die Erbschaft- und Schenkungsteuer und für die Grunderwerbsteuer.
4   Bußgeld- und Strafsachenstelle (BuStra)
    Hier wird grundsätzlich in eigener Zuständigkeit bei Steuerstraftaten und Steuerordnungswidrigkeiten ermittelt und verfolgt. Dabei wird in bestimmten Fällen auch mit der Staatsanwaltschaft zusammengearbeitet. Hierzu gleich mehr.
5   Erbschaft- und Schenkungsteuer-Stelle
    Für die Verwaltung der Erbschaftsteuer und der Schenkungsteuer sind bestimmte Finanzämter innerhalb der Bundesländer zuständig. Dort werden die Erbschaft- und Schenkungsteuer für Erwerbe im Wege von Erbschaften und Schenkungen festgesetzt.
6   Finanzkasse (FK)
    Hier werden Schecks und Überweisungen gebucht und Erstattungsbeträge zur Zahlung angewiesen.
7   Grunderwerbsteuerstelle
    Diese Stelle ist zuständig für die Besteuerung von Erwerbsvorgängen bei Immobilien.
8   Kfz-Steuer-Stelle
    Hier wird die Kfz-Steuer nach den Daten der Zulassungsstelle (zum Beispiel Einstufung in Schadstoffklassen) festgesetzt und auch über Ermäßigungs- und Befreiungsanträge entschieden.

9 Lohnsteuer-Arbeitgeberstelle
Hier werden alle Arbeiten erledigt, die im Rahmen des Lohnsteuer-Abzugsverfahrens anfallen. Die Stelle überwacht die rechtzeitige und zutreffende Anmeldung und Abführung der Lohnsteuer durch den Arbeitgeber. Die Arbeitgeberstelle gibt außerdem auf Anfragen von Arbeitgebern und Arbeitnehmern Auskünfte zu beim Lohnsteuerabzug auftretenden Zweifelsfragen („Anrufungsauskunft").
10 Lohnsteuer-Außenprüfung (LStAP)
Die Lohnsteuer-Außenprüfer/innen überprüfen die ordnungsgemäße Einbehaltung und Abführung der Lohnsteuer durch die im Finanzamtsbezirk ansässigen privaten und öffentlich-rechtlichen Arbeitgeber vor Ort.
11 Rechtsbehelfstelle (RbSt)
Hier wird unter anderem über Einsprüche gegen Steuerbescheide entschieden, sofern die Stelle, die den betreffenden Steuerbescheid erlassen hat, nach nochmaliger Prüfung dem Einspruch nicht entsprechen kann und der Steuerbürger ihn auch nicht zurückgenommen hat. Der Rechtsbehelfstelle obliegt auch die Betreuung der gerichtlichen Verfahren.
12 Servicestelle
Diese Stelle ist zentraler Anlaufpunkt in allen steuerlichen Angelegenheiten, insbesondere werden im Servicezentrum folgende Aufgaben erledigt:
– Annahme und – soweit möglich – Bearbeitung der Steuererklärung
– Eintragung von Freibeträgen auf der Lohnsteuerkarte
– Freistellungsbescheinigungen für die sogenannten 400 Euro-Jobs
– Annahme von Kfz-Steuer-Ermäßigungsanträgen
– Erteilung von Auskünften
– Annahme von Schecks
– Beratung gemäß Paragraph 89 Abgabenordnung.
Außerdem können Bürger in der Servicestelle persönlich Schriftstücke und Belege überbringen und Vordrucke, Broschüren und sonstiges Informationsmaterial erhalten.

13 Steuerfahndung (Steufa)
Die Steuerfahndung wird bei Verdacht auf Vorliegen einer Steuerstraftat, vor allem bei Steuerhinterziehung tätig. Sie ermittelt sowohl die Besteuerungsgrundlagen als auch die strafrechtlich bedeutsamen Tatumstände. Die Bediensteten der Steuerfahndung sind Hilfsbeamte der Staatsanwaltschaft und können zum Beispiel auch Hausdurchsuchungen durchführen. Hierzu gleich detailliertere Informationen.

14 Stundungs- und Erlass-Stelle
Diese Stelle ist für die Bearbeitung von Anträgen auf Stundung und Erlass von Steuern und Nebenleistungen zuständig, wenn geltend gemacht wird, dass deren Entrichtung ganz oder teilweise unbillig sei. Wird dagegen eine Stundung wegen zu erwartender Erstattungsansprüche begehrt, ist Ansprechpartner die jeweils zuständige Stelle, die auch die Steuererklärung bearbeitet.

15 Umsatzsteuersonderprüfung
Die Umsatzsteuersonderprüfung prüft bei Bedarf beim Steuerpflichtigen die eingereichten Umsatzsteuer-Voranmeldungen und -Jahreserklärungen. Sie stellt Sachverhalte fest, die für eine sachlich und zeitlich zutreffende Besteuerung maßgeblich sind.

16 Umsatzsteuervoranmeldung (UStVA)
Sofern ein Unternehmer zur Abgabe von USt-Voranmeldungen verpflichtet ist, ist die Umsatzsteuer vom Unternehmer selbst zu berechnen und monatlich oder vierteljährlich anzumelden und abzuführen. Dieses Verfahren wird von der Voranmeldungsstelle überwacht.

17 Veranlagungsteilbezirk (VTB) für sonstige Steuerpflichtige
Diese Stelle ist zuständig, wenn neben oder statt des Arbeitslohns (Anlage N der Steuererklärung) auch noch Einkünfte aus gewerblicher oder selbstständiger Tätigkeit (Anlage GSE), aus Vermietung und Verpachtung (Anlage V) oder der Land- und Forstwirtschaft (Anlage L) gegeben sind. Der VTB bearbeitet neben den Steuererklärungen zum Beispiel auch Anträge auf Anpassung der Vorauszahlungen und An- und Abmeldungen von Gewerbebetrieben und selbstständig Tätigkeiten.

18 Veranlagungsteilbezirk (VTB) für Körperschaften
Diese Stelle ist zuständig für die Bearbeitung der Steuerangelegenheiten von Körperschaften, zum Beispiel von Steuererklärungen der Kapitalgesellschaften (zum Beispiel Aktiengesellschaft, GmbH) und Vereine. Bei Vereinen entscheidet diese Stelle auch über deren Gemeinnützigkeit.
19 Veranlagungsteilbezirk (VTB) für Personengesellschaften
Hier werden Steuererklärungen von Personengesellschaften (zum Beispiel Gesellschaft des bürgerlichen Rechts, OHG, KG) und zum Teil auch deren Gesellschafter bearbeitet.
20 Vollstreckungsstelle
Werden fällige Beträge (in der Regel nach Mahnung) nicht entrichtet, obliegt der Vollstreckungsstelle die Beitreibung. Auch für die Vollstreckung nichtsteuerlicher Ansprüche anderer staatlicher Stellen (zum Beispiel Bußgelder) ist sie zuständig, wenn entsprechende Ersuchen an das Finanzamt gerichtet werden. Die Beitreibung vor Ort wird durch eigene Vollziehungsbeamte durchgeführt.

Die Oberfinanzdirektionen führen Aufsicht

Aus Gründen der Vollständigkeit wollen wir diesen Überblick über die Organisationsstrukturen der deutschen Steuerbehörden mit einer kurzen Erwähnung der Oberfinanzdirektionen abschließen. Ihnen obliegen die Aufsicht und die Unterstützung der nachgeordneten Finanzämter bei der Verwaltung der Bundes- und Landessteuern mit Ausnahme der Verbrauchsteuern. Der Oberfinanzdirektion Hannover sind – um ein Beispiel zu nennen – 57 Finanzämter, sechs Finanzämter mit Großbetriebsprüfungsstellen und vier Finanzämter für Fahndung und Strafsachen sowie die Landesfinanzschule Niedersachsen untergeordnet. Die Oberfinanzdirektionen stellen somit eine Mittelbehörde der Bundesfinanzverwaltung und der Landesfinanzverwaltungen dar. Wie ausgeprägt der Einfluss der einzelnen Oberfinanzdirektionen ist, erfährt der Steuersünder spätestens bei der Strafbeimessung, Denn in den Oberfinanzdirektionsbezirken wird unterschiedlich hart geurteilt. Kommt der Betreffende bei einer hinterzogenen Steuer von 50.000 Euro in Stuttgart zum Beispiel in der Regel mit 180 Tagessätzen davon, kann ihm in Berlin durchaus die doppelte Strafe drohen. Die Höhe der Steuerstrafe ist also abhängig vom Wohnsitz – eine mehr als fragwürdige Praxis, die sogar für den juristischen Laien die Frage nach dem Gleichheitsgrundsatz aufwirft.

BuStra: „Die Staatsanwaltschaft" im Finanzamt

Heiko M. ahnte schon nichts Gutes, als ihm der Postbote den per Zustellungsurkunde ausgelieferten Brief vom Finanzamt überreichte. Bei einer Betriebsprüfung waren kurz zuvor nicht erklärte Betriebseinnahmen entdeckt worden. Die Befürchtungen des Freiberuflers sollten sich bestätigen. Was da zu lesen war, klang alles andere als freundlich:

Sehr geehrter Herr M.!

Gegen Sie ist am 10. Januar 2007 durch die Bußgeld- und Strafsachenstelle des Finanzamts ... nach § 397 der Abgabenordnung das Strafverfahren eingeleitet worden, weil der Verdacht besteht, dass Sie der Finanzbehörde über steuerlich erhebliche Tatsachen unvollständige Angaben gemacht und die Finanzbehörde pflichtwidrig über steuerlich erhebliche Tatsachen in Unkenntnis gelassen und dadurch Steuern verkürzt haben ..."

Es folgten der konkrete Schuldvorwurf und einige rechtliche Hinweise. Was das Finanzamt in der zitierten Passage so wortreich beschreibt, ist nichts anderes als der Vorwurf der Steuerhinterziehung. Absender des Schreibens war nicht das Heimatfinanzamt von Heiko M., sondern die Bußgeld- und Strafsachenstelle im Finanzamt der nächsten Großstadt. Bis zu diesem Zeitpunkt hatte der Freiberufler nicht einmal gewusst, dass es eine solche Stelle innerhalb des Finanzamts gibt. Landet ein Fall erst einmal bei der BuStra, wie das gängige Kürzel für diesen Bereich der Finanzbehörde lautet, wird es wirklich ernst. Mit welchen Folgen die Einleitung eines Bußgeld- oder Strafverfahrens verbunden ist, werden wir später noch ausführlich darstellen. Zunächst einmal ist wichtig, dass der Betreffende überhaupt weiß, mit wem er es zu tun hat.

Der BuStra (in manchen Bundesländern StraBu für „Straf- und Bußgeldsachenstelle" genannt) kommt innerhalb der Finanzbehörde gleichsam die Rolle der Staatsanwaltschaft zu. Die Damen und Herren der BuStra ermitteln entsprechend Paragraph 386, Abs. 1 der Abgabenordnung bei dem Verdacht einer Steuerstraftat den Sachverhalt. Sie können einen Fall dennoch jederzeit an die eigentliche Staatsanwaltschaft übergeben. Umgekehrt kann die Staatsanwaltschaft einen Fall, der von der BuStra ermittelt wird, an sich ziehen. Selbstständig kann die BuStra das Ermittlungsverfahren durchführen, wenn es sich ausschließlich um *eine* Straftat handelt, also keine weiteren Delikte hinzukommen.

Die BuStra hat mithin sehr weitgehende Befugnisse, die so mancher Steuersünder schon unangenehm zu spüren bekam. So können die Mitarbeiter dieses Bereichs des Finanzamts zum Beispiel einen Verdächtigen bei „Gefahr in Verzug" schon mal vorläufig festnehmen lassen und Haftbefehle beantragen. Die Damen und Herren der BuStra haben ferner unter anderem das Recht, bei einer richterlichen Vernehmung des Beschuldigten zugegen zu sein, Auskünfte bei allen Behörden einzuholen, ja sogar Steckbriefe dürfen sie erlassen. Nicht zuletzt kann die BuStra dem Steuersünder drakonische Geldstrafen auferlegen. Dies geschieht dann per Strafbefehl, über den zwar letztlich ein Richter entscheiden muss, in aller Regel wird dieser jedoch die von der BuStra vorgeschlagene Strafe akzeptieren.

Einen Strafbefehl dürfte die BuStra nur in Erwägung ziehen, wenn die Angelegenheit rechtlich einfach gelagert ist und der Beschuldigte keine extrem hohen Summen hinterzogen hat. Wenn also zum Beispiel der Steuersünder sein Gewissen erleichtert und ein Geständnis abgelegt hat, kann er normalerweise mit einem Strafbefehl rechnen. So bleibt ihm zumindest die Peinlichkeit einer mündlichen Hauptverhandlung erspart. Ob dieser Weg freilich beschritten wird, hängt nicht zuletzt davon ab, ob sich BuStra und der Verteidiger des Beschuldigten auf ein Strafmaß verständigen können.

Hält das Finanzamt den Weg über einen „diskreten" Strafbefehl für der Tat nicht angemessen, gibt sie die Sache an die Staatsanwaltschaft ab, damit diese Klage beim Strafgericht erhebt. Die BuStra kann die Strafsache jederzeit an die Staatsanwaltschaft abgeben. In diesem Fall wird das Verfahren von dem zuständigen Staatsanwalt weitergeführt. Das Finanzamt hat aber dennoch das Recht, an den Ermittlungsmaßnahmen der Staatsanwaltschaft teilzunehmen.

Daher schon an dieser Stelle der dringende Rat: Kommt bei Steuerstreitigkeiten die BuStra ins Spiel, sollten alle Alarmglocken läuten. Grundsätzlich ist es ratsam, in dieser Situation einen fachlich versierten Anwalt mit ins Boot zu holen. Zwar sind in Ermittlungsverfahren, die von der BuStra selbstständig durchgeführt werden, auch Steuerberater als Verteidiger zugelassen, doch spätestens, wenn die Staatsanwaltschaft den Fall übernimmt, können Steuerberater nur gemeinsam mit einem Rechtsanwalt den Beschuldigten verteidigen. Allerdings kann das Gericht einen Steuerberater im Gerichtsverfahren ermächtigen. Bewährt hat sich jedoch die vernetzte Arbeitsteilung zwischen Anwalt und Steuerberater. Während sich der eine vorwiegend auf die steuerstrafrechtlichen Aspekte konzentriert, kümmert sich der andere um die steuerlichen Details, die dem Strafverfahren zugrunde liegen. Selbstverständlich müssen Steuerberater und Anwalt eng miteinander kooperieren – und harmonieren!

Die Steuerfahnder als „Polizisten" des Finanzamts

Wenn zum „großen Halali" auf Steuersünder geblasen wird, kommen die Damen und Herren von der Steuerfahndung (im Insiderjargon liebevoll „Steufa" genannt) ins Spiel. Ihr Einsatz dient nicht nur dazu, weiteres, den Steuerzahler belastendes Material zu finden, gleichzeitig soll der Beschuldigte eingeschüchtert werden. Und da die Fahnder häufig nicht eben diskret, sondern polternd und mit dem größtmöglichen Effekt zur Sache gehen, bleibt den Nachbarn die Aktion kaum verborgen. Die Gefahr der sozialen Stigmatisierung des Betroffenen nehmen die Beamten in Kauf. Früher kamen die Damen und Herren von der Steufa gern schon mal in den frühen Morgenstunden, um den Überrumpelungseffekt auszunutzen.

So wie bei Udo R. aus der Nähe von Frankfurt, der sich noch allzu gut an den Tag erinnert, an dem die Fahnder zuschlugen. Der gut verdienende Zahnarzt wohnte in einer Eigentumsanlage in einer kleinen Taunusgemeinde – nur wenige Hundert Meter von seiner Praxis entfernt. Mit dem Finanzamt stand der damals 42-Jährige schon seit geraumer Zeit auf Kriegsfuß, doch eine solche Eskalation hätte er niemals für möglich gehalten: Es war ein sonniger Morgen an einem Tag im Frühherbst. Udo R. und seine Lebensgefährtin rieben sich noch den Schlaf aus den Augen, als es plötzlich energisch an der Haustür läutete. Es war gegen 6.30 Uhr. Die Freundin des Dentisten öffnete die Tür – und war geschockt: Fünf Personen standen da am frühen Morgen vor der Tür – zwei Damen und drei Herren. Einer der Herren präsentierte der verdutzten Frau und dem mittlerweile hinzugeeilten Zahnarzt seinen Dienstausweis und einen richterlich abgesegneten Durchsuchungsbeschluss. Die Nachbarn, die auf dem Weg zur Arbeit waren, verfolgten aus der Distanz den Menschenauflauf vor der Wohnung des Zahnarztes. Udo R. fühlte sich überrumpelt, empfand es als skandalös, wie die Beamten selbst in intimsten Bereichen seiner Wohnung wühlten und sogar die Verkleidung der WC-Spülung entfernten, weil sie dahinter ein Versteck für belastende Unterlagen wähnten. Die Polstermöbel wurden penibel unter die Lupe genommen, dann folgten Auto und Zweitwagen. Eine der beiden Fahnderinnen machte sich derweil am PC des Zahnarztes zu schaffen. Als die Fünf vom Fiskus wieder abzogen, hatten sie die komplette Wohnung von Udo R. auf den Kopf gestellt. Für die Fahnder mag dies Routine gewesen sein, für den Zahnarzt war es die Hölle. Wildfremde Menschen waren plötzlich in seine Privatsphäre eingedrungen, hatten in seinen Briefen und E-Mails gelesen, in seinem Schlafzimmer geschnüffelt und schließlich das Innere seines Autos auseinandergenommen. Erfolg: gleich null. Dem Zahnarzt konnte keine Steuerstraftat nachgewiesen werden. Verurteilt wurde er dennoch – von seinen Nachbarn und Patienten. Die Nachricht vom „Besuch der Steuerfahndung beim Herrn Doktor" verbreitete sich in der 2.000-Einwohner-Gemeinde wie ein Lauffeuer. Udo R. fühlte sich stigmatisiert – und zog schließlich nach Süddeutschland, wo er bei München eine neue Praxis eröffnete.

Abgesehen von einigen hartgesottenen Zeitgenossen stellt die Konfrontation mit der Steuerfahndung für die meisten Betroffenen eine extrem starke psychische Belastung dar. Tauchen die Damen und Herren sogar noch in der Firma oder bei der Bank auf, wird's noch peinlicher.

Dass die Fahnder in der Regel am frühen Morgen vor der Tür stehen, kommt nicht von ungefähr: Der Verdächtige soll überrumpelt werden und sich vielleicht in widersprüchliche Aussagen verwickeln. Häufig berichten Betroffene von einer Vorgehensweise der Fahnder nach dem Prinzip „Zuckerbrot und Peitsche". Nach einem aggressiven Entree kommt einer der Beamten auf die sanfte Tour und verspricht, die Aktion schnell beenden zu wollen, wenn der Beschuldigte kooperativ sei und einige Fragen beantworte. Fragen, deren Sinn und Hintergrund der Betroffene nicht kennt. So mancher, der den plötzlichen Schalmeienklängen der Fahnder traute, redete sich um Kopf und Kragen. Der Beschuldigte sollte bei einem Besuch der Fahndung die Durchsuchung seiner Wohnung und/oder Geschäftsräume passiv erdulden (selbst wenn es mitunter schwerfällt), keine Fragen beantworten und umgehend seinen Anwalt oder Steuerberater verständigen. Wobei es gut möglich ist, dass auch beim Steuerberater bereits Damen und Herren von der Steufa im Einsatz sind.

Das Bundesverfassungsgericht hat inzwischen die martialisch auftretenden Fahnder etwas ausgebremst. Das einfache Argument „Gefahr in Verzug" als Sesam-öffne-dich für alle Wohnungen und Büros reicht allein nicht mehr aus. Stattdessen müssen die Fahnder zusätzliche Gründe für ihren unangemeldeten Besuch haben. Etwa den eindeutigen Nachweis, dass ohne Hausdurchsuchung der Verlust von entscheidenden Beweismitteln drohen würde. Können die Beamten diesen Nachweis nicht erbringen, ist eine Hausdurchsuchung rechtlich nicht zulässig (Az. 2 BvR 1444/00).

Ansonsten aber gilt: Die Fahnder können kommen, wann sie wollen und mit so viel Leuten, wie sie wollen. Ja, sie dürfen ein Haus oder eine Wohnung sogar dann betreten, wenn der Eigentümer oder Mieter nicht zu Hause ist. Vorausgesetzt freilich, die Beamten können einen Durchsuchungsbeschluss vorlegen, der von einem Richter auf Antrag der Staatsanwaltschaft oder der Bußgeld- und Strafsachenstelle des Finanzamtes ausgestellt wurde. Genannt werden muss die Steuerart, in der ermittelt wird, und welche Räume durchsucht werden sollen.

Doch keine Regel ohne Ausnahme: Ist „Gefahr in Verzug", droht aus Sicht der Beamten eine Vernichtung von Beweismitteln, dürfen sie ohne Beschluss mit der Schnüffelaktion beginnen. Sogar das gewaltsame Eindringen in Wohnungen und Büros ist rechtens. Und um dem Ganzen noch die Krone aufzusetzen: Mit der Zauberformel „Gefahr in Verzug" kann sich sogar der Betriebsprüfer zum Fahnder ernennen und ungebremst schnüffeln – sogar in intimsten Dingen. Dazu gehören etwa das Schlaf- und Kinderzimmer, die private Korrespondenz und die Handtasche der Sekretärin. Sogar Leibesvisitationen sind zulässig.

Nicht von ungefähr warnt die Kölner Anwaltskanzlei Konlus & Arndt auf ihrer Homepage: „Vor einem Besuch der Steuerfahndung ist mittlerweile auch bei höchster persönlicher Sorgfalt niemand sicher. Die Steuerfahndung kommt zumeist überraschend. Ohne dass Sie etwas davon bemerken, sind die Fahnder bereits auf Ihrer Spur. Jüngste gesetzliche Regelungen haben die Gefahr erhöht. Die Illusion, ‚zu uns kommt die Steuerfahndung nie', sollten Sie daher ad acta legen."

Die Aufgaben der Steuerfahndung

Wenn die BuStra-Mitarbeiter die „Staatsanwälte" des Finanzamtes sind, dann ist die Rolle der Steuerfahnder mit Polizisten vergleichbar. Nicht von ungefähr werden sie daher bisweilen als Steuerpolizisten bezeichnet. Weniger höfliche Menschen nennen sie die „Greifhunde des Staates". Und mit ihrer oft aggressiven Vorgehensweise leisten die Damen und Herren der Steufa solchen wenig liebevollen Kosenamen eifrig Vorschub. Viele Steuerbürger, die schon einmal mit den Fahndern zu tun hatten, wissen manche haarsträubende Geschichte zu erzählen. So wie in jenem Fall, der im Jahr 2006 durch die Medien ging. Danach soll ein Fahnder bei einer Hausdurchsuchung den kleinen Sohn des Verdächtigen mit der hämischen Aussage einzuschüchtern versucht haben: „Dein Papa muss jetzt wohl bald ins Gefängnis."

Was wird durchsucht?

(ohne Anspruch auf Vollständigkeit)

alle Räumlichkeiten des Betroffenen (Betrieb, Wohnung, Garage, Zweitwohnung, Wochenendhaus, Ferienwohnung, Fahrzeuge und Schuppen)

unter Umständen auch die Räume der Angehörigen

Banksafe

Schränke

Schubladen

Brief- und Handtaschen

Aktentaschen

Kleider

Betten

Bücher

Kamine

„beliebte" Verstecke, wie WC-Spülungen, Standuhren, zugängliche Räume unter der Badewanne, Zwischenräume hinter dem Badezimmerspiegel usw.

Kein Zweifel, die Fahnder haben weitreichende Befugnisse – und der Beschuldigte hat wenig Möglichkeiten, sich zu wehren. Doch welche Stellung kommt der Steufa in der Hierarchie des Finanzamts zu, welche Aufgaben nimmt sie wahr, was darf sie – und vor allem: Was darf sie nicht?

Die Aufgaben der Steuerfahndung

Die Aufgaben der Steuerfahndung sind in Paragraph 208 der Abgabenordnung wohl bewusst etwas allgemein formuliert. Demnach obliegt den Fahndern

1. Die Erforschung von Steuerstraftaten und Steuerordnungswidrigkeiten
2. die Ermittlung der Besteuerungsgrundlagen in den genannten Fällen
3. die Aufdeckung und Ermittlung unbekannter Steuerfälle.

Daraus ergibt sich, dass die Steuerfahnder zum einen steuerstrafrechtliche Sachverhalte ermitteln und zum anderen beim Besteuerungsverfahren mitwirken. Während sich die Kompetenzen der Steuerfahndung im Besteuerungsverfahren aus der Abgabenordnung ergeben, gilt für die Erforschung von Steuerstraftaten die Strafprozessordnung. Das bedeutet unter anderem, dass die Steuerfahnder zu einem sofortigen ersten Zugriff berechtigt sind. Bei sogenannter „Gefahr in Verzug" sind sie überdies ohne richterliche Genehmigung berechtigt, Beweismittel zu beschlagnahmen und Beschuldigte vorübergehend festzunehmen (sogar das Anlegen von Handschellen ist erlaubt). Ansonsten bedarf es vor einer Durchsuchung und Beschlagnahme eines entsprechenden richterlichen Beschlusses. Die Praxis zeigt jedoch, dass die Richter bei dem Verdacht auf Steuerstraftaten schnell bei der Hand sind, wenn es gilt, solche Beschlüsse zu erlassen.

Obwohl die Fahnder mitunter tief in die Trickkiste greifen, um dem Beschuldigten die gewünschten Informationen oder am besten gleich ein Geständnis zu entlocken, gilt natürlich auch für die Steufa das Verbot von rechtsstaatswidrigen Vernehmungsmethoden. Dazu gehören nicht nur die Misshandlung oder die Ermüdung des Beschuldigten, sondern ebenfalls die bewusste Täuschung. Behauptet der Fahnder gegenüber dem Verdächtigten etwa wahrheitswidrig, dessen Frau habe die gemeinsam begangene Steuerhinterziehung bereits gestanden, so wäre dies rechtswidrig, und eventuelle Aussagen unterlägen einem absoluten Verwertungsverbot.

Wenn die Fahnder vor der Tür stehen

Wie sollte sich ein Beschuldigter verhalten, wenn plötzlich die Fahndung vor der Tür steht? Viele Rechte bleiben ihm in dieser Situation nicht. So geht es vor allem darum, den Schaden so gering wie möglich zu halten und nicht noch mehr Porzellan zu zerschlagen. Experten geben Bürgern, die in eine derart unangenehme Situation geraten, acht Praxistipps mit auf ihren schweren Weg:

1. Unbedingt Ruhe bewahren, die Fahnder in die Wohnung bzw. ins Büro bitten, um größeres Aufsehen nach Möglichkeit zu verhindern.
2. Der Betroffene sollte sich den Durchsuchungsbeschluss zeigen lassen und eine Kopie verlangen. Trotz der psychischen Anspannung empfiehlt es sich, das Dokument sehr genau zu lesen und die Namen der Beamten zu erfassen.
3. Möglichst noch vor Beginn der Durchsuchung gilt es, den Steuerberater und/oder den Anwalt zu informieren. Zumindest einer von beiden sollte kurzfristig vor Ort sein, um dem Mandanten mit Rat und Tat zur Seite zu stehen. Sagt der Berater oder Anwalt sein kurzfristiges Erscheinen zu, sollte man die Fahnder bitten, bis dahin mit der Durchsuchung zu warten. Ob die Beamten dieser Bitte aber entsprechen, bleibt ihnen überlassen.
4. Findet die Durchsuchung im Unternehmen statt, sollten die Fahnder vom Eingangsbereich weg in einen separaten Raum gebeten werden, um den normalen Geschäftsbetrieb sicherzustellen und negative Außenwirkungen zu vermeiden.
5. Die Fahnder dürfen keinen Personenzwang ausüben, sofern nicht zugleich ein Haftbefehl vorliegt. Stubenarrest und Telefonsperren sind daher nicht zulässig. Allerdings können die Beamten – wie erwähnt – bei Verdunkelungsgefahr vorübergehende Festnahmen vornehmen.
6. Sachlich bleiben, einen verbindlichen Umgangston wählen, aber nichts sagen. Schweigen ist Gold. Der Grund ist einfach: Die Beschuldigten befinden sich als Folge dieses brachialen Eingriffs in ihre Privatsphäre in der Regel in einem psychischen Ausnah-

mezustand und lassen sich daher oft zu unbedachten Äußerungen hinreißen, die ihnen hinterher leidtun. Außerdem können steuerliche Laien den eigentlichen Hintergrund mancher Fragen der mit allen Wassern gewaschenen Fahnder gar nicht erkennen.

7 Die Damen und Herren der Steufa sollte man bei der Durchsuchung nicht allein lassen. Der Unternehmer und dessen Mitarbeiter dürfen jeden Fahnder beobachten, aber nicht aktiv bei der Arbeit behindern. Safes und Schränke müssen auf Verlangen der Beamten geöffnet werden. Ebenso dürfen die Beamten die Computer des Beschuldigten bedienen.

8 Werden Unterlagen beschlagnahmt, so sollte man auf ein detailliertes Beschlagnahmeverzeichnis bestehen. Angaben wie „Kiste mit Aktenordnern" genügen nicht. Darüber hinaus empfiehlt es sich, nach der Durchsuchungsaktion ein möglichst genaues Gedächtnisprotokoll anzufertigen.

Wenn die Fahnder beim Steuerberater klingeln

Wer glaubt, seine Unterlagen seien beim Steuerberater absolut sicher, da dieser ja – ähnlich wie Anwälte, Ärzte oder Priester – einer Schweigepflicht unterliegt, irrt gewaltig. Bei Durchsuchungsaktionen gilt der Berater dabei nicht als Beschuldigter, sondern als „Dritter". Grundsätzlich haben Steuerberater und alle ihre Mitarbeiter im Steuerstrafverfahren gegen einen ihrer Mandanten ein Zeugnisverweigerungsrecht. Dieses umfasst auch ein Beschlagnahmeverbot, das für folgende Unterlagen und Sachen gilt:

schriftliche Korrespondenz zwischen Steuerberater und Mandant (einschließlich sämtlicher Kopien, Faxe sowie E-Mails)

Aufzeichnungen des Beraters und seiner Mitarbeiter (Notizen bei Gesprächen mit dem Mandanten, Aktenvermerke usw.)

Ton-, Bild- und Datenträger, sofern diese im Zusammenhang mit dem Mandantenverhältnis stehen

andere Gegenstände aus dem Mandantenverhältnis, wie etwa Sachverständigengutachten.

Um dieses Beschlagnahmeverbot zu umgehen, machen die Ermittlungsbehörden den Berater mitunter allzu leichtfertig zu einem „Komplizen" des Mandanten und werfen ihm eine Beteiligung an der Tat vor.

Dabei gilt: Allein die Mitwirkung des Beraters an einer objektiv falschen Steuererklärung reicht nicht aus, um einen konkreten Anfangsverdacht gegen den Steuerberater zu konstruieren.

Das Zeugnisverweigerungsrecht und das Beschlagnahmeverbot sind auch dann aufgehoben, wenn der Mandant seinen Berater ausdrücklich von dessen Schweigepflicht entbindet. Doch das sollte sich der Beschuldigte mehr als einmal überlegen!

Auf einen Blick

Im Normalfall ist der Sachbearbeiter Ansprechpartner des Steuerbürgers. Gibt es Probleme, sollte man sich zunächst an den entsprechenden Sachgebietsleiter wenden.

Die Finanzämter werden von den regional zuständigen Oberfinanzdirektionen beaufsichtigt.

Die Bußgeld- und Strafsachenstelle (BuStra) ermittelt – vergleichbar mit der Staatsanwaltschaft – bei dem Verdacht einer Steuerstraftat den Sachverhalt. Die BuStra kann den Fall aber jederzeit an die Staatsanwaltschaft übergeben.

Die BuStra kann bei „Gefahr in Verzug" Beschuldigte festnehmen lassen und Haftbefehle beantragen.

Die Steuerfahnder sind die Polizisten des Finanzamts.

Oftmals versuchen Fahnder, mit entsprechend martialischem Gehabe die Beschuldigten einzuschüchtern.

Kein Versteck ist wirklich sicher, wenn die Fahnder kommen – weder in der Wohnung noch im Büro, in der Garage oder im Auto. Allenfalls bei einem guten Freund oder absolut vertrauenswürdigen Kollegen ist ein kleineres oder größeres Geheimnis gut aufgehoben. Doch Vorsicht: Eventuell macht auch er sich dadurch strafbar.

Steuerfahnder ermitteln zum einen steuerstrafrechtliche Sachverhalte und wirken zum anderen beim Besteuerungsverfahren mit.

5 Wenn es ernst wird

Steuerstrafrecht – die fiskalische Keule

Niemand weiß, ob es sich lediglich um ein Marketing-Statement handelte oder ob es wirklich eine ernst gemeinte Aussage war. Jedenfalls behauptete vor einigen Jahren der Vorstandsvorsitzende eines kleinen, aber feinen deutschen Sportwagenherstellers plakativ, sein Unternehmen zahle gern Steuern. Diese Aussage lässt natürlich die weitergehende Frage offen, ob der Manager mit ebenso großer Begeisterung nicht nur die Steuern für das von ihm verwaltete Unternehmen überweist, sondern auch seine eigene private Einkommensteuer an den Fiskus abführt. Sei es, wie es will, jedenfalls dürfte sich die Zahl der Bürger, die ihre hart erarbeiteten Erträge gern mit dem Finanzamt teilen, äußerst gering sein. Dessen ist sich natürlich der Fiskus bewusst und droht daher unbotmäßigen Bürgern empfindliche Sanktionen an, wenn sie nicht ihren steuerlichen Pflichten nachkommen. Um es juristisch zu formulieren: Das Steuerstrafrecht soll die Beachtung der Steuergesetze durch die Androhung von strafrechtlichen Sanktionen erzwingen. Gleichzeitig ist das Steuerstrafrecht eng verbunden mit dem Steuerrecht, denn ohne Kenntnis der Besteuerungstatbestände kann letztlich niemand beurteilen, ob tatsächlich eine Steuerstraftat vorliegt.

Wurde ein Steuerzahler bei einer mehr oder minder großen „Sünde" ertappt, erhält er – wie bereits erwähnt – sehr bald Post von der Bußgeld- und Strafsachenstelle des zuständigen Finanzamts. Die Bezeichnung dieses Bereichs der Finanzverwaltung macht bereits deutlich, welche Konsequenzen dem Betroffenen drohen können: Im günstigeren Fall kommt er mit einem Bußgeld davon. Dies ist dann der Fall, wenn es sich um eine Steuerordnungswidrigkeit handelt (geregelt in den Paragraphen 377 bis 383 der Abgabenordnung). In gravierenderen Fällen hingegen liegen kriminelle Straftaten vor, die mit Haft- oder Geldstrafen geahndet werden (Paragraph 369 ff AO).

Der Unterschied zwischen einer Steuerordnungswidrigkeit und einer Steuerstraftat ist für den Betroffenen erheblich – nicht nur mit Blick auf die zu erwartenden Sanktionen. Wenn es ernst wird im Umgang mit dem Finanzamt, sollte daher zunächst versucht werden, den Vorwurf des Vorsatzes aus der Welt zu schaffen. Dann nämlich liegt keine Hinterziehung, sondern lediglich eine leichtfertige Steuerverkürzung vor. Doch realistischerweise sei an dieser Stelle gleich erwähnt, dass die Finanzbehörden ebenso wie die Staatsanwälte sehr oft Vorsatz unterstellen. Das kann nicht weiter verwundern, denn im Fall einer vorsätzlichen Hinterziehung gilt die in Kapitel 3 bereits erwähnte 10-jährige Festsetzungsverjährung. Nur in diesem Fall kann der Fiskus mithin Steuern für die zurückliegenden zehn Jahre nachfordern. Doch schauen wir uns die Unterschiede zwischen Bußgelddelikten und Steuerstraftaten zunächst etwas genauer an.

Mit einem blauen Auge davongekommen: die Steuerordnungswidrigkeit

Verstößt der Steuerzahler gegen Ordnungsvorschriften, ohne dass ihm der Vorwurf des kriminellen Unrechts zu machen ist, dann handelt es sich um eine Steuerordnungswidrigkeit. Doch auch die sollte man nicht auf die leichte Schulter nehmen, immerhin kann das Finanzamt in diesen Fällen Geldbußen bis zu 50.000 Euro verhängen.

Ein Praxisbeispiel: Der angestellte Redakteur Fritz S. arbeitet nebenberuflich noch für eine Reihe weiterer Verlage und erzielte im Jahr 2006 neben seinem Gehalt zusätzliche Einnahmen von 15.000 Euro. In seiner Steuererklärung gab er jedoch nur Nebeneinkommen von 9.000 Euro an. Dadurch wurde die Einkommensteuer zu niedrig angesetzt. Es handelt sich somit um eine Steuerverkürzung. Da es den Finanzbehörden aber nicht gelang, Fritz S. Vorsatz nachzuweisen, lag keine Hinterziehung vor, wohl aber Leichtfertigkeit durch grobes Verschulden. Gegen ihn wurde ein Bußgeldverfahren eingeleitet.

Leichtfertige Steuerverkürzung kann folgende Gründe haben:

- Leichtsinn, nicht zu verantwortende Achtlosigkeit
- grobe Nachlässigkeit bei der Aufzeichnung oder Zusammenstellung von Belegen oder beim Ausfüllen der Erklärung

Bei der Beurteilung des Einzelfalles sind jedoch die persönlichen Fähigkeiten und Kenntnisse mit zu berücksichtigen. Das gilt gleichermaßen für die Höhe der Sanktion. Wäre Fritz S. zum Beispiel ein erfahrener Steuerfachredakteur, müsste er unter Umständen mit einer höheren Geldbuße rechnen als in seiner Eigenschaft als Feuilletonist, der sich den schönen Künsten verschrieben hat.

Abgesehen davon, dass die Finanzämter selbst bei Steuerordnungswidrigkeiten in der Regel hohe Geldbußen verhängen, kommt der Steuersünder ansonsten meist mit einem blauen Auge davon. Denn die Konsequenzen erscheinen weniger gravierend als bei einer Steuerstraftat. So können die Finanzbehörden bei geringfügigen Steuerverkürzungen unter Umständen von einer Verfolgung der Ordnungswidrigkeit sogar absehen. Es gilt nämlich das sogenannte Opportunitätsprinzip, das heißt, die Finanzämter entscheiden nach „pflichtgemäßem Ermessen". Außerdem gilt eine nur fünfjährige Festsetzungsverjährung. Bei eventuellen Unkorrektheiten in früheren Jahren muss der Steuerbürger somit keine Nachzahlungen fürchten. Und schließlich wird das Bußgeldverfahren direkt über das Finanzamt abgewickelt. Dem Betroffenen bleibt daher eine Gerichtsverhandlung erspart. Unabhängig davon hat der mit einem Bußgeld bestrafte Steuerbürger aber natürlich die Möglichkeit, gegen die ihm vom Finanzamt auferlegte Sanktion vor Gericht zu klagen.

Steuerstraftaten – wenn aus Sündern Kriminelle werden

Vielen ertappten Steuersündern geht es wie Max F. aus der Nähe von Köln: „Vierzig Jahre habe ich ein gesetzestreues Leben geführt, bin niemandem etwas schuldig geblieben, habe keine müde Mark und keinen Euro vom Staat bekommen, habe mich sozial engagiert und meinen Kindern eine anständige Ausbildung ermöglicht. Ich habe noch nicht einmal Strafpunkte in der Verkehrssünderkartei – und nun werde ich behandelt wie ein Verbrecher", klagt der Handwerker. Für ihn war die Sache mit den diskreten Konten in Luxemburg eben nur ein Kavaliersdelikt. „Okay, das war nicht in Ordnung. Es tut mir leid. Die Steuern auf meine nicht deklarierten Kapitalerträge werde ich selbstverständlich nachzahlen. Aber ich bin doch kein Krimineller!", empört sich Max F.

Der Gesetzgeber sieht das anders. Der Handwerker hat nachweislich Steuern hinterzogen. Es liegt somit eine Steuerstraftat vor, die als kriminelles Unrecht mit einer Geld- oder Haftstrafe geahndet wird. Max F. hat also kriminell gehandelt. Dass er ansonsten ein gesetzestreuer und liebenswürdiger Mensch ist, mag vielleicht später bei der Strafzumessung eine gewisse Rolle spielen. Im Steuerstrafverfahren gilt er jedoch als krimineller Hinterzieher.

Bei einer Steuerstraftat hat der Betroffene weitere unangenehme Konsequenzen hinzunehmen. So gilt das sogenannte Legalitätsprinzip, das heißt, die Tat muss grundsätzlich verfolgt werden. Darüber hinaus findet das Steuerstrafverfahren vor einem ordentlichen Gericht statt. Kommt es zu einer rechtskräftigen Verurteilung, erfolgt ein Eintrag ins Strafregister. Der Steuersünder ist somit vorbestraft, was erhebliche Nachteile birgt. Vor allem aber steht der Steuerhinterzieher tatsächlich „mit einem Bein im Gefängnis". Ob es am Ende wirklich zum Schlimmsten kommt, hängt neben der Höhe der hinterzogenen Steuern von einer Reihe weiterer Faktoren ab, auf die wir später noch detaillierter eingehen werden. Doch eines schon an dieser Stelle vorweg: Mit einer frühzeitig einsetzenden anwaltlichen Beratung und einer sorgfältig abgestimmten Strategie lässt sich sogar bei gravierenden Fällen eine Freiheitsstrafe in der Regel umgehen. Vorausgesetzt, es handelt sich um einen Ersttäter.

Wie schnell sich ein Steuerbürger einer Steuerhinterziehung schuldig machen kann, belegt folgendes Beispiel: Renate F., Eventmanagerin aus Norddeutschland, soll 200.000 Euro Steuern nachzahlen. Sie überweist einen Teilbetrag und beantragt über ihren Steuerberater beim Finanzamt die Stundung der darüber hinaus gehenden Steuerschulden, da sie kein weiteres Vermögen besitze. Das Finanzamt stimmt diesem Antrag zunächst zu. Durch eine Kontrollmitteilung stellt sich später jedoch heraus, dass Renate F. ein Wertpapierdepot in Frankreich mit einem Vermögen von über 200.000 Euro unterhält. Der Fiskus reagiert prompt: Die Managerin habe der Finanzbehörde „unvollständige Angaben" gemacht. Die Bußgeld- und Strafsachenstelle des zuständigen Finanzamts leitete gegen die 35-Jährige das Strafverfahren ein.

Damit sind wir bereits bei der spannenden Frage, wann eine Steuerhinterziehung vorliegt. Die Abgabenordnung nennt in diesem Zusammenhang folgende Kriterien:

1 „Aktives Handeln" (Paragraph 370 I Nr. 1 AO)
2 „Pflichtwidriges Unterlassen" (Paragraph 370 I Nr. 2 AO).

Aktives Handeln liegt vor, wenn der Täter gegenüber der Finanzbehörde oder einer anderen Behörde unrichtige oder unvollständige Angaben über steuerlich erhebliche Tatsachen macht. Seine Erklärungspflichten verletzt der Steuerbürger zum Beispiel dadurch, dass er Einnahmen verschweigt oder private Lebensführungskosten als Betriebsausgaben steuerlich geltend macht.

Pflichtwidriges Unterlassen wird dem Steuerbürger vorgeworfen, wenn er die Finanzbehörde über steuerlich erhebliche Tatsachen in Unkenntnis lässt. Hierzu ein Praxisbeispiel: Trotz mehrfacher Aufforderung mit Zwangsgeldandrohung seitens des Finanzamts hat der Kleinunternehmer Detlev S. keine Einkommensteuererklärung abgegeben. So schätzt der Fiskus seinen Gewinn auf 80.000 Euro und erlässt einen entsprechenden Steuerbescheid. Der Firmeninhaber reibt sich zufrieden die Hände, belief sich sein Gewinn in dem betreffenden Jahr doch auf 120.000 Euro. Detlev S. zahlt also erfreut die im Schätzungsbescheid festgelegte Steuer und glaubt, damit sei alles erledigt. Doch weit gefehlt. In der „Erinnerung an die Abgabe der Steuererklärung(en) mit Zwangsgeldandrohung", die ihm die zuständige Finanzbeamtin ins Haus geschickt hatte, stand nämlich ausdrücklich: „Ferner weise ich Sie darauf hin, dass Sie bestraft oder mit Geldbuße belegt werden können, falls infolge vorsätzlicher oder leichtfertiger Nichtabgabe der Steuererklärungen Steuerverkürzungen eintreten." Und genau so kam es dann auch. Bei einer späteren Betriebsprüfung stellte sich heraus, dass der Gewinn des Unternehmers in dem betreffenden Jahr weit über den Schätzungen gelegen hatte. Detlev S. hatte, wie es in der Gesetzesprosa heißt, „die Finanzbehörde über steuerlich erhebliche Tatsachen pflichtwidrig in Unkenntnis gelassen", indem er der Schätzung nicht widersprach und auf seinen erheblich höheren Gewinn hinwies. Ergebnis: Die Bußgeld- und Strafsachenstelle des zuständigen Finanzamts leitete das Strafverfahren gegen den Gewerbetreibenden ein.

Ob im Einzelfall tatsächlich eine Steuerhinterziehung vorliegt, hängt von einer Reihe von Faktoren ab. Zunächst muss es sich beim Tatgegenstand um Steuern handeln. Nicht gezahlte steuerliche Nebenleistungen, wie etwa Säumniszuschläge, werden als Betrug, aber nicht als Steuerhinterziehung geahndet. Gleiches gilt in der Regel für die Kirchensteuer. Sichert sich ein Unternehmer durch unwahre Angaben eine Investitionszulage, die ihm eigentlich gar nicht zusteht, dann handelt es sich nicht um Steuerhinterziehung, sondern um Subventionsbetrug.

Darüber hinaus liegt eine Steuerhinterziehung nur dann vor, wenn sie bereits zum Erfolg geführt hat, sprich: Wenn der Beschuldigte bereits Steuern verkürzt hat. Allein der Entschluss, Steuern zu hinterziehen, oder reine Vorbereitungshandlungen, wie etwa falsche Buchungen oder das Erstellen falscher Belege sind noch keine Steuerhinterziehung, wohl aber Ordnungswidrigkeiten.

Wie bereits erwähnt, setzt Steuerhinterziehung eine vorsätzliche Handlung voraus. Das heißt, der Beschuldigte muss mit Wissen und Wollen Steuern verkürzt haben. Und genau an diesem Punkt wird es interessant, denn der Vorsatz lässt sich in vielen Fällen nur schwer nachweisen. Bestehen Zweifel an einer vorsätzlichen Handlung des Beschuldigten, müsste an und für sich im Sinne des Rechtsgrundsatzes „In dubio pro reo" (Im Zweifel zugunsten des Angeklagten) das Steuerstrafverfahren eingestellt werden. Doch die Erfahrung zeigt, dass die Finanz- und Justizbehörden von Vorsatz ausgehen, sofern keine überzeugenden Argumente gegen diesen Vorwurf ins Feld geführt werden können. Bei der Beurteilung, ob es sich wirklich um eine vorsätzliche Tat handelt, stellt sich zum Beispiel die Frage nach dem Hinterziehungsmodell. Hat der Beschuldigte zum Beispiel Einnahmen, die über eine bestimmte Bank liefen, in seiner Steuererklärung nicht angegeben? Oder ließ ein Freiberufler Teile seiner Honorareinnahmen auf das Konto seines Sohnes überweisen, sodass der 22-jährige Student nach einigen Monaten über ein sechsstelliges Guthaben verfügte? Wurden lediglich bestimmte Einnahmen nicht erfasst (zum Beispiel Erlöse aus nebenberuflichen Tätigkeiten)? In diesen Fällen liegt der Vorsatz nahe. Doch was, wenn keines der gängigen Hinterziehungsmodelle vorliegt, wenn der Steuerbürger einfach nur chaotisch ist und über Jahre hinweg seinen steuerlichen Pflichten nur schlampig nachkam? In diesem Fall hätte er seine Steuererklärungen zwar fehlerhaft, aber dennoch „nach bestem Wissen und Gewissen" abgegeben. Ist der Vorsatz nicht nachweisbar, liegt gegebenenfalls leichtfertige Steuerverkürzung bei grober Fahrlässigkeit vor.

Mitunter ist es nicht nur Schlampigkeit und „kreatives Chaos", die zu Unregelmäßigkeiten und damit zur Abgabe einer falschen Steuererklärung führen. Hin und wieder muss darüber hinaus die Frage nach der generellen Schuldfähigkeit des betreffenden Bürgers gestellt werden. Liegt zum Beispiel eine schwerwiegende Drogenabhängigkeit vor? Ist der Beschuldigte in starkem Maße alkoholabhängig, oder leidet er an einer anderen Erkrankung, die zumindest phasenweise die Geschäftsfähigkeit des Steuerbürgers stark beeinträchtigt haben könnte? In diesen Fällen kann eine Bestrafung wegen Steuerhinterziehung nicht erfolgen, denn eine solche Sanktion ist nur möglich, wenn der Täter schuldfähig ist, also die Fähigkeit besitzt, das Unerlaubte seiner Handlung einzusehen.

Schließlich muss die Frage geklärt werden, ob eine ordnungsgemäße Selbstanzeige vorliegt. Auf dieses ebenfalls recht heikle Thema werden wir im nächsten Kapitel eingehen. An dieser Stelle daher nur so viel: Hat der Beschuldigte rechtzeitig eine alle Anforderungen erfüllende Selbstanzeige gestellt, so bleibt ihm zumindest eine Bestrafung wegen Steuerhinterziehung erspart.

Beihilfe zur Steuerhinterziehung

Wer hätte das noch nicht erlebt? In der Wohnung stehen Reparaturen an, der Eigentümer oder Mieter setzt sich mit mehreren Firmen in Verbindung und bittet um Kostenvoranschläge. Die Handwerksmeister schauen sich den Schaden an und nennen ihre Preise. Dem Auftraggeber erscheinen diese zu hoch, er möchte weitere Angebote einholen. Da bietet ihm ein Handwerker an, die Reparatur zu einem deutlich günstigeren Preis vorzunehmen, wenn der Kunde auf eine Quittung verzichte. In diesem Fall macht sich der Auftraggeber der Beihilfe zur Steuerhinterziehung schuldig, da er die Konsequenzen dieser Vorgehensweise kennen müsste. Mit seinem Verzicht auf eine Rechnung hat es der Kunde dem Handwerksmeister erleichtert, die aus diesem Auftrag resultierenden Einnahmen nicht zu erklären und damit Steuern zu verkürzen.

In den vergangenen Jahren gerieten darüber hinaus immer mehr Bankmitarbeiter ins Visier der Fahnder. Ihnen wurde meist vorgeworfen, ihren Kunden beim Transfer ihrer Gelder ins benachbarte, „steuerbegünstigte" Ausland behilflich gewesen zu sein. Nicht zuletzt machen sich natürlich Steuerberater der Beihilfe schuldig, die im Auftrag ihrer Mandanten wissentlich falsche Erklärungen vorbereiten.

Beihilfe liegt immer dann vor, wenn der Beschuldigte die Tat lediglich fördern, aber nicht beherrschen wollte und kein Interesse am Erfolg der Steuerhinterziehung hat. Beherrschte er hingegen die Tat oder profitierte er von ihr, so liegt eine Mittäterschaft vor. Die Bestrafung des Gehilfen orientiert sich an der gegen den Haupttäter verhängten Sanktion. Sie muss aber in jedem Fall milder ausfallen.

Anstiftung zur Steuerhinterziehung

Eine Anstiftung liegt vor, wenn der Anstifter in einem anderen Menschen den Entschluss zur Tat weckt, also zum Beispiel zur Steuerhinterziehung. Wichtig ist dabei allerdings, dass der Angestiftete zuvor noch nicht fest zur Tat entschlossen war. Ansonsten handelt es sich um Beihilfe. Die Abgrenzung zwischen Anstiftung und Beihilfe kann mithin sehr schwierig sein. Folgende fiktive Dialoge sollen die Unterschiede deutlich machen:

Die Journalistin Sandra B. ist wieder einmal stocksauer auf die Politiker, die nach ihrer Ansicht mit beiden Händen die Steuergelder zum Fenster hinauswerfen, um sich über Subventionen und andere Zuwendungen an ihre Klientel die Wiederwahl zu sichern. Sie sieht nicht ein, dass sie ihre bei Aktiengeschäften durch hohes Risiko erzielten Spekulationsgewinne mit dem gierigen Fiskus teilen soll. In der Mittagspause spricht sie mit Katharina F., ihrer Kollegin aus der Wirtschaftsredaktion. Er kommt zu folgendem Dialog:

Sandra B.: „Also weißt Du, Katharina, ich sehe wirklich nicht ein, dass ich nun noch meine Kursgewinne mit diesen Verschwendern teilen soll. Die nehmen mir ohnehin schon genug ab."

Katharina F.: „Dann gib' den Gewinn doch einfach nicht an. Willst Du etwa ‚Dummensteuer' zahlen? Solange das keine hohen fünf- oder sechsstelligen Summen sind, kommt eh keiner dahinter. Die verschnarchten Typen vom Finanzamt haben ganz andere Sachen zu tun."

In diesem Fall animiert Katharina ihre Kollegin zur Tat. Sandra folgt der Empfehlung und gibt ihre Börsengewinne in ihrer Steuererklärung nicht an. Prompt fliegt die Hinterziehung auf. Würde Sandra B. nun aussagen, dass sie ihre Kollegin zu dieser Tat ermuntert habe, und ließe sich dies nachweisen (was in der Praxis sehr schwierig sein dürfte), dann hätte sich Katharina F. der Anstiftung schuldig gemacht und würde ebenso bestraft wie Sandra B.

Variieren wir den Dialog etwas:

Sandra B.: „Du, Katharina, wie ist das eigentlich? Ich sehe nicht ein, dass der Fiskus an meinen Börsengewinnen verdienen soll. Ich geb' das einfach nicht an. Glaubst Du, das kommt raus?"

Katharina F.: „Ach was, Sandra, da mach Dir mal keinen Kopf. Nur die Dummen zahlen diese Steuer."

Der kleine, aber feine Unterschied: Im zweiten Dialog war Sandra bereits entschlossen, ihre Spekulationsgewinne nicht zu erklären. Sie wurde in diesem Vorhaben von Katharina lediglich bestärkt. Die Wirtschaftsredakteurin hat mithin psychische Beihilfe geleistet. Sandra würde somit wegen Steuerhinterziehung und Katharina wegen Beihilfe zur Steuerhinterziehung bestraft.

Nun zur dritten Variante:

Sandra B.: „Sag mal, Katharina, wie hoch ist eigentlich das Risiko, ertappt zu werden, wenn ich meine Spekulationsgewinne nicht versteuere?"

Katharina F.: „Kannste vergessen. Nur die Dummen zahlen das. Die rauben uns doch schon wahrlich genug aus. Ich würde das nicht angeben. Das merkt doch keiner."

Sandra B.: „Mag sein, aber ich bin ein Pechvogel. Bei mir fliegt so etwas sofort auf. Nein, nein, ein ruhiges Gewissen ist mir doch lieber."

Hier handelt es sich um eine versuchte Anstiftung, die im Steuerstrafrecht keine Sanktionen nach sich zieht. Weder Katharina noch Sandra, die zwar mit dem Gedanken einer Steuerhinterziehung spielte, diesen aber schnell wieder verwarf, haben deshalb eine Strafe zu befürchten.

Zum Schluss noch eine besonders pikante Variante: Angenommen, Katharina hat ihre Kollegin zur Steuerhinterziehung angestiftet. Diese gibt die Spekulationsgewinne in ihrer Einkommensteuererklärung nicht an und verkürzt damit die von ihr zu zahlenden Steuern. Nachdem sie aber erlebt hat, welch riesigen Ärger ihr Freund mit dem Fiskus hat, bekommt Sandra ein schlechtes Gewissen und gibt gegenüber dem Finanzamt eine strafbefreiende Berichtigungserklärung ab (ein freundlicher klingendes Synonym für

(„Selbstanzeige"). Sandra B. zahlt Steuern und Zinsen nach, muss aber keine Sanktionen befürchten. Katharina hingegen wird wegen Anstiftung zur vollendeten Steuerhinterziehung zur Verantwortung gezogen und bestraft.

Die gewerbsmäßige Steuerhinterziehung

In der jüngeren Vergangenheit hat der Staat das Steuerstrafrecht drastisch verschärft. So zum Beispiel im Jahr 2002, als das sogenannte Steuerverkürzungsbekämpfungsgesetz in Kraft trat. Neu eingeführt wurde unter anderem der Paragraph 370 a Abgabenordnung, nach dem die gewerbsmäßige Steuerhinterziehung in großem Ausmaß nunmehr ein Verbrechen ist (im Gegensatz dazu stellt die „normale" Steuerhinterziehung ein Vergehen dar). Die Unterschiede sind erheblich. So tritt bei der gewerbsmäßigen Steuerhinterziehung keine Strafbefreiung bei einer Selbstanzeige ein. Der Täter darf lediglich auf eine Strafmilderung hoffen. Auch die Strafen fallen wesentlich höher aus. Im schlimmsten Fall muss der Täter für zehn Jahre hinter Gitter.

Der bereits im Vorwort zitierte Fachanwalt Wilfried Hasse aus Starnberg nimmt bei der Beurteilung dieses drastisch verschärften Strafrahmens kein Blatt vor den Mund: „Steuerhinterzieher müssen heute ab gewissen Beträgen mit Strafen rechnen, die sonst nur bei Kapital- und Schwerverbrechen wie Mord oder Totschlag verhängt werden. Hier spielt sicher bei vielen Staatsanwälten und Richtern der Neidfaktor eine große Rolle."

Ob mit Neid oder ohne, jedenfalls wird es sehr ernst, wenn die Staatsmacht einem Bürger gewerbsmäßige Steuerhinterziehung vorwirft. Daher macht es Sinn, diesen Paragraphen in der Abgabenordnung etwas genauer unter die Lupe zu nehmen. Er umfasst alle Fälle, in denen die Tat

- gewerbsmäßig
- als Mitglied einer Bande

- mit dem Erfolg der Steuerverkürzung in großem Ausmaß ausgeführt wurde.

Eine gewerbsmäßige Steuerhinterziehung liegt vor, wenn wiederholt falsche Erklärungen abgegeben worden sind und sich der Beschuldigte damit systematisch Vermögenszuflüsse in größerem Umfang verschafft hat. Ursprünglich sollte bereits die mehrfache Abgabe unrichtiger oder unvollständiger Erklärungen für den Vorwurf der gewerbsmäßigen Steuerhinterziehung ausreichen. Nach massiven Protesten aus der Fachwelt wurde das Gesetz jedoch modifiziert und um den Zusatz „in großem Ausmaß" ergänzt. Ab welchen Beträgen aus Sicht der Finanzbeamten, Richter und Staatsanwälte aber ein „großes Ausmaß" beginnt, wurde nicht geklärt. Im Allgemeinen kann man aber davon ausgehen, dass es bei hinterzogenen Steuern von deutlich über 500.000 Euro allmählich eng wird.

Unter einer Bande versteht der Gesetzgeber eine Gruppe von mindestens drei Personen. Hauptzweck dieser Bande muss die gemeinsame Begehung einer Steuerhinterziehung sein. Nicht gemeint ist damit das Zusammenwirken des Steuerbürgers mit einem Anwalt und seinem Steuerberater.

Keine Frage, eine halbe Million Euro an hinterzogenen Steuern stellt schon eine beachtliche Summe dar. Doch über einen Zeitraum von zehn Jahren kommen solche Größenordnungen bei einem Freiberufler oder mittelständischen Unternehmer schnell zusammen. Es geht gewiss nicht darum, solche Taten zu bagatellisieren oder gar zu rechtfertigen. Dennoch erscheint es zumindest fragwürdig, wenn Steuerhinterziehung in großem Ausmaß härter bestraft werden kann als Kinderschändung und Vergewaltigung.

Jedenfalls sollte, wer mit dem Vorwurf der gewerbsmäßigen Steuerhinterziehung konfrontiert wird, schnellstens einen versierten Fachanwalt aufsuchen und sich verteidigen lassen. Denn nun drohen Untersuchungshaft und Lauschangriffe, im schlimmsten Fall sogar eine langjährige Haftstrafe.

Nachfolgend noch einmal die wichtigsten Unterschiede zwischen Steuerordnungswidrigkeiten und Steuerstrafsachen im Überblick.

Steuerordnungswidrigkeiten

Der Steuerbürger verstößt gegen Ordnungsvorschriften ohne Vorwurf des kriminellen Unrechts

das Bußgeldverfahren findet bei der Bußgeld- und Strafsachenstelle des zuständigen Finanzamts statt

der Beschuldigte muss mit einer Geldbuße rechnen

die Verfolgung einer Steuerordnungswidrigkeit liegt im pflichtgemäßen Ermessen des Finanzamts

es erfolgt keine Strafregistereintragung.

Steuerstraftaten

Kriminelles Unrecht wird mit einer Geld- oder Freiheitsstrafe geahndet

das Steuerstrafverfahren findet vor einem ordentlichen Gericht statt

es besteht Verfolgungszwang

bei rechtskräftiger Verurteilung erfolgt ein Eintrag ins Strafregister.

Geldwäsche: Der eilfertige Vorwurf

Was unter Geldwäsche zu verstehen ist, davon hat wohl jeder eine mehr oder minder zutreffende Vorstellung. Es geht darum, Geld mit kriminellem Hintergrund zu „reinigen" und wieder in den regulären Wirtschaftskreislauf zu integrieren. Doch die wenigsten dürften wissen, woher dieser Begriff stammt. Er geht zurück auf Alphonse Gabriel (Al) Capone, den in den 1920er und 1930er Jahren berüchtigsten Verbrecher der USA. Bis heute steht sein Name symbolhaft für das organisierte Verbrechen, das sich hinter einer scheinbar seriösen Fassade versteckt. So arbeitete der eloquente Al Capone zum Beispiel als Antiquitätenhändler. Doch der Sohn neapolitanischer Einwanderer verdiente sein Geld eigentlich in der Chicagoer Unterwelt mit illegalem Glücksspiel, Prostitution und illegalem Alkoholhandel. Das dabei vereinnahmte Kapital investierte Al Capone tatsächlich in Waschsalons, um auf diese Weise die Herkunft seines Reichtums zu verschleiern. Pikanterweise wurde der Gangsterboss am Ende wegen einer vergleichsweise geringen Steuerhinterziehung hinter Schloss und Riegel gebracht.

Seither zählt man Geldwäsche zu den Machenschaften des organisierten Verbrechens. Vor allem Kapital aus Waffen- und Drogengeschäften soll auf diese Weise „gereinigt" werden. Unter Geldwäsche ist daher ein Prozess zu verstehen, durch den Erlöse, die aus kriminellen Tätigkeiten stammen, transportiert, überwiesen, konvertiert oder mit legalen Geschäften vermischt werden. Dahinter steht die Absicht, die wahre Herkunft, die Beschaffenheit, die Verfügung über oder das Eigentum an solchen Erlösen zu verschleiern oder zu verheimlichen. Spätestens seit den Terroranschlägen vom 11. September 2001 dient die Bekämpfung der Geldwäsche darüber hinaus dem Ziel, die Finanzierungsquellen des internationalen Terrorismus lahmzulegen. Bisher freilich mit eher mäßigem Erfolg.

Natürlich kann – außer den Beteiligten – niemand etwas dagegen haben, wenn die Staaten international im Kampf gegen das organisierte Verbrechen verstärkt Geldwäscheaktivitäten ins Visier ihrer Ermittlungen nehmen. Interessant erscheint aber die Frage, was gemeinhin zur organisierten Kriminalität gezählt wird. Dass sogar Steuerhinterzieher zu diesem zweifelhaften Kreis gehören können, dürfte vielen neu sein. Und doch zählt die Steuerhinterziehung zu den „Geschäftsfeldern" der organisierten Kriminalität (siehe Info-Kasten).

Die Sektoren der organisierten Kriminalität

Drogenhandel

illegales Glücksspiel

Menschenhandel

Handel mit geschützten Tierarten und Tierprodukten

Handel mit radioaktiven Materialien

Waffenhandel

> Umweltkriminalität
>
> Rotlichtkriminalität
>
> Mord, Brandstiftung, Einbruch, Raub, Hehlerei
>
> Schmuggel
>
> Urheberrechtsverletzung, Fälschung
>
> Insolvenzbetrug, Kapitalanlagebetrug, Subventionsbetrug
>
> Scheck- und Kreditkartenkriminalität
>
> Steuerhinterziehung

Bevor wir näher auf die Frage eingehen, unter welchen Voraussetzungen sich ein Steuerhinterzieher auch Geldwäsche vorwerfen lassen muss, seien an dieser Stelle kurz die drei wichtigsten Phasen der Geldwäsche skizziert. In der ersten Phase („Placement") wird das inkriminierte Kapital in kleineren Teilbeträgen in den Finanz- oder Wirtschaftskreislauf geleitet. Dies geschieht zum Beispiel durch die Einzahlung auf Bankkonten, den Besuch von Kasinos oder den Kauf von Luxusartikeln. In der zweiten Phase („Layering") versucht der Geldwäscher die Spuren zu verwischen. Hierzu schiebt er das Kapital in einer Vielzahl von Transaktionen hin und her. Oft kommt es zum Beispiel zu Scheingeschäften und Auslandszahlungen in sogenannte Steueroasen. Ist die Herkunft des Geldes nicht mehr nachvollziehbar, wird es wie „sauberes" Kapital eingesetzt, etwa zum Kauf von Immobilien oder Lebensversicherungen.

In Deutschland setzt Geldwäsche eine Vortat voraus. Dabei kann es sich um Steuerhinterziehung handeln. Natürlich dürfte ein kleiner Steuersünder, der seine Zinserträge auf seinem Luxemburger Konto nicht ordnungsgemäß deklariert hat, nicht gleich in den Dunstkreis der Geldwäscherei und des organisierten Verbrechens gerückt werden. Liegt allerdings ein Fall der beschriebenen gewerbsmäßigen Steuerhinterziehung vor, die der Gesetzgeber bekanntlich als Verbrechen einstuft, kann die Situation schon anders aussehen. Sogar die wiederholte Hinterziehung von Beiträgen zur Sozialversicherung stellt unter Umständen eine gewerbsmäßige Betrugshandlung und somit eine Vortat zur Geldwäsche dar. In der Schweiz gilt übrigens eine andere Regelung: Für die eidgenössischen Behörden ist Steuerhinterziehung keine Vortat zur Geldwäsche.

Das deutsche Geldwäschegesetz weist eine für den Beschuldigten bisweilen fatale Besonderheit auf: Bei Geldwäscheverdachtsanzeigen nimmt grundsätzlich die Staatsanwaltschaft die Verfolgung auf, die sich schärferer Methoden bedienen kann als etwa das Finanzamt. Interessant erscheint in diesem Zusammenhang Paragraph 11 Abs. 5 des Geldwäschegesetzes. Er ermächtigt die Behörden, im Zuge der Verdachtsanzeige gewonnene Erkenntnisse im Besteuerungsverfahren und im Strafverfahren wegen Steuerstraftaten zu verwenden. Dies gilt sogar dann, wenn der Vorwurf der Geldwäsche nicht nachgewiesen werden kann und keine Verurteilung erfolgt. In Österreich, Luxemburg, der Schweiz sowie im Fürstentum Liechtenstein ist dies ausgeschlossen. In den Verdacht der Geldwäscherei kommt man übrigens viel schneller, als viele glauben. Häufige Transaktionen und Bareinzahlungen in vier- oder gar fünfstelliger Größenordnung machen die Banken, die nach dem Gesetz einen „Geldwäschebeauftragten" unterhalten müssen, auf den betreffenden Kunden aufmerksam. Die gespeicherten Daten können dann jederzeit von der Steuerfahndung abgerufen werden.

Die Banken seien heute nicht nur Inkassobüro für die Finanzämter, sondern über das Geldwäschebekämpfungsgesetz eng in die Strafverfolgung eingebunden, kritisiert der süddeutsche Privatbankier Christoph Breunig. „Jeder dürfte dafür sein, das Waschen von Geld mit kriminellem Hintergrund zu unterbinden und die Verantwortlichen zur Rechenschaft zu ziehen. Doch die Auswüchse, die wir im Zusammenhang mit dem Geldwäschebekämpfungsgesetz seit einigen Jahren erleben, haben nichts mehr mit einer effizienten Verbrechensbekämpfung zu tun, aber viel mit der Befriedigung von Neidkomplexen", kritisiert Breunig.

Dass die Behörden mitunter sehr eilfertig Geldwäschedelikte unterstellen, hat einen ganz simplen Grund. Dieser Vorwurf erweist sich als ideales Einfallstor, um alle Vermögensverhältnisse des betreffenden Steuerbürgers bis ins kleinste Detail unter die Lupe nehmen zu können.

„Der rote Bogen" oder: Die manchmal etwas martialische Sprache der Steuerbehörden

Warum sind die meisten Gerichte in monumentalen Gebäuden untergebracht? Weshalb finden die Verhandlungen in großen Sälen mit hohen Decken statt? Kunsthistoriker kennen die Antwort: Sie sprechen von „Einschüchterungsarchitektur". Schon in den vergangenen Jahrhunderten neigte der Staat dazu, Menschen, die angeblich oder tatsächlich gegen die Gesetze verstoßen hatten, seine Macht spüren zu lassen – und zwar nicht nur durch die Verhängung von Strafen. Bereits während der Verhandlung vor Gericht sollte der Angeklagte seine unangenehme Lage spüren: Hier die strafende Staatsgewalt in ihren Justizpalästen, dort der gedemütigte Übeltäter, der sich in einem solchen Umfeld erst recht ganz klein fühlen muss.

Soweit ein kurzer Ausflug in die Architekturgeschichte. Doch nicht nur die Bauwerke sollten fehlgeleitete Bürger einschüchtern, auch die bisweilen äußerst martialische Sprache trug ihren Teil dazu bei. Vieles mag mittlerweile bürgerfreundlicher klingen, doch sogar heute lässt die Staatsmacht den Bürger den Ernst der Lage nicht zuletzt durch die Wahl der Worte spüren. „Wenn das Finanzamt einen Brief plötzlich nicht mehr mit der Höflichkeitsfloskel ‚Mit freundlichen Grüßen', sondern mit einem distanzierten ‚Hochachtungsvoll' beendet, wird's langsam eng", interpretierte ein Journalist schon vor einigen Jahren das subtile Wording der Behörden. Am Ende stehen dann die Steuerstrafe und die Vollstreckung, wenn die Steuerschulden nicht gezahlt werden können. Fürwahr, keine sehr freundlich klingenden Begriffe. Mancher denkt da unwillkürlich an den polnischen Aphoristiker Stanislaw Jerzy Lec, der einmal die Frage stellte, ob es denn purer Zufall sei, dass allein schon das Paragraphenzeichen wie ein Folterwerkzeug anmute.

Gefürchtet unter Steuersündern ist ein weiterer Begriff aus dem rhetorischen Arsenal der Finanzbehörden: der „Rote Bogen". Eigentlich handelt es sich dabei lediglich um ein rotes Formular, doch der Inhalt kann es in sich haben. Zum „Roten Bogen" greift der Betriebsprüfer, wenn er auf Umstände gestoßen ist, die auf eine Steuerstraftat oder Steuerordnungswidrigkeit hindeuten. Meist wird in solchen Fällen schon während der Betriebsprüfung ein entsprechendes Verfahren durch die Bußgeld- und Strafsachenstelle (BuStra) des Finanzamts eingeleitet. Nach Abschluss der Prüfung schreibt der Prüfer dann nicht nur den üblichen Schlussbericht, den auch der Steuerbürger zu sehen bekommt, sondern daneben besagten „Roten Bogen" an die Kolleginnen und Kollegen von der BuStra. Nach Auslegung der Finanzbehörden handelt es sich dabei um einen internen Vorgang, weshalb der Steuerzahler nicht direkt erfährt, was in diesem häufig folgenschweren Schreiben steht. Allerdings hat der Anwalt die Möglichkeit der Akteneinsicht.

Der „Rote Bogen" ist in drei Abschnitte gegliedert. Im ersten Teil macht der Prüfer bzw. die Prüferin Angaben zum objektiven Tatbestand. Zum Beispiel: Welche Steuer wurde in welchem Zeitraum und auf welche Weise verkürzt?

Im zweiten Absatz geht es um den subjektiven Tatbestand. Diese Stellungnahme kann zum einen über die wichtige Frage entscheiden, ob tatsächlich Vorsatz vorliegt. Zum zweiten haben diese Ausführungen in den meisten Fällen Auswirkungen auf das Strafmaß. In diesem Abschnitt macht der Prüfer Angaben zum Umfang der Schuld des ertappten Steuersünders: War er allein tätig, oder sind weitere Personen (Ehefrau, Mitarbeiter usw.) involviert? Über welche steuerlichen Kenntnisse verfügt der Beschuldigte, sind besondere wirtschaftliche oder persönliche Verhältnisse zu berücksichtigen (zum Beispiel Krankheiten)?

Im dritten Teil werden eventuelle Beweismittel genannt, die in einem Steuerstrafverfahren relevant sein könnten, also beispielsweise bestimmte Dokumente der Zeugenaussagen.

Auf einen Blick

Steuerhinterziehung setzt grundsätzlich Vorsatz voraus. Ansonsten kann es sich allenfalls um eine Steuerordnungswidrigkeit handeln.

Liegt eine Hinterziehung vor, kommt die Angelegenheit vor ein Strafgericht. Bei einer Ordnungswidrigkeit verhängt das Finanzamt eine Geldbuße.

Bei einer Ordnungswidrigkeit ist der Betreffende nicht vorbestraft.

Vorsicht bei gewerbsmäßiger Steuerhinterziehung. Hier drohen exorbitante Strafen und gegebenenfalls der Vorwurf der Geldwäsche.

Liegt eine gewerbsmäßige Steuerhinterziehung vor, gilt der verurteilte Täter als Verbrecher.

Auch Beihilfe und Anstiftung zur Steuerhinterziehung sind strafbar.

6 Risk-Management: Welche Auswege sind möglich?

Überlegt handeln und nichts überstürzen

Dieses Buch soll – wie eingangs betont – vor allem präventiv wirken und Steuerpflichtige erst gar nicht in Versuchung führen, den Fiskus zu beschummeln. Doch mitunter ist es bereits zu spät. Im günstigsten Fall hinterzieht ein Steuerzahler bereits seit mehreren Jahren, ohne bisher erwischt worden zu sein. Im Worst Case jedoch droht die Sache zum Beispiel angesichts einer anstehenden Betriebsprüfung aufzufliegen. Was ist in dieser Situation zu tun, wie kann der Betroffene reagieren, um einer möglichen Bestrafung zu entgehen? Die Antwort mag im ersten Moment nicht eben befriedigend klingen: Es gibt kein allgemeingültiges Patentrezept. Jeder Einzelfall muss separat geprüft werden. Generell gilt: Erscheint die Aufdeckung einer Hinterziehung unabwendbar, sind die „Beichte" gegenüber dem Steuerberater und die Einschaltung eines versierten Anwalts dringend zu empfehlen. Ahnt der Fiskus hingegen noch nichts von den diskreten Konten im Ausland oder von der kreativen Buchführung, könnte das „Outing" gegenüber dem Steuerberater problematische Folgen haben. Dieser wird, um sich nicht selbst dem Verdacht der Beihilfe auszusetzen, seinem Mandanten in jedem Fall zur Selbstanzeige raten. Das erspart dem Steuersünder zwar vermutlich eine Strafe, dennoch muss er hohe Summen nachzahlen und gilt beim Fiskus als schwarzes Schaf, das fortan Jahr für Jahr bis zum Exzess geprüft wird.

Bereits an dieser Stelle sei festgestellt: Eine Selbstanzeige macht in den meisten, aber nicht in allen Fällen Sinn. Wer weiß, dass er das Finanzamt beschummelt hat, sollte daher zunächst sein eigenes Gewissen befragen. Im Idealfall gelingt es, auf den Pfad der steuerlichen Tugend zurückzukehren, ohne dass der Fiskus jemals von den zuvor begangenen Sünden erfährt. Das erspart dem betreffenden Steuerbürger sowohl eine empfindliche Strafe als auch erhebliche

Steuernachzahlungen. Bei seiner ganz persönlichen Entscheidung in dieser höchst heiklen Angelegenheit sollte sich der Betroffene von drei Fragen leiten lassen:

1 Ist das Entdeckungsrisiko gering, zum Beispiel, weil das Geld in einer der wirklich diskreten Steueroasen (siehe Kapitel 10) angelegt wurde und weder Transaktionsspuren noch Mitwisser existieren?
2 Könnte die Steuersünde bald auffliegen oder besteht ein hohes Risiko, dass der Fiskus dahinterkommt? Droht der/die Ex-Partner(in) oder ein frustrierter Mitarbeiter, sich mit seinem/ihrem Wissen ans Finanzamt zu wenden?
3 Steht die Entdeckung unmittelbar und unabwendbar bevor, ist zum Beispiel eine Außenprüfung bereits angeordnet?

Das Risiko-Management hängt also neben der individuellen Nervenkraft in erster Linie von der persönlichen Situation des Betroffenen ab. Er sollte zunächst selbst mit sich ins Reine kommen und dann seine Strategie mit seinem Steuerberater oder Anwalt besprechen. Die folgenden Praxisbeispiele zeigen wertfrei die unterschiedlichen Optionen auf.

Der Coole: Nerven behalten und das Beste hoffen

Horst K., leitender Angestellter aus dem Großraum Ulm, hat von seiner Mutter einen nicht unbeträchtlichen Geldbetrag geerbt. Er fand den Schatz gut versteckt im Schrank der alten Dame. Horst K. vermutet, dass es sich um Schwarzgeld seines einige Jahre zuvor verstorbenen Vaters handelte. Eigentlich hätte der Erbe das Geld dem Finanzamt melden und gegebenenfalls nachversteuern müssen. Da die Summe aber nirgendwo erfasst war, beschloss Horst K., die Erbschaft steuerschonend in Österreich anzulegen. Für die dort vereinnahmten Zinsen zahlt er die derzeit gültige Abgeltungssteuer von 15 Prozent (dieser Satz wird in den kommenden Jahren allerdings deutlich steigen). Hier in Deutschland würde der Besserverdiener Horst K. hingegen mit einem deutlich höheren Steuersatz zur Kasse gebeten. Natürlich plagt den „Steueroptimierer" mitunter das schlechte Gewissen. Doch dann wägt er nüchtern die Risiken ab. Von dem Geld wissen nur seine Frau und er. Schriftliche Aufzeichnungen existieren nicht, das Finanzamt hat keine Ahnung. Und Horst K. weiß, dass sein Geld in Österreich gut aufgehoben ist. Denn im Gegensatz zu Deutschland gilt das Bankgeheimnis dort noch etwas. Es hat sogar Verfassungsrang.

Die Gefahr, jemals entdeckt zu werden, erscheint somit sehr gering. Horst K. wähnt sich auf der sicheren Seite und denkt gar nicht daran, etwa in Form einer Selbstanzeige sein Gewissen zu erleichtern. Unter den gegebenen Umständen würde dies in der Tat wenig sinnvoll erscheinen. Dennoch bleiben naturgemäß Restrisiken. Trennt sich das Paar zum Beispiel einmal im Streit, kann die Ex-Frau Horst K. in erhebliche Schwierigkeiten bringen, wenn nicht sogar in den finanziellen Ruin treiben, indem sie ihr Wissen über die geheimen Konten an die Steuerfahndung weitergibt. Selbst das strenge österreichische Bankgeheimnis hilft dem diskreten Anleger dann nicht mehr. Denn sobald ein Steuerstrafverfahren eingeleitet wurde, müssen über den Umweg der Rechtshilfe selbst die Banker aus der ansonsten verschwiegenen Alpenrepublik ihre Bücher öffnen.

Kurzum, Horst K. geht ein Risiko ein, das ihm überschaubar erscheint. Die Alternative wäre, einen großen Teil des geerbten Geldes an den Fiskus abzuführen. Dennoch muss sich der Steuersünder darüber im Klaren sein, dass mit jedem Tag, an dem er dem Fiskus diese Erbschaft verschweigt, die Folgen einer möglichen Entdeckung teurer werden. Schließlich kann das Finanzamt Steuern für einen Zeitraum von bis zu zehn Jahren nachfordern. Hinzu kommen Verzugszinsen in Höhe von 6 Prozent pro Jahr. Und die Strafe dürfte ebenfalls erheblich ausfallen, da es Horst K. vermutlich nicht gelingen würde, den Vorwurf des Vorsatzes zu widerlegen.

Mit anderen Worten, der Steuersünder muss damit rechnen, dass im Ernstfall sehr hohe Forderungen auf ihn zukommen können, die nicht nur sein diskretes Erbe aufzehren, sondern zudem an seine wirtschaftliche Substanz gehen könnten. Er sollte also ausreichende Rückstellungen bilden, um notfalls die Forderungen des Fiskus befriedigen zu können.

Die Strategin: Geschickt auf Zeit spielen

Katharina B., gut verdienende und steuerlich stark belastete Single-Frau aus dem Großraum Dresden, hat einen Teil ihrer nicht unbeträchtlichen Ersparnisse bei einer österreichischen Bank angelegt. Ihre Kapitalerträge halten sich zwar in Grenzen, doch darum geht es der PR-Beraterin gar nicht. Sie möchte ihr Geld vielmehr in erster Linie vor den neugierigen Blicken deutscher Finanzbeamter verstecken. Die 2005 eingeführte Möglichkeit der automatisierten Kontenabfrage hat Katharina B. nachträglich in ihrem Beschluss bestärkt, ihr Geld dort anzulegen, wo man sich auf das Bankgeheimnis noch verlassen kann. Dass sie bei ihrer Bank im benachbarten Ausland geringere Zinsen bekommt, als im Inland zu realisieren wären, nimmt sie in Kauf, zumal die Besteuerung in Österreich in den meisten Fällen derzeit noch deutlich geringer ausfällt als in Deutschland. Die Beraterin weiß natürlich, dass sie ihre in Österreich erhaltenen Zinsen in ihrer Steuererklärung angeben müsste, doch dann wäre es vorbei mit der diskreten Anlage. Also verschweigt Katharina B. diese Einnahmen.

Nachdem aber einer ihrer Mitarbeiter ins Visier der Steuerfahnder geraten war und Katharina B. nun zumindest indirekt miterlebte, wie die Behörden mit einem Steuersünder umspringen, bekommt sie ein schlechtes Gewissen. Einerseits möchte sie zwar das diskrete Konto in Österreich behalten – denn schließlich braucht ihr Finanzamt nicht zu wissen, was sie im Laufe der Zeit „auf die hohe Kante" gelegt hat. Auf der anderen Seite möchte sie aber unbedingt ihr Risiko minimieren. Dieser Wunsch wird noch stärker, als sie in verschiedenen Anlegermagazinen liest, dass in bestimmten Fällen sogar die österreichischen Banker Auskünfte über ihre ausländischen Kunden geben müssen. Da aus Sicht von Katharina B. aktuell keine Gefahr droht, spielt sie auf Zeit. Zunächst lässt sie ihr Guthaben bei der österreichischen Bank von einem verzinsten Tagesgeldkonto auf ein unverzinstes Girokonto transferieren. Der

Grund ist einfach: Jeder Deutsche darf so viele Auslandskonten unterhalten wie er möchte. Das geht den deutschen Fiskus nichts an und ist erst recht natürlich nicht strafbar. Für Katharina B. besteht mithin keine Verpflichtung, ihr Auslandskonto in ihrer Steuererklärung zu erwähnen. Das muss sie nur so lange, wie sie für ihre Geldanlage in Österreich Zinsen erhält. Selbst wenn sich das Nachbarland dem europaweiten Austausch von Kontrollmitteilungen über Kapitalerträge eines Tages anschließen sollte (was manche Experten durchaus für möglich halten), hat Katharina B. zunächst nichts zu befürchten. Denn dort, wo keine Kapitalerträge fließen, machen Kontrollmitteilungen keinen Sinn.

Allerdings muss die PR-Beraterin einen langen Atem haben, denn erst nach zehn Jahren darf sie sich beruhigt zurücklehnen. Dann ist ihre Schummelei steuerrechtlich verjährt. Steuerstrafrechtlich kann ihr der Fiskus bereits nach fünf Jahren nichts mehr anhaben. Sollten die Finanzbehörden allerdings in der Zwischenzeit auf die in der Vergangenheit nicht deklarierten ausländischen Kapitalerträge aufmerksam werden, muss Katharina B. Steuern samt Zinsen nachzahlen. Diese Strategie des „Aussitzens" ist daher ebenfalls mit Restrisiken behaftet.

Der Vabanque-Spieler: Immer die Hand an der Notbremse

Der Einzelunternehmer Oliver Z. betreibt seit einigen Jahren einen kleinen Internethandel. Da die Verdienstspannen recht eng sind, reichen die Netto-Erträge gerade mal aus, um ein bescheidenes Leben zu führen. Doch Oliver Z. möchte sich als Ausgleich für seine 80- bis 90-Stunden-Wochen ab und an gern mal etwas Luxus leisten. Daher lässt er manche schwer nachvollziehbaren Betriebseinnahmen einfach unter den Tisch fallen und sichert sich auf diesem Weg ein paar Tausend Euro pro Jahr am Staat vorbei. Der Unternehmer weiß zwar, dass er dem Fiskus auf diese Weise Steuern vorenthält, aber er wähnt sich auf der sicheren Seite. Schließlich rechnet er nicht damit, irgendwann einmal Besuch vom Finanzamt zu bekommen.

Fatalerweise hat ihn sein Steuerberater in dieser irrigen Annahme bestärkt, als er seinem Mandanten gleich nach dessen Start in die Selbstständigkeit mit auf den Weg gab: „Wenn Ihre Geschäftszahlen einigermaßen plausibel sind und Sie bisher keine Probleme mit dem Finanzamt hatten, wird es bei Ihnen mit 90-prozentiger Sicherheit niemals zu einer Betriebsprüfung kommen."

Inzwischen weiß Oliver Z. von Kollegen, dass dies ein schlechter Rat war. Gerade die kleinen und mittelständischen Unternehmen prüft das Finanzamt mit besonderer Vorliebe, weil dort angeblich am meisten geschummelt wird. Außerdem können sich kleine und mittelständische Betriebe kaum wehren. Weder haben sie die nötigen finanziellen Ressourcen, um sich über längere Zeit teure Anwälte und Steuerberater leisten zu können, noch ist es ihnen möglich, wie die Großkonzerne mal eben damit zu drohen, die Konzernverwaltung ins freundlichere Ausland zu verlegen.

Was also tun? Natürlich hat Oliver Z. von der Chance einer strafbefreienden Selbstanzeige gehört, doch weiß er, dass er in diesem Fall innerhalb relativ kurzer Zeit hohe Beträge an das Finanzamt nachzahlen müsste. Diese würden seine gesamten Rücklagen aufzehren und er lebte gleichsam von der Hand in den Mund.

Also beschließt der Unternehmer, die Schummelei sofort zu beenden. Vielleicht würden die Sünden der Vergangenheit nicht auffallen und nach ein paar Jahren verjähren. Doch schon bald stellt Oliver Z. fest: Auch diese auf den ersten Blick lobenswerte Idee bringt Nachteile mit sich. Erstens erhöhen sich seine Betriebseinnahmen mit einem Schlag erheblich, was das Finanzamt unmittelbar auf seine Fährte führen könnte. Und zum anderen hat sich der Unternehmer mittlerweile an das bisschen Luxus in seinem Leben gewöhnt. Darauf verzichten, nur damit der Staat noch mehr Geld kassiert und für unnütze Dinge verprassen kann? Das sieht Oliver Z. nicht ein – und spielt fortan Vabanque: Er kassiert immer höhere Beträge, ohne sie in seinen Steuererklärungen zu deklarieren. Tief im Innersten befürchtet er jedoch irgendwann ein böses Erwachen. Aber weshalb sorgenvoll an morgen denken, wenn man heute ein genussvolles Leben führen kann?

Dennoch ist der Unternehmer auf den „Tag X" vorbereitet. Sollte das Finanzamt eine Betriebsprüfung anordnen, bleibt noch genug Zeit, um gleichsam in letzter Minute die Reißleine zu ziehen und eine strafbefreiende Selbstanzeige zu stellen. Dies ist so lange möglich, bis der Betriebsprüfer die Räume der Firma betreten hat. Da aber zwischen der Ankündigung einer Außenprüfung und deren Beginn in aller Regel zwei bis vier Wochen vergehen, bleibt Oliver Z. noch ausreichend Zeit, um vor seinem Steuerberater eine Beichte abzulegen und gegenüber dem Finanzamt eine Berichtigungserklärung abzugeben. Hat der Prüfer indessen bereits mit seiner Arbeit begonnen, ist dieser Weg versperrt.

Diese Strategie zielt somit ausschließlich darauf ab, ein Steuerstrafverfahren zu vermeiden. Werden bei der Selbstanzeige keine Fehler begangen (auf dieses Thema werden wir gleich näher eingehen), stehen die Chancen gut, dass Oliver Z. in dieser Hinsicht ungeschoren davonkommt.

Allerdings muss der Unternehmer mit einer erheblichen Steuernachzahlung plus Zinsen rechnen, die zur Wirksamkeit der strafbefreienden Selbstanzeige in kurzer Zeit – meist innerhalb von wenigen Wochen – fällig werden. Hat Oliver Z. bis zum Tag der Wahrheit das Finanzamt über mehrere Jahre hinweg beschummelt, kommt da schnell eine Summe zusammen, die ihn wirtschaftlich überfordert. Der Unternehmer spielt Vabanque – und sein Einsatz erscheint sehr hoch: Immerhin setzt er seine Existenz aufs Spiel.

Sollte Oliver Z. gar über mehrere Jahre hinweg hohe Summen hinterzogen haben, kann ihm dies unter Umständen sogar als gewerbsmäßige Steuerhinterziehung ausgelegt werden. Dann schützt ihn die Selbstanzeige nicht mehr vor Strafe. Sie wird allenfalls noch als Strafmilderungsgrund anerkannt.

Der reuige Sünder:
Die Selbstanzeige als Notausgang

Gregor F., geschäftsführender Inhaber einer mittelständischen Werbeagentur, schlief in dieser Nacht besonders schlecht. Am Abend zuvor war es zu einem handfesten Streit mit seiner langjährigen Lebensgefährtin Nadine D. gekommen. Dass Gregor genau das ist, was man gemeinhin als „Frauenheld" bezeichnet, wusste Nadine. Nicht von ungefähr beschäftigte der Agenturchef nur attraktive Damen. Als er seiner Lebensgefährtin dann aber eine bereits seit längerem bestehende intime Beziehung zu seiner Cheftexterin beichtete, flippte Nadine förmlich aus. Tief gekränkt packte sie ihre Sachen und verließ die gemeinsame Wohnung, nicht ohne Gregor noch mal tüchtig einzuheizen: „Du solltest Dich warm anziehen, mein Lieber. Du weißt ja hoffentlich noch, dass meine Freundin Sabine beim Finanzamt arbeitet."

Das hatte gesessen. Und genau deshalb machte Gregor in dieser Nacht kein Auge zu. Nadine war natürlich nicht verborgen geblieben, dass ihr Ex-Lebensgefährte ein diskretes Konto in Luxemburg unterhielt und über Jahre hinweg fünfstellige Zinserträge am Fiskus vorbei kassierte. Würde sie tatsächlich so gemein sein und ihn denunzieren? Das Risiko war immerhin groß, schließlich arbeitete ihre Freundin tatsächlich als Sachgebietsleiterin beim Finanzamt.

Am nächsten Morgen fühlte sich Gregor F. wie gerädert. In der Agentur angekommen, vereinbarte er sofort einen Termin mit seinem Anwalt, dem er sein Herz ausschüttete und auch die Unterlagen über das diskrete Konto vorlegte. Eine knifflige Situation. Sollte sich Gregor F. mit einer Selbstanzeige selbst ans Messer liefern, um zumindest einer Bestrafung zu entgehen? Oder war die Drohung seiner Ex-Lebensgefährtin doch nicht so ernst zu nehmen? Immerhin stand viel auf dem Spiel: Bei einer Selbstanzeige würde der Agenturchef mindestens 200.000 Euro Steuern zuzüglich Zinsen nachzahlen müssen. Und das innerhalb kurzer Zeit. Dann würden seine Rücklagen um mindestens die Hälfte zusammenschmelzen. Außerdem stünde er für Jahre hinweg in der „Sünderkartei" der Bußgeld- und Strafsachenstelle seines Finanzamts und müsste mit besonders strengen Kontrollen rechnen.

Gregor F. entschied sich nach dem Gespräch mit seinem Anwalt schweren Herzens zu einer Selbstanzeige. Und das war gut so. Denn die gedemütigte Ex-Lebensgefährtin war fest entschlossen, Gregor büßen zu lassen. Schon am nächsten Tag schwärzte sie ihn beim

Fiskus an. In der Konsequenz führte dies bei Gregor zwar zu einem erheblichen finanziellen Aderlass und vielen unangenehmen Gesprächen mit den Finanzbehörden, doch zumindest blieb ihm eine Strafe erspart, die angesichts der hinterzogenen Steuern recht hoch ausgefallen wäre.

Steuerberater, Anwälte und andere Steuerexperten raten dringend, diesen letzten Ausweg zu wählen. Fast scheint es, als sei die Selbstanzeige, die es allein im Steuerstrafrecht gibt, ein Allheilmittel für reuige Sünder. Letztlich ist eine Selbstanzeige nichts anderes als eine Nacherklärung (weshalb der Begriff „Selbstanzeige" in der Korrespondenz mit dem Finanzamt tunlichst vermieden werden sollte). Der reuige Sünder gibt an, welche Einnahmen (Betriebseinnahmen, Kapitalerträge o.Ä.) er in welchen Jahren nicht erklärt hat. Die entsprechenden Summen muss er durch Belege nachweisen. Daraufhin erhält er vom Finanzamt einen geänderten Bescheid und zahlt die hinterzogenen Steuern samt Zinsen nach. Hat der Steuerbürger alles richtig gemacht, braucht er keine Strafe zu fürchten. Allerdings werden die Damen und Herren vom Finanzamt in den folgenden Jahren ein sehr wachsames Auge auf ihn werfen.

Doch leider geht die Rechnung nicht immer auf, weshalb unbedingt ein erfahrener Steuerberater oder Anwalt mit der heiklen Aufgabe einer Selbstanzeige betraut werden sollte. Grundsätzlich nicht mehr möglich ist die strafbefreiende Selbstbezichtigung, wenn das Finanzamt bereits von den Schummeleien weiß oder mit einer Betriebsprüfung begonnen wurde. In diesen Fällen bleibt dieser letzte Ausweg verschlossen. Dennoch kann es Sinn machen, auch bei bereits laufenden Betriebsprüfungen über eine Selbstanzeige nachzudenken. Angenommen, laut Prüfungsordnung sollen die Jahre 2003 bis 2005 unter die Lupe genommen werden. Schon nach wenigen Stunden entdeckt der Kontrolleur Unkorrektheiten. Da der Unternehmer weiß, dass er nach derselben Masche schon zwischen 2000 und 2002 den Fiskus austrickste, entschließt er sich nach Rücksprache mit seinem Steuerberater zu einer Selbstanzeige.

Auch diese Entscheidung war richtig, denn der Unternehmer musste mit großer Sicherheit davon ausgehen, dass die Prüfungsordnung auf die Jahre davor erweitert werden würde. Haben die

Prüfer erst einmal ein Opfer an der Angel, lassen sie es so schnell nicht los. Eine Selbstanzeige war in diesem Fall noch möglich, da für die betreffenden Jahre 2000 bis 2002 noch keine Prüfungsanordnung vorlag. Der Steuersünder ist den Prüfern zuvorgekommen. Zwar muss er für fünf Jahre Steuern nachzahlen und Zinsen entrichten, bestraft werden kann er jedoch nur für die Veranlagungszeiträume 2003 bis 2005. Das heißt, bei der Strafzumessung werden nur die in diesen Jahren hinterzogenen Steuern berücksichtigt. Mit seiner Selbstanzeige hat der Unternehmer zumindest eine etwas mildere Sanktion erreicht.

Doch sei nicht verschwiegen, dass viele Experten vor einer voreiligen Selbstanzeige warnen. Immerhin wird der Betreffende durch Steuernachzahlungen und Zinsen erheblich zur Kasse gebeten. Und mit seinem Image steht es beim Finanzamt ebenfalls nicht mehr zum Besten. In der Kirche mag zwar die Maxime gelten, dass im Himmel mehr Freude über einen reuigen Sünder als über 99 Gerechte herrsche, doch für den Fiskus gilt das nicht. Dort geht man eher nach dem Motto „Einmal Hinterzieher – immer Hinterzieher" vor und kontrolliert ertappte Steuersünder in den Folgejahren besonders intensiv. Ist die Gefahr sehr gering, dass die Hinterziehung jemals auffliegen wird (dafür gibt's natürlich keine Garantie), will eine Selbstanzeige gut überlegt sein. In letzter Konsequenz muss der Steuerzahler dies mit seinem eigenen Gewissen vereinbaren.

Empfehlenswert ist die Selbstanzeige immer dann, wenn

- die Höhe der hinterzogenen Steuern eine Freiheitsstrafe wahrscheinlich macht (kritisch wird es meist ab einem Betrag von über 500.000 Euro)
- die Hinterziehung bei einer angekündigten Betriebsprüfung aufzufliegen droht
- dem Finanzamt bereits Unregelmäßigkeiten in anderen Jahren aufgefallen sind und nun mit weitergehenden Prüfungen und anderen Fahndungsmaßnahmen zu rechnen ist
- Mitwisser vorhanden sind und diese damit drohen, den Steuersünder zu denunzieren

- ausreichende finanzielle Mittel vorhanden sind, um die Steuerschulden samt Zinsen kurzfristig zurückzuzahlen. Denn nur in diesem Fall wird die strafbefreiende Selbstanzeige wirksam. Welche Frist das Finanzamt dem Steuerbürger einräumt, hängt vom Einzelfall ab. Als Obergrenze gelten im Allgemeinen sechs Monate, häufig bleibt dem Betroffenen aber deutlich weniger Zeit.

Wie bereits erwähnt, sollte eine Selbstanzeige nach Möglichkeit von einem Fachanwalt oder Steuerberater eingereicht werden, denn schon kleine Fehler und Ungenauigkeiten können dazu führen, dass die Selbstbezichtigung nicht zur erhofften Straffreiheit führt. Wer sein „Outing" gegenüber dem Finanzamt dennoch lieber selbst zu Papier bringen möchte, sollte unbedingt folgende Tipps beachten:

1 Vorsicht mit den Begriffen „Selbstanzeige" und „Hinterziehung". Das sind Reizwörter, auf die viele Finanzbeamte geradezu mit pawlowschen Reflexen reagieren. Die Selbstanzeige sollte daher als „Berichtigungserklärung" deklariert werden. Statt dem Geständnis: „Ich habe im Jahr 2004 circa 30.000 Euro Steuern hinterzogen" sollte man besser formulieren: „Versehentlich habe ich im Jahr 2004 Kapitaleinkünfte in Höhe von 90.000 Euro nicht deklariert". Das Finanzamt interessiert sich nicht für die Höhe der hinterzogenen Steuern – die werden die Beamten selbst berechnen –, sondern ausschließlich für den nicht erklärten Betrag.
2 Der Steuerzahler muss dem Finanzamt Unterlagen vorlegen, aus denen die nicht erklärten Einnahmen eindeutig hervorgehen. Geschieht dies nicht, bleibt die Selbstanzeige wirkungslos.
3 Liegen noch keine konkreten Unterlagen vor, weil zum Beispiel die Bankbelege neu erstellt werden müssen, sollte man in der Selbstanzeige die Höhe der nicht erklärten Beträge schätzen und dabei zugunsten des Fiskus großzügig aufrunden. Das mag im ersten Moment etwas seltsam klingen, aber eine zu niedrige Schätzung kann zur Unwirksamkeit der Selbstanzeige führen. Liegen die Schätzungen hingegen über den tatsächlichen Beträgen, hat dies für den Steuerzahler keine Konsequenzen. Er zahlt

in jedem Fall nur die für die tatsächlich nicht deklarierten Einnahmen anfallenden Steuern plus Zinsen. Darüber hinaus kann beantragt werden, aus steuerstrafrechtlichen Gründen rein vorsorglich die geschätzte Summe mit einem Sicherheitszuschlag von 100 Prozent zu belegen. So ist der Steuerzahler auf der sicheren Seite. Liegen die Unterlagen vor, werden diese dem Finanzamt nachgereicht.

4 Wenn schon, denn schon, sollte die Devise lauten. Entschließt sich ein Steuersünder zur Selbstanzeige, so sollte er sich vollständig offenbaren. Wer die Kapitalerträge auf seinem österreichischen Konto angibt, die Dividendeneinnahmen aus seinem Luxemburger Depot aber verschweigt, riskiert ebenfalls die Ungültigkeit seiner Selbstanzeige, sobald die Finanzbehörde hinter das zweite diskrete Konto kommt.

5 Bei einer gewerbsmäßigen Steuerhinterziehung (Paragraph 370 a AO) tritt bei einer Selbstanzeige keine Strafbefreiung, sondern lediglich eine Strafmilderung ein.

MUSTERBRIEF SELBSTANZEIGE

An das

Finanzamt Plünderstadt

Veranlagungsbezirk

Schröpfallee 12

12345 Plünderstadt

Sehr geehrte Damen und Herren,

bei einer erneuten Durchsicht meiner Unterlagen stellte ich fest, dass ich bedauerlicherweise folgende Einnahmen nicht erklärt habe:

Veranlagungszeitraum	Betrag der Einnahmen	Art der Einnahmen
2003	10.000 €	Honorare für Werbetexte
2004	20.000 €	Honorare für Werbetexte

| 2005 | 2.500 € | Zinsen |

Mit freundlichen Grüßen

Adelheid Reuig

Auf einen Blick

Eine Selbstanzeige macht in den meisten, aber nicht in allen Fällen Sinn.

Mit jedem Jahr, in dem die Hinterziehung andauert, steigen die Risiken und vor allem die bei einer Aufdeckung drohenden Konsequenzen.

Bei einem Konto im diskreten Ausland kann es ratsam sein, das dort vorhandene Kapital zinsfrei anzulegen. Denn dort, wo keine Kapitalerträge fließen, gibt es in der Regel keine grenzüberschreitenden Kontrollmitteilungen.

Von der Ankündigung bis zum Beginn einer Betriebsprüfung bleibt dem Steuersünder meist noch genug Zeit, eine Selbstanzeige zu stellen. Hat die Prüfung indessen schon begonnen, ist es zu spät.

Mit der Formulierung einer Selbstanzeige sollte ein Fachmann (Anwalt oder Steuerberater) beauftragt werden.

Im Fall einer Selbstanzeige müssen die dem Finanzamt vorenthaltenen Steuern und Zinsen relativ kurzfristig zurückgezahlt werden.

7 Psychologische Tipps für den Ernstfall

Nicht den Kopf verlieren – möglichst cool bleiben

Die Einleitung eines Steuerstrafverfahrens, die eventuelle Durchsuchung von Wohnung und Büros, ständig neue Drohbriefe von den Steuerbehörden, das Getuschel von Nachbarn und Kollegen, die Angst, wirtschaftlich am Abgrund zu stehen: Selbst Menschen, die ansonsten für ihr „dickes Fell" bekannt sind, leiden psychisch und physisch unter diesem Stress. Hinzu kommt die Aussicht auf eine Gerichtsverhandlung mit Verurteilung. Viele Menschen, die in eine Situation geraten, in der sie plötzlich als kriminelle Hinterzieher beschuldigt werden, führten zuvor eine bürgerliche Existenz und glänzten mit einer blütenweißen Weste. Doch dann, an irgendeiner Gabelung in ihrem Leben, wählten sie den falschen Weg. Manche aus Leichtfertigkeit („Das merkt doch keiner"), andere aus einer Art Notwehr, weil sie ihre überdurchschnittlichen Leistungen und Anstrengungen durch den rigiden fiskalischen Zugriff regelrecht bestraft sahen. Hinzu kommt, dass sich ein Steuerstrafverfahren in den meisten Fällen in die Länge zieht. Oft dauert es Monate, nicht selten sogar Jahre, bis der Betroffene wieder zur Ruhe findet. Manche sind dann finanziell ruiniert, leben von der Hand in den Mund und müssen die eigene Immobilie gegen eine Sozialbauwohnung tauschen. Keine sehr erbaulichen Aussichten, wenngleich es natürlich nicht in jedem Fall zum Worst Case kommen muss. Fest steht aber: Der Fiskus ist ein besonders rabiater Gläubiger, das berichten nicht nur die Schuldnerberater unisono.

Nicht jeder ist diesem Stress gewachsen, und daher besteht immer die Gefahr, dass zu den Schwierigkeiten mit dem Fiskus schon sehr bald gesundheitliche Probleme hinzukommen. In die Enge getrieben, ergreifen manche kopflos die Flucht. In extremen Fällen droht sogar Suizidgefahr. Da Deutschlands Finanzbeamte und Steuerfahnder nicht eben für besonders sensibles Vorgehen bekannt sind, bedarf es schon viel Nervenkraft und Stärke, um einen ernsten Streit mit den Finanzbehörden unbeschädigt zu überstehen.

Panikreaktionen jedoch führen zu keiner Lösung, sondern vergrößern die Probleme zusätzlich. Psychologisch ist es zwar durchaus nachvollziehbar: Wer mit dem Rücken zur Wand steht, will die Flucht ergreifen – entweder ins Ausland oder in den Alkohol. Doch beides kann fatale Folgen haben, auf die wir auf den nachfolgenden Seiten näher eingehen wollen.

Offen über Probleme sprechen

Ein erfahrener Anwalt oder Steuerberater kennt natürlich die Belastungen, denen ihr Mandant in einer solchen Situation ausgesetzt ist. Er wird daher mit viel Fingerspitzengefühl und Einfühlungsvermögen vorgehen und dem Betroffenen mögliche Lösungswege aufzeigen. Doch nicht alle verfügen über die Gabe, ihre Mandanten nicht nur steuerrechtlich und strafrechtlich zu beraten, sondern auch psychologisch auf sie einzuwirken. Der Steuerberater etwa, der seinem Mandanten am späten Freitagnachmittag und damit rechtzeitig vor dem Wochenende ein Fax ins Haus schickt, in dem er fein säuberlich die nicht erklärten Einnahmen auflistet, auf drohende „ernste Konsequenzen" hinweist und seinen Klienten in die Kanzlei zitiert, gehört sicher nicht eben zu den psychologischen Naturtalenten. Auch der Anwalt nicht, der seinen Mandanten mit dem Hinweis „Oh, das wird teuer" konfrontiert.

Doch wer bleibt außer dem Lebenspartner beziehungsweise der Lebenspartnerin, dem Steuerberater und gegebenenfalls dem Anwalt, bei dem der Steuersünder sein Herz ausschütten kann? Grundsätzlich sollten es Personen sein, die der Schweigepflicht unterliegen. Wer dem Druck nicht mehr gewachsen ist und psychische oder physische Probleme spürt oder von ihm nahestehenden Menschen darauf angesprochen wird, darf nicht länger zögern. In solchen Fällen ist medizinische oder professionelle psychologische Hilfe unverzichtbar. Der vom Fiskus Beschuldigte muss lernen, mit seiner Angst und seinen Sorgen einigermaßen umzugehen, ohne dass die Dinge weiter eskalieren.

Die Erfahrung zeigt jedoch, dass viele Steuersünder diesen Weg nicht gehen, weil sie sich schämen. Seinem Hausarzt beichten zu müssen, das Finanzamt beschummelt zu haben, ist in der Tat alles andere als angenehm, aber mitunter nicht zu vermeiden. Bei den meisten Zeitgenossen mag Steuerhinterziehung zwar als Kavaliersdelikt gelten, nicht aber die Entdeckung. Wem es hilft, kann seine fatale Lage mit einem Geistlichen besprechen, der ebenfalls der Schweigepflicht unterliegt. Natürlich lassen sich mit solchen Gesprächen nicht die Probleme aus der Welt schaffen, aber häufig gelingt es, den Druck abzubauen und dem Betroffenen wieder Mut zu machen.

Abgesehen von Gesprächen mit Menschen, die einem entweder sehr nahestehen oder von Berufs wegen der Schweigepflicht unterliegen, sollte absolute Diskretion gewahrt werden. Nur so lässt sich zumindest der Imageschaden begrenzen. Wenn es sich also vermeiden lässt: Kein Wort zu Kollegen, Geschäftspartnern oder Bekannten. Und wenn am Ende sogar die Steuerfahndung vor der Tür stehen sollte, hilft nur eins: die Damen und Herren möglichst schnell und diskret in die Wohnung bitten, um die Aufmerksamkeit der Nachbarn nicht noch zusätzlich zu wecken.

Doch schauen wir uns die gravierendsten Gefahren an, denen Menschen ausgesetzt sind, die sich von einer starken Macht in die Enge getrieben fühlen und oftmals keinen Ausweg mehr sehen.

Alkohol und Drogen sind keine Problemlöser

Wenn Florence S., Onlineredakteurin aus Norddeutschland, an die Jahre zwischen 1999 und 2001 zurückdenkt, kommt es ihr jedes Mal vor, als würde erneut ein Albtraum vor ihrem inneren Auge ablaufen. Ihr Mann Max hat als Freiberufler über Jahre hinweg das Finanzamt systematisch ausgetrickst. Florence kennt sich in Steuerfragen nicht aus und ahnte nichts von den gefährlichen Aktivitäten ihres Mannes, in dessen Geschäfte sie sich prinzipiell nicht einmischte. Es kam, wie es kommen musste: Bei einer Betriebsprüfung flog alles auf. Die Steuerbehörde leitete ein Steuerstrafverfahren ein, das Finanzamt forderte einen hohen sechsstelligen Betrag zurück, dem Freiberufler drohte im Extremfall sogar eine Gefängnisstrafe. Max war paralysiert. Er konnte nicht mehr konzentriert arbeiten und versuchte, seine Probleme mit Alkohol zu lösen. Schließlich griff er schon am frühen Morgen zur Flasche. Florence S. tat, was sie konnte, um diese fatale Schicksalsspirale zu stoppen, doch ihr Mann war für sie nicht mehr erreichbar. Stark betrunken verursachte er einen Unfall mit hohem Sachschaden. Die Versicherung zahlte nicht, Max verlor den Führerschein und wurde zu einer empfindlichen Geldstrafe verurteilt. Schließlich drohte sogar die Ehe zu scheitern, da Florence S. diese Belastung nicht mehr aushalten konnte – und irgendwann auch nicht mehr wollte.

Erst als Max spürte, dass ihm eine Scheidung von Florence ins Haus stand, reagierte er endlich, nahm therapeutische Hilfe für sein Alkoholproblem und anwaltliche Hilfe für sein Steuerproblem in Anspruch. Bis zu diesem Zeitpunkt hatte er lediglich seinem persönlichen Freund, dem Steuerberater, vertraut. Schnell stellte sich heraus, dass die Forderungen des Finanzamts – wie so häufig – total überzogen waren. Max kam mit einer Geldstrafe davon und zahlt seine Steuerschulden nun in Raten zurück. Das ist schwierig genug, deshalb hätte er sich den Unfall samt Führerscheinentzug und den Stress mit seiner Frau ersparen können. Der exzessive Alkoholkonsum hat seine persönliche Situation weiter verschlechtert. Immerhin zeigt sich Max heute zufrieden, dass er zumindest seine Ehe und in letzter Not sogar seine Firma retten konnte.

Hals über Kopf ins Ausland

Mancher, der angesichts seiner Probleme mit dem Fiskus nicht mehr weiterweiß, denkt an die Flucht ins europäische Ausland. Das wissen natürlich die Behörden und haben deshalb ein waches Auge auf entsprechende Anzeichen. Räumt der Betreffende zum Beispiel seine Konten leer, kann dies auf eine Fluchtvorbereitung hindeuten.

Vorsicht: Wurden höhere Summen hinterzogen, droht in diesem Fall Untersuchungshaft. Doch selbst, wenn die Behörden nichts mitbekommen und es dem Steuersünder gelingt, sich ins Ausland abzusetzen, löst das seine Probleme allenfalls für ein paar Wochen oder Monate. In den meisten Fällen handelt es sich nämlich um eine Kurzschlussreaktion, die der Flüchtling schon bald bereuen wird.

Es gibt prominente Beispiele (Jürgen Schneider oder Ludwig-Holger Pfahls), die belegen, dass selbst Flüchtlinge, die im Ausland über gute Kontakte verfügen, früher oder später den Fahndern ins Netz gehen. Nun dürfte wegen 50.000 Euro an hinterzogenen Steuern das Bundeskriminalamt sicher nicht monatelang Zielfahnder an die Fersen des Beschuldigten heften. Das ist auch gar nicht erforderlich, denn die meisten Flüchtlinge kehren freiwillig wieder zurück. Die meisten von ihnen dürften bei ihrer Kurzschlusshandlung kaum über die ganz praktischen Konsequenzen ihrer Flucht nachgedacht haben. Sie verfügen im Zielland nicht einmal über eine Bleibe und müssen sich in Hotels einquartieren. Die dadurch auflaufenden Kosten lassen selbst eine hohe sechsstellige Summe im Laufe der Monate dahinschmelzen wie Schnee in der Sonne. Nur wenige Flüchtlinge haben die Möglichkeit, in ihrem Zielland erwerbstätig zu werden. Und wenn, dann in schlecht bezahlten Schwarzarbeiterjobs. Will man das wirklich? Wer die Sprache des Landes nicht beherrscht, hat ohnehin keine Chancen. Und was wird aus der Familie?

Daneben gibt es einen weiteren Faktor, der nicht unterschätzt werden sollte: das Heimweh. Karl-Heinz F. aus der Nähe von Nürnberg ist dafür ein gutes Beispiel. Er hatte in den 1980er Jahren erhebliche Probleme mit dem Finanzamt. Es ging um einen Millionenbetrag. Karl-Heinz F. hatte aber gute Freunde in Südamerika und sprach fließend Spanisch und Portugiesisch. Als er sich abgesetzt hatte, beschaffte ihm ein Freund im Zielland sogar einen Job und ein komfortables Haus mit Swimming-Pool. So paradiesisch kann ein Versteck sein. Da Karl-Heinz F. keine Familie hatte, machte sich der damals schon 65-Jährige mit dem Gedanken vertraut, seinen Lebensabend gemütlich unter südamerikanischer Sonne zu verbringen – ungestört vom gierigen Fiskus zu Hause. Gerade einmal sechs

Monate genoss der Nürnberger seine Freiheit, dann wurde er von Tag zu Tag melancholischer. Er spürte, dass er in einem goldenen Käfig lebte. Weit entfernt von seiner Heimat, von seinen Freunden und Verwandten, von seinem gewohnten Lebensumfeld. Es dauerte noch einmal sechs Monate, dann rief Karl-Heinz F. seinen Anwalt an und besprach mit ihm die Rückkehr nach Deutschland.

Die reuige Rückkehr in die Heimat hat freilich ihre Tücken. Wer es im Ausland nicht mehr aushält, einen Platz in der nächsten Maschine bucht und nach Deutschland fliegt, muss damit rechnen, am Zielflughafen festgenommen, dem Haftrichter vorgeführt und in Untersuchungshaft genommen zu werden. Daher hat Karl-Heinz F. durchaus richtig gehandelt, als er zunächst mit seinem deutschen Anwalt Kontakt aufnahm. Wie eine solche Rückkehr vorbereitet werden kann, schildert der Düsseldorfer Strafverteidiger Rüdiger Spormann auf seiner Homepage:

Sein Mandant hatte sich einer Strafverfolgung wegen Steuerhinterziehung in Millionenhöhe durch Flucht in ein Land entzogen, das nicht an Deutschland ausliefert. Der Flüchtling wollte jedoch nach geraumer Zeit in seine Heimat zurückkehren und nahm Kontakt mit einem Anwalt auf. Dieser flog ins Fluchtland seines Mandanten und traf ihn in einem Hotel, um ein erstes persönliches Gespräch zu führen. Nach Deutschland zurückgekehrt, sprach der Anwalt mit dem zuständigen Staatsanwalt. Dabei stellte sich heraus, dass der Flüchtling bei einer Rückkehr nach Deutschland mit seiner sofortigen Verhaftung zu rechnen hätte. Eine weitere ausführliche Besprechung mit dem Mandanten im Fluchtland ergab Anhaltspunkte, um den Tatvorwürfen zu begegnen. Nach erneuten Verhandlungen mit der Staatsanwaltschaft wurde der Haftbefehl aufgehoben. Der Beschuldigte kehrte nach Deutschland zurück und durfte auf eine Bewährungsstrafe hoffen. Tatsächlich kam er am Ende mit einer Geldstrafe davon.

Ein Happy End, sicherlich. Doch dass solche anwaltlichen Bemühungen nicht eben aus der „Portokasse" bezahlt werden können, liegt auf der Hand. Daher: Keine Kurzschlussreaktionen. Wer sich Hals über Kopf ins Ausland absetzt, wird dies schon nach kurzer Zeit bereuen und seine Situation sicher nicht gerade verbessern. Von den Kosten ganz zu schweigen.

Die Vogel-Strauß-Strategie

Wenn Ungemach droht, einfach die Augen schließen, nicht reagieren und hoffen, dass die Karawane weiterzieht: Diese Strategie ist zwar seit Kinderzeiten bekannt und sogar unter Erwachsenen verbreitet. Doch schon seit unserer Kindheit wissen wir, dass diese „Vogel-Strauß-Politik" die Probleme nicht löst, sondern die Dinge weiter eskalieren lässt. Unangenehme Briefe vom Finanzamt gleich dem nächstgelegenen Abfallcontainer zu überlassen, verschafft vielleicht ein paar Tage Ruhe, doch dann kommt es meist umso schlimmer. Auf diese Weise werden Fristen verpasst, es drohen Zuschläge sowie Buß- und Zwangsgelder. Natürlich sollte man bei Problemen mit dem Finanzamt nichts übers Knie brechen und vorschnell – womöglich noch im ersten Zorn – reagieren. Vielmehr empfiehlt es sich, überlegt zu handeln und die Angelegenheit zunächst in aller Ruhe mit dem Steuerberater oder Anwalt zu besprechen. So viel Zeit gestehen die Finanzbehörden ihren „Kunden" normalerweise zu. Reicht der Zeitrahmen nicht aus, um zum Beispiel strittige Vorgänge zu klären oder weitere Unterlagen zu beschaffen, genügt normalerweise ein Telefonat mit dem zuständigen Sachbearbeiter, um einen Aufschub zu erwirken. Mitunter kann es sogar von Vorteil sein, auf Zeit zu spielen, schließlich möchten die Behörden irgendwann den Vorgang abschließen, was dann unter Umständen die Kompromissbereitschaft der Damen und Herren vom Amt erhöht.

Doch eine „Vogel-Strauß-Politik" wird nicht zum erhofften Ergebnis führen. Bisher ist es jedenfalls noch keinem Steuerzahler gelungen, Ärger mit dem Fiskus einfach „auszusitzen". Manche Verfahren ziehen sich fünf Jahre und länger hin. Die Finanzbehörden zeichnen sich mithin durch eine gewisse Hartnäckigkeit aus.

Aggressives Vorgehen

Verständlich ist es ja: Da wird ein Kleinunternehmer monatelang von einem Betriebsprüfer regelrecht drangsaliert. Neben seinen 80- bis 90-Wochenstunden, die er als Arbeit in seinen Betrieb investieren muss, ist er nun noch gezwungen, Nachtschichten für das Finanzamt einzulegen, um irgendwelche Belege anzufordern oder schikanöse Fragen zu beantworten. Und wenn der Unternehmer dann noch feststellt, dass er nach 16 Uhr bei der Finanzbehörde niemanden mehr erreicht und sich die Damen und Herren dort freitags schon zur Mittagszeit gegenseitig ein „schönes Wochenende" wünschen, erscheint ein gewisser Frust sicher nachvollziehbar. Zumal sich der Eindruck aufdrängt, dass derjenige, der länger arbeitet, für seinen Fleiß und sein Engagement in Form von höheren Steuern regelrecht bestraft wird. Letztlich ist es diese Pervertierung des Leistungsgedankens – je härter man arbeitet, desto unerbittlicher schlägt der Fiskus zu –, die an sich redliche Bürger zu Steuersündern macht. Dass in solchen Fällen die Versuchung groß ist, den Finanzbeamten mal richtig die Meinung zu sagen, mag menschlich sein. Dennoch raten wir dringend ab. Denn erstens löst man dadurch keine Probleme, und zweitens verspielt man auf diese Weise jeden „Goodwill", der später unverzichtbar ist, um zu vernünftigen Lösungen zu kommen.

Deshalb niemals im ersten Ärger mit den Finanzbeamten telefonieren. Selbst wenn die Steuerfahnder in der Wohnung oder im Büro stehen, sollte der Betroffene so gut es eben geht die Ruhe bewahren und sich um einen sachlichen Umgangston bemühen. Wer ahnt, dass ihm bei unangenehmen und als ungerecht empfundenen Diskussionen schon mal das Temperament durchgeht, tut gut daran, die Kommunikation mit den Beamten auf das absolute Minimum zu reduzieren und nach Möglichkeit zu schweigen. In solchen Fällen ist es allemal besser, den Anwalt oder Steuerberater „an die Front" zu schicken.

Den reuigen Sünder mimen

Auch dieses Verhalten ist vielen aus der eigenen Kindheit noch in Erinnerung: Hat der Nachwuchs etwas ausgefressen und wird von den Eltern oder dem Lehrer zur Rede gestellt, gibt es nur zwei Möglichkeiten, dieser unangenehmen Situation zu entkommen. Entweder hartnäckiges Leugnen oder aber, wenn diese Strategie aufgrund der offenkundigen Verfehlungen keinen Vorteil mehr verspricht, die Flucht nach vorn. Schnell alles zugeben, Reue zeigen und auf eine mildere Strafe hoffen. Zwar wirkt sich auch in einem Strafverfahren das Verhalten nach der Tat in der Regel günstig für den Steuersünder aus. Doch wie im Einzelnen vorgegangen werden soll, muss unbedingt mit einem Anwalt abgestimmt werden. Wer schnell alles Mögliche zugibt und weitere Sünden beichtet, hinter die das Finanzamt ansonsten gar nicht gekommen wäre, darf keinesfalls auf Milde hoffen. Das Prinzip „Schwamm drüber" existiert in einem Steuerstrafverfahren nicht. Wer weitere Hinterziehungen zugibt, muss die Konsequenzen tragen.

Business as usual – die beste Strategie

Wer richtig Stress mit dem Finanzamt hat, ist nicht zu beneiden. Für viele gerät das Alltagsgeschäft aus den Bahnen. Allzu oft kreisen die Gedanken um die möglichen wirtschaftlichen Konsequenzen und die drohende Verurteilung. Darunter leidet nicht nur die Familie, sondern gleichermaßen die Arbeit. Natürlich ist dies leichter gesagt als getan, doch wer immer die nötige Nervenstärke dazu aufbringt, sollte beides strikt voneinander trennen – hier das Privat- und Geschäftsleben, das weitergehen sollte wie bisher, dort die Auseinandersetzung mit dem Finanzamt. Mancher hätte angesichts seiner Probleme mit dem Fiskus nicht übel Lust, einfach „auszusteigen" und die Erwerbstätigkeit einzustellen. Doch das bringt keine dauerhafte Lösung, schließlich müssen gegebenenfalls Steuern zuzüglich Zinsen nachentrichtet werden. Im schlimmsten Fall droht noch eine empfindliche Geldstrafe. Deshalb trotz aller Verärgerung: Nerven behalten, weiter konzentriert seiner Arbeit nachgehen und nicht demotivieren lassen. Dass dies nicht leichtfällt, ist einleuchtend. Allerdings gibt es keine vernünftige Alternative.

Darüber hinaus kann es durchaus vorteilhaft sein, konsequent seiner bisherigen Arbeit nachzugehen. Das lenkt ab und stärkt wieder das Selbstbewusstsein. Die laufenden Verhandlungen mit dem Fiskus sollte man getrost dem Anwalt oder dem Steuerberater überlassen, denn die bekommen erstens dafür ihr Honorar und sind zweitens auf solche Fälle spezialisiert.

Wenig empfehlenswert erscheint es in schwierigen Fällen (also grundsätzlich nach einem bereits eingeleiteten Steuerstrafverfahren), selbst mit dem Finanzamt Verhandlungen aufzunehmen. Ein steuerrechtlicher Laie zum Beispiel kann den eigentlichen Hintergrund spezieller Fragen gar nicht einschätzen und droht, in eine Falle zu tappen. In solchen Fällen verschlimmert man die Situation zusätzlich. Außerdem zeigt die Erfahrung, dass die Mitarbeiterinnen und Mitarbeiter der Bußgeld- und Strafsachenstelle oder der Betriebsprüfungsstelle in Anwesenheit des Beschuldigten oft wenig kompromissbereit sind. Man will gegenüber dem Steuersünder Härte und Konsequenz demonstrieren und keinesfalls das Gesicht verlieren. Das trifft insbesondere dann zu, wenn das Finanzamt Fehler einräumen und vom hohen Ross heruntersteigen muss. Daher sollten heikle Gespräche mit den Finanzbehörden immer vom Anwalt beziehungsweise vom Steuerberater geführt werden. Ideal ist dabei eine effiziente Arbeitsteilung: Der Anwalt kümmert sich um den strafrechtlichen Teil, der Steuerberater konzentriert sich auf die steuerlichen Aspekte der Auseinandersetzung, wobei sich das eine vom anderen kaum trennen lässt, was einen ständigen Dialog zwischen beiden Beratern unabdingbar macht.

Während Anwalt und Steuerberater mit dem Fiskus nach einem Ausweg suchen, kann der Beschuldigte seiner normalen Arbeit nachgehen und abwarten, auf welchen Kompromiss sich die Finanzbehörde einlässt. Kleiner Trost zum Abschluss dieses Kapitels: In vielen Fällen gelingt es, eine für alle Beteiligten einigermaßen akzeptable Lösung zu finden. Eine Garantie, gleichsam mit zwei blauen Augen davonzukommen, gibt es freilich nicht.

Auf einen Blick

Gravierende Probleme mit dem Finanzamt können bei den Betroffenen zu psychischen und physischen Beeinträchtigungen führen. In solchen Fällen empfiehlt es sich dringend, medizinische oder psychologische Hilfe in Anspruch zu nehmen.

Panikreaktionen sollten unter allen Umständen vermieden werden. Dadurch werden keine Probleme gelöst. Stattdessen alle Fragen, die sich nach der Einleitung eines Steuerstrafverfahrens ergeben, in Ruhe mit einem Anwalt und/oder dem Steuerberater besprechen.

Möchte sich der Steuersünder einem Dritten offenbaren, so sollte er darauf achten, dass dieser der Schweigepflicht unterliegt.

Man kann Probleme nicht einfach „wegschnapsen", wie ein nicht mehr lebender ehemaliger bayerischer Ministerpräsident einmal meinte. Alkohol- und andere Drogenexzesse weisen keinen Ausweg, sondern führen geradewegs in die Sackgasse.

Die überstürzte Flucht ins Ausland kann teuer werden. Außerdem droht unter Umständen Untersuchungshaft.

Die Augen verschließen und darauf hoffen, das Finanzamt werde schon irgendwann „klein beigeben", spricht ebenfalls für irrationales Verhalten.

Bei allem Ärger: Aggressionen im Zaum halten, sachlich und cool bleiben. Ansonsten eskaliert die Angelegenheit zusätzlich.

Direkte Verhandlungen mit den Finanzbehörden sind selten zielführend. Diese Aufgabe sollte ein versierter Anwalt übernehmen.

8 Welche Strafen drohen?

Das groteske System der „Straftaxen"

Neben der Frage nach der nachträglich zu entrichtenden Steuer interessiert den Betroffenen vor allem die Höhe der ihm drohenden Strafe. Droht am Ende sogar Gefängnis? Im ersten Schock nach der Einleitung eines Steuerstrafverfahrens quälen sich viele mit den schlimmsten Befürchtungen. Daher an dieser Stelle schon vorab: Steuerhinterziehung wird zwar in der Tat vergleichsweise hart geahndet, doch eine Gefängnisstrafe hat ein Ersttäter in aller Regel nicht zu befürchten. Es sei denn, die hinterzogene Steuer erreicht hohe sechs- oder siebenstellige Summen. Normalerweise droht bei Beträgen unter 500.000 Euro keine Haft. Bei deutlich darüberliegenden Beträgen kann hingegen eine Gefängnisstrafe in Betracht kommen, die jedoch bei einem nicht vorbestraften Ersttäter maximal zwei Jahre ausmachen dürfte und daher meist zur Bewährung ausgesetzt wird. Wer hingegen dem Fiskus 1 Million Euro und mehr vorenthalten hat, sollte sich schon einen guten Anwalt leisten können.

In den meisten Fällen liegen die fraglichen Summen aber deutlich unter dieser kritischen Schwelle, weshalb viele Verfahren mit dem Antrag auf Erlass eines Strafbefehls abgeschlossen werden. Dem Steuersünder bleiben damit die Peinlichkeiten einer Gerichtsverhandlung erspart, darüber hinaus sind die Verfahrenskosten geringer. Das Prozedere ist einfach: Das Finanzamt beantragt beim zuständigen Gericht einen Strafbefehl. Die Finanzbehörde nennt darin das von ihr geforderte Strafmaß, das von den Richtern in den allermeisten Fällen akzeptiert wird. Das Gericht setzt die Strafe also ohne Anklageschrift und mündliche Hauptverhandlung fest. Hierzu später mehr.

Wesentlich interessanter als diese prozessualen Abläufe erscheint jedoch die Frage, an welchen Kriterien sich die Damen und Herren der Bußgeld- und Strafsachenstelle der Finanzämter beim

Strafmaß orientieren. Ein Richter berücksichtigt bei der Strafzumessung den individuellen Einzelfall. Dazu gehören etwa die Beweggründe und Ziele des Täters, dessen Gesinnung, sein Vorleben, das Verhalten nach der Tat und sein Bemühen, den Schaden wiedergutzumachen. Das Finanzamt indessen macht sich die Arbeit einer solchen Abwägung gar nicht oder nur sehr eingeschränkt und wirft stattdessen einfach einen Blick in die regional gültige Strafmaßtabelle, bisweilen „Straftaxe" genannt. Steht die Höhe der hinterzogenen Steuern fest, schauen die Beamten in der Straftabelle nach und stellen somit die Anzahl der zu zahlenden Tagessätze fest. Hiervon sind allenfalls geringe Abschläge möglich.

Ist diese pauschale Vorgehensweise schon mehr als fragwürdig, so erscheint die Praxis völlig absurd, wenn man sich vor Augen führt, dass es in Deutschland ganz unterschiedliche „Straftaxen" gibt. Mit anderen Worten: Die Höhe der Strafe hängt vom Wohnort ab (siehe Tabelle). Das gemahnt an Absurdistan, ist bei kleineren und mittleren Hinterziehungen aber gang und gäbe. Vom Verhandlungsgeschick des Anwalts wird es abhängen, ob sich die Damen und Herren vom Finanzamt erweichen lassen und die Zahl der laut Strafmaßtabelle zu beantragenden Tagessätze um 10 oder 15 Prozent reduzieren. Eine wirklich individuelle Berücksichtigung aller Strafmilderungsgründe darf allerdings nicht erwartet werden.

Der Steuerrechtler Ingo Minoggio erwähnte schon vor einiger Zeit Fälle, die nachgerade abenteuerlich anmuten. Danach wurde eine Hinterziehung von 5.000 Euro im Jahr 2003 vom Finanzamt Wuppertal entsprechend der dort geltenden Tabelle mit 25 Tagessätzen geahndet, während ein Steuersünder vom Finanzamt Hamburg mit dem Dreifachen dieses Betrags bestraft worden wäre. Hätte der Betreffende in Berlin gewohnt, wären 60 Tagessätze fällig geworden, während er in Chemnitz oder Karlsruhe mit 30 Tagessätzen hätte davonkommen können. Eine Steuerhinterziehung in Höhe von 25.000 Euro zieht in Stuttgart eine Strafe von 120 Tagessätzen nach sich, in Berlin wären es sage und schreibe 300. An diesen doch sehr bemerkenswerten Diskrepanzen hat sich vor allem im Bereich der mittleren Hinterziehungssummen seither kaum etwas geändert.

Oft werden diese fragwürdigen „Straftaxen" mit dem Argument verteidigt, dass die darin angegebenen Werte lediglich den Einstieg in den Akt der Strafzumessung bedeuteten und daneben natürlich der Einzelfall zu berücksichtigen sei. Dieses Argument besticht nicht gerade durch Überzeugungskraft. Wenn, wie im Beispiel erwähnt, für die gleiche Hinterziehungssumme in Stuttgart 120 Tagessätze verhängt werden, in Berlin aber 300, dann können bei den Finanzbehörden in der Bundeshauptstadt gar nicht so viele Strafmilderungsgründe ausgemacht und entsprechend berücksichtigt werden, als dass sich die Diskrepanz zwischen beiden Werten signifikant verringern würde.

Somit bleibt an dieser Stelle schon festzuhalten: Die Höhe der Strafe hängt vom Wohnort des Steuerzahlers ab. Wer in Süddeutschland lebt, kann in der Regel auf eine mildere Sanktion hoffen als ein Täter in Berlin oder Hamburg. Das mag unlogisch und ungerecht sein, doch es ist seit Jahren Praxis.

Die „Straftaxen" (Beispiele für Anzahl der verhängten Tagessätze)					
Oberfinanzdirektion	Hinterzogene Steuer				
	10.000 €	25.000 €	50.000 €	75.000 €	100.000 €
Berlin	120	300	360	360	360
Chemnitz	60	180	360	360	360
Cottbus	80	150	230	280	320
Düsseldorf	80	200	360	360	360
Essen	80	140	240	290	340
Wuppertal	50	125	250	360	360
Erfurt	80	140	240	290	340

Welche Strafen drohen?

Frankfurt	80	200	360	360	360
Hamburg	140	250	360	360	360
Hannover	80	200	330	360	360
Karlsruhe	60	120	180	360	360
Magdeburg	80	200	340	360	360
München	k.A.	180	360	360	360
Münster	80	140	240	290	340
Nürnberg	80	130	200	360	360
Stuttgart	60	120	180	360	360

Quelle: Focus Money 34/2006

Wer sich diese Straftabelle näher anschaut, könnte zynisch zu dem Ergebnis kommen, dass sich kleinere Hinterziehungen aufgrund eher geringer Strafen vor allem in Wuppertal, Nürnberg und Chemnitz lohnen. Mittlere Sünder kommen in Karlsruhe und Stuttgart mit zwei blauen Augen davon, während Steuertrickser im sechsstelligen Bereich ihren Wohnsitz nach Möglichkeit in Cottbus unterhalten sollten. Dies spiegelt die gesamte Fragwürdigkeit dieser Straftabellen wider. Schließlich darf ein Steuerzahler, der zum Beispiel 50.000 Euro hinterzieht, in Düsseldorf nicht doppelt so hart bestraft werden wie in Stuttgart – sollte man zumindest meinen. Doch die Praxis sieht eben anders aus.

Ein zweiter Punkt fällt auf: Von wenigen Ausnahmen abgesehen, erreichen die Strafen zwischen 50.000 und 75.000 Euro an hinterzogenen Steuern ihren Höhepunkt. In Berlin zum Beispiel macht es nach dieser Straftabelle keinen Unterschied, ob man nun 50.000 oder 100.000 Euro hinterzieht. Die Sanktionen fallen gleich hoch aus. Und tatsächlich räumen die Finanzbehörden bei höheren

Summen eine Art „Rabatt" ein. Das mag in erster Linie damit zusammenhängen, dass die meisten Steuersünder eher im unteren oder mittleren fünfstelligen Bereich hinterziehen. Deshalb fällt bei solchen Beträgen die Strafe schon relativ hart aus. Doch Vorsicht: Niemand sollte sich auf diesen „Mengenrabatt" verlassen, denn die Zahl der Tagessätze kann auf 720 steigen, außerdem sind Freiheitsstrafen möglich.

Generell fallen die Geldstrafen bei Steuerhinterziehung sehr hoch aus. Wer zum Beispiel in München 50.000 Euro Steuern hinterzieht, muss – sofern keine strafmildernden Umstände hinzukommen – mit 360 Tagessätzen rechnen. Das klingt abstrakt, bedeutet aber im Klartext, dass der Betreffende ein Jahr arbeiten muss, um aus seinen Nettoerträgen seine Strafe zahlen zu können. Von den Steuernachforderungen und Zinsen ganz zu schweigen. Spätestens an diesem Punkt wird deutlich, dass ertappte Sünder sehr schnell in existenzielle Krisen geraten können. Zwar müssen verhängte Geldstrafen nicht sofort entrichtet werden. Normalerweise sind Ratenzahlungen oder ein Zahlungsaufschub möglich. Doch wer dauerhaft seinen Verpflichtungen nicht nachkommt, muss im schlimmsten Fall mit einer Ersatzfreiheitsstrafe rechnen: Jeder Tagessatz bedeutet einen Tag Gefängnis.

Die zweite Größe: der Tagessatz

Es gibt bekanntlich Zeitgenossen, für die sind 30.000 Euro die legendären „Peanuts". Sie zahlen diese Strafe sozusagen aus der Portokasse. Ein verurteilter Normalverdiener oder Rentner hingegen muss möglicherweise sein Auto und seine gesamten Wertgegenstände versilbern, um diesen Betrag begleichen zu können. Für den Top-Verdiener wäre mithin eine Sanktion von 30.000 Euro zwar ärgerlich, doch würde sie zu keiner nachhaltigen Beeinträchtigung seines Lebensstandards führen. Der Effekt der Geldstrafe wäre daher gering. Für den Durchschnittsverdiener hingegen kann ein solcher Betrag das wirtschaftliche Aus bedeuten. Er wäre daher über Gebühr hart bestraft. Um dies zu verhindern, spielt neben der Höhe der verhängten Tagessätze auch das Einkommen des Steuersünders eine Rolle. Es bestimmt, wie hoch der Tagessatz letztlich ausfällt. Ausschlaggebend hierfür ist das Nettoeinkommen dividiert durch 360 Tage. Das bedeutet im Klartext, dass vom Bruttoeinkommen des Steuersünders Steuern und Vorsorgeaufwendungen sowie außergewöhnliche Belastungen abgezogen werden. Unterhaltsverpflichtungen gegenüber dem Ehepartner und eventuellen Kindern gilt es ebenfalls zu berücksichtigen. Je nach den individuellen Umständen kann die Bandbreite der Tagessätze von 1 bis 5.000 Euro liegen. Das heißt, einem Täter können zum Beispiel bei 300 Tagessätzen wegen Steuerhinterziehung Geldstrafen zwischen 300 und 1,5 Millionen Euro drohen, wobei es sich natürlich in beiden Fällen um Extreme handelt.

Ein fiktives Beispiel: Steuersünder B. wird wegen Steuerhinterziehung in Höhe von 50.000 Euro zu 180 Tagessätzen verurteilt. Sein Nettoeinkommen lag im Jahr zuvor bei 60.000 Euro. Daraus ergibt sich ein Tagessatz von abgerundet 166 Euro (60.000 dividiert durch 360). Multipliziert mit 180 Tagessätzen ergibt dies eine Geldstrafe von 29.880 Euro. Außerdem gilt der Betroffene als vorbestraft, was sich besonders bei Bewerbungen negativ auswirken kann. Spätestens diese Zahlen belegen, was wir bereits an anderer Stelle dieses Buches ausführten: Steuerhinterzieher müssen in Deutschland mit drakonischen Strafen rechnen. Und die Prognose sei erlaubt: Je höher die steuerliche Belastung steigt, desto ausgeprägter wird der Steuerwiderstand der Bürger ausfallen, was den Staat zu noch härteren Strafen verleiten dürfte. Die meisten Experten stimmen jedoch darin überein, dass nicht höhere Strafen die Steuerehrlichkeit der Bürger fördern, sondern ein durchschaubares Steuersystem mit angemessenen Steuerhöhen. Steigt die Zahl der Steuerhinterzieher, so ist dies immer ein Zeichen, dass etwas faul ist im System. Da hilft es nichts, die ertappten Sünder exemplarisch zu bestrafen und die Kontenschnüffelei zu perfektionieren.

Strafen bei gewerbsmäßiger Steuerhinterziehung

Im November 2001 – in Berlin regierte noch Rot-Grün und der Bundesfinanzminister hieß Hans Eichel – gab eine Regierungssprecherin eine Erklärung ab, die es in sich hatte. Schwere Fälle der Steuerhinterziehung sollten künftig als Vorstufe zur Geldwäsche gewertet und damit härter bestraft werden können. Was das konkret bedeutete, füge die Ministeriumssprecherin gleich hinzu: Wer hohe Summen hinterziehe, müsse mit den auch bei Geldwäsche zulässigen Ermittlungsmethoden rechnen. Das klang im ersten Moment harmloser, als das Vorhaben wirklich war, denn in der Praxis bedeutete die Gesetzesänderung, dass seither sogar die Telefone von potenziellen Steuerhinterziehern überwacht werden können. Außerdem, so die seinerzeitige Ankündigung der Sprecherin, müssten Steuerhinterzieher im Vergleich zu den früheren Regelungen mit noch härteren Strafen rechnen, da fortan Verurteilungen nach dem Geldwäschegesetz möglich seien.

Das Vorhaben stieß in Bankenkreisen sowie bei Steuerberatern und Anwälten auf heftige Kritik und wurde, was die Definition der „gewerbsmäßigen Steuerhinterziehung" angeht, in der Folgezeit etwas abgemildert. Dennoch drohen in schweren Fällen von Steuerhinterziehung erhebliche Strafen.

> **Was ist eine gewerbsmäßige Steuerhinterziehung?**
>
> Eine gewerbsmäßige Steuerhinterziehung liegt nicht automatisch vor, wenn der Steuerzahler bereits wiederholt falsche Erklärungen abgegeben hat, um sich Vermögensvorteile durch Steuerersparnis zu verschaffen. Vielmehr müssen systematisch Vermögenszuflüsse in größerem Umfang angestrebt werden, sodass durch die Vorschrift vor allem Fälle der Vorsteuererschleichung durch Scheinfirmen (sogenannte Umsatzsteuer-Karussells) erfasst werden.
>
> Hingegen ist von einer gewerbsmäßigen Steuerhinterziehung auszugehen, wenn der Beschuldigte als Mitglied einer Bande gehandelt hat.

Welche Strafen drohen?

> Eine Bande besteht mindestens aus drei Personen. Nicht gemeint ist das Zusammenwirken des Steuerzahlers mit seinem Buchhalter und Steuerberater, sondern eine Gemeinschaftsaktion von mehreren Steuerzahlern, um unberechtigte Vorsteuererstattungen zu erlangen.
>
> Steuerverkürzung in großem Ausmaß kann ebenfalls als gewerbsmäßige Hinterziehung ausgelegt werden. Kritisch kann es bei hinterzogenen Steuern von mehr als 500.000 Euro werden.

Die genannten Merkmale mögen höchst vage klingen, sie machen aber deutlich, dass die meisten Steuersünden nicht als gewerbsmäßige Steuerhinterziehung geahndet werden. Dennoch wollen wir aus Gründen der Vollständigkeit diese Fälle kurz darstellen, weil – wie an anderer Stelle bereits erwähnt – bei diesem Vorwurf weitaus schärfere Sanktionen zu befürchten sind. Immerhin drohen dann Freiheitsstrafen von einem Jahr bis zu zehn Jahren (!). Bei einem solchen Vorwurf sollte daher schleunigst ein versierter Fachanwalt hinzugezogen werden.

Einstellung des Verfahrens oder Strafbefehl

Beginnen wir mit dem für den Betreffenden günstigsten Fall: Bestätigt sich der Tatverdacht nicht, hat der Beschuldigte rechtzeitig eine strafbefreiende Selbstanzeige gestellt oder ist die ganze Angelegenheit strafrechtlich verjährt, stellt die Bußgeld- und Strafsachenstelle des Finanzamts das Verfahren ein. Glück gehabt. Dennoch muss der Steuerpflichtige damit rechnen, dass ihn das Finanzamt künftig sehr genau prüfen dürfte. Das gilt insbesondere dann, wenn das Verfahren lediglich wegen eines Verfahrenshindernisses eingestellt werden muss (also bei Verjährung, Selbstanzeige usw.). Grundsätzlich kann das Finanzamt das Verfahren außerdem wegen Geringfügigkeit einstellen, wobei keine genaue Definition dessen existiert, was ein deutscher Finanzbeamter unter „geringfügig" versteht. In der Praxis zeigt sich aber, dass die Steuerverkürzung 500 Euro nicht überschreiten darf.

Einstellung des Verfahrens oder Strafbefehl

Relativ selten kommt es nach Angaben von Fachanwälten hingegen zu einer Verwarnung mit Strafvorbehalt. Ein solcher Verfahrensabschluss ist nur möglich, wenn die zu erwartende Geldstrafe 180 Tagessätze nicht überschreiten wird und der Eindruck vorherrscht, dass der Beschuldigte auch ohne Sanktionen keine Straftaten mehr begeht. Wie gesagt, in der Praxis kommt derlei vergleichsweise selten vor.

Liegt nur eine geringe Schuld vor, stellen die Finanzbehörden das Steuerstrafverfahren häufig gegen Zahlung einer Geldauflage ein. Das aber kommt grundsätzlich nur bei Ersttätern und bei Zustimmung aller Beteiligten in Betracht. Vorteil für den Betroffenen: Er gilt als nicht vorbestraft. Die Geldauflage orientiert sich – ähnlich wie die erwähnten Tagessätze – am Nettoeinkommen des Steuersünders, allerdings langen die Damen und Herren vom Finanzamt bisweilen ganz ordentlich zu. Ganz nach dem Motto: Wenn der Hinterzieher schon ohne Gerichtsverhandlung und Vorstrafe davonkommt, dann soll er gefälligst mehr zahlen. Das erinnert ein wenig an eine moderne Form des Ablasshandels und sollte nicht akzeptiert werden.

Spätestens aber, wenn die Höhe der hinterzogenen Steuern eine fünfstellige Summe erreicht, darf der ertappte „Steuergestalter" nicht mehr mit einer gnädigen Einstellung gegen eine überschaubare Geldauflage hoffen (siehe nachfolgende Tabelle). Dann stellt sich die Frage, ob das Verfahren vor dem Strafgericht mit einer Hauptverhandlung beendet wird oder ob sich die Parteien auf einen Strafbefehl verständigen können. Der Strafbefehl weist ohne Frage für den Betroffenen viele Vorteile auf: Ihm bleibt die Peinlichkeit einer öffentlichen Verhandlung erspart, die Verfahrenskosten sind wesentlich geringer als bei einer Hauptverhandlung, und nicht zuletzt hat der Beschuldigte bald Klarheit über die Höhe seiner Strafe. Die Vorgehensweise ist dabei bemerkenswert unbürokratisch: Die Bußgeld- und Strafsachenstelle beziehungsweise die Staatsanwaltschaft beantragt bei Gericht eine Geldstrafe (grundsätzlich kann sogar eine Bewährungsstrafe von bis zu einem Jahr Haft gefordert werden). In aller Regel unterschreibt der zuständige Richter diesen Antrag, danach wird der Strafbefehl dem Steuersünder zugestellt. Es handelt

Welche Strafen drohen?

sich also um eine diskrete Vorgehensweise, von der beide Seiten profitieren:

- die ohnehin überlasteten Gerichte sparen Arbeit
- und dem Steuersünder bleibt der demütigende Gang in den Gerichtssaal erspart.

Allerdings sollte der unehrliche Steuerzahler bei diesem Verfahren nicht automatisch auf eine milde Strafe hoffen. Immerhin dürfen per Strafbefehl unter anderem Geldstrafen von 5 bis 720 (!) Tagessätzen verhängt werden. Die Höhe der Tagessätze reicht – wie erwähnt – von 1 bis 5.000 Euro. Die Bandbreite der möglichen Geldstrafen macht somit zwischen 5 bis 3,6 Millionen Euro aus.

Beantragt das Finanzamt oder die Staatsanwaltschaft einen Strafbefehl, entscheidet der Richter nach Aktenlage. Er wird weder den Steuersünder noch irgendwelche Zeugen anhören. Die Verteidigung des Betroffenen erfolgt durch eine sogenannte Schutzschrift. Unabhängig davon kann gegen einen erlassenen Strafbefehl Einspruch eingelegt werden. In diesem Fall kommt es dann doch zu einer öffentlichen Gerichtsverhandlung. Daher macht ein Strafbefehl nur Sinn, wenn sich die Beteiligten im Vorfeld auf die Höhe der Sanktion verständigt haben. Die Verhandlung mit dem Finanzamt oder der Staatsanwaltschaft führt der Steuerberater oder der Anwalt.

Der Strafbefehl als diskrete und die Nerven und das Ansehen des Beschuldigten schonende Möglichkeit kommt mithin nur in Betracht:

- wenn die Schuld des Betroffenen unbestritten ist
- die Höhe der zu erwartenden Sanktion sich innerhalb der für einen Strafbefehl geltenden Grenzen hält
- alle Beteiligten diesem Verfahren zustimmen, was wiederum eine Einigung über das Strafmaß voraussetzt.

Wichtig: Ist der Strafbefehl rechtskräftig, gilt der Steuersünder als vorbestraft – wie bei einer rechtskräftigen Verurteilung nach einer Hauptverhandlung vor Gericht.

Grob geschätzt: Mit welcher Strafe die Steuersünder rechnen müssen

Die folgenden Angaben beruhen auf den praktischen Erfahrungen von Anwälten. Dennoch sind sie unverbindlich. So gibt es – wie erwähnt – erhebliche regionale Unterschiede. Überdies muss natürlich der Einzelfall entsprechend gewürdigt werden.

Bis zu einem Hinterziehungsbetrag von **10.000 Euro** darf der Beschuldigte gegen Zahlung einer Geldauflage mit einer Verfahrenseinstellung rechnen. In einzelnen Bundesländern liegen die Grenzwerte jedoch bereits zwischen **5.000** und **7.500 Euro**. Andererseits berichten Anwälte, dass sie selbst bei Steuerverkürzungsbeträgen von über **50.000 Euro** eine Verfahrenseinstellung erreicht haben. Es kommt also wieder einmal darauf an, in welchem Bundesland der Betreffende wohnt: Kleinstaaterei im Zeitalter der Globalisierung. Grotesker geht's nicht mehr. Bitter für alle, die in einem „strengen" Bundesland leben.

Hat der Steuersünder das Finanzamt um Beträge zwischen **10.000** und **250.000 Euro** geprellt, so muss er mit einer relativ hohen Geldstrafe rechnen, die in Form des erwähnten Strafbefehls verhängt wird. Einigen sich alle Beteiligten auf die Höhe der Sanktion, braucht der Beschuldigte nicht vor Gericht zu erscheinen. Je nach Höhe des hinterzogenen Betrags kann neben der Geldstrafe auch eine Freiheitsstrafe von bis zu einem Jahr verhängt werden. In Ausnahmefällen kann es in den „gnädigeren" Bundesländern sogar in dieser Hinterziehungskategorie noch zu einer Verfahrenseinstellung gegen eine Geldauflage kommen, sofern der Beschuldigte den Schaden zuvor wiedergutmachte, das heißt, wenn er alle hinterzogenen Steuern und Zinsen bis auf den letzten Euro an die Finanzkasse abgeführt hat.

Bei Hinterziehungssummen zwischen **250.000** und **500.000 Euro** bleibt dem Beschuldigten eine Verhandlung vor dem Strafgericht meist nicht erspart. Er muss neben einer Geldstrafe mit bis zu zwei Jahren Gefängnis auf Bewährung rechnen.

Bei mehr als **500.000 Euro** an hinterzogenen Steuern wird es dann sehr ernst. Der Beschuldigte kann in diesem Fall nicht davon ausgehen, dass seine Freiheitsstrafe – die bei dieser Höhe die Regel ist – zur Bewährung ausgesetzt wird. Nur wenn der Betroffene rechtzeitig einen ansehnlichen Teil des Schadens wiedergutmacht und der eine oder andere Strafmilderungsgrund hinzukommt, darf der Steuersünder auf eine Bewährungsstrafe hoffen.

Welche Strafen drohen?

> Liegt die Summe der hinterzogenen Steuern gar bei **über 1 Million Euro**, hilft sogar die komplette Schadenswiedergutmachung dem Beschuldigten nicht mehr recht weiter. Der Gang ins Gefängnis erscheint in vielen Fällen unausweichlich. Allerdings bestehen auch in dieser Hinsicht regionale Unterschiede. Ob der Täter wirklich hinter Gitter kommt, kann also wieder einmal eine Frage des Bundeslandes sein, in dem der Betreffende wohnt.

Mit Blick auf die Höhe der Steuerstrafen sprach schon vor ein paar Jahren der Fachanwalt Professor Franz Salditt von einer „zunehmenden Kälte" und kritisierte das Denken in Schadensschablonen, das außer der Wiedergutmachung alle anderen Verteidigungsargumente ausblende. „Im Schwurgerichtsverfahren mögen sich Richter und Staatsanwälte gelegentlich vorstellen können, dass sie mit dem Lebenslauf und in der besonderen Lage des Angeklagten selbst ein Affekttäter hätten sein können. Im Gerichtssaal nebenan kämen sie nie auf den Gedanken, jemals ein Steuerhinterzieher zu werden. Eingebunden in den äußeren Rahmen einer aus Finanznot knapp kalkulierenden Justizbürokratie und begleitet von Schöffen, die oft selbst dem öffentlichen Dienst angehören, neigt die fiskalgläubige Praxis der Gerichte in Steuerstrafsachen institutionell zur Härte", weiß der renommierte Jurist aus seiner langjährigen Erfahrung.

Geldbuße bei Ordnungswidrigkeiten

Kann dem Beschuldigten keine vorsätzliche Steuerhinterziehung nachgewiesen werden, bleibt es am Ende möglicherweise bei einer leichtfertigen Steuerverkürzung. Wie an anderer Stelle schon erwähnt, leitet das Finanzamt dann ein Ordnungswidrigkeitenverfahren ein. Gelingt es den Finanzbehörden, dem Beschuldigten eine leichtfertige Steuerverkürzung nachzuweisen, so droht ein Bußgeld, das ebenfalls recht happig ausfallen kann. Die maximale Höhe dieser Geldbuße ergibt sich aus den Bestimmungen der Abgabenordnung, es sind allerdings Beträge bis zu 50.000 Euro möglich.

Auf einen Blick

Die Höhe der zu erwartenden Geldstrafe hängt entscheidend davon ab, in welcher Region der Beschuldigte lebt. Gerade bei mittleren Steuerverkürzungssummen können die Unterschiede erheblich sein. Generell gilt: Im Norden fallen die Strafen tendenziell härter aus als im Süden der Republik.

Je höher die Summe der hinterzogenen Steuern, desto höher die Zahl der zu zahlenden Tagessätze. Ab einem bestimmten Niveau erhöht sich die Sanktion dann moderater, weil ansonsten irgendwann der Strafrahmen gesprengt würde. Das Maximum liegt bei 720 Tagessätzen.

Neben der Zahl der Tagessätze ist deren Höhe wichtig. Sie orientiert sich am Nettoeinkommen des Steuersünders. Es sollte also versucht werden, einen möglichst geringen Tagessatz durchzusetzen. Dabei kann der Steuerberater nützliche Dienste erweisen, indem er zum Beispiel durch die Anwendung legaler Gestaltungsmöglichkeiten das Nettoeinkommen des letzten Jahres entsprechend reduziert.

Die Strafen bei gewerbsmäßiger Steuerhinterziehung sind ungleich höher. Hier drohen dem Beschuldigten bis zu zehn Jahre Haft. Kommen noch weitere Delikte hinzu, kann die Strafe noch höher ausfallen.

Bei kleinen bis mittleren Verkürzungssummen kann das Finanzamt das Strafverfahren gegen Zahlung einer Geldauflage einstellen.

Strafmildernd wirkt sich in beinahe allen Fällen aus, wenn der Beschuldigte schon im Vorfeld zumindest einen Teil des Schadens wiedergutmacht, indem er zum Beispiel einen bestimmten Betrag an das Finanzamt überweist. Noch besser: Er schickt einen Verrechnungsscheck an die ermittelnde Bußgeld- und Strafsachenstelle. Dann findet die Wiedergutmachung unmittelbar Eingang in die Ermittlungsakten.

Der Strafbefehl bietet die Möglichkeit, dem Ersttäter einen peinlichen Auftritt vor Gericht zu ersparen. Allerdings erscheint diese Vorgehensweise nur dann sinnvoll, wenn zuvor mit dem Finanzamt oder der Staatsanwaltschaft ein für alle Beteiligten akzeptables Strafmaß vereinbart wurde. Allerdings: Auch bei Erlass eines rechtskräftigen Strafbescheids gilt der Betroffene als vorbestraft, sofern er mehr als 90 Tagessätze zu zahlen hat.

Bei leichtfertiger Steuerverkürzung muss der Steuerbürger mit einem Bußgeld rechnen, das im Höchstfall bis 50.000 Euro ausmachen kann.

9 Wenn die Vollstrecker kommen

Blühende Landschaften und die Willkür des Fiskus

Templin ist eine Kleinstadt in Brandenburg, die in jüngerer Vergangenheit mindestens zweimal prominent in den Medien vertreten war: Zum einen wuchs dort die heutige Bundeskanzlerin Angela Merkel auf. Zum anderen lieferte diese Gemeinde ein trauriges Beispiel, wie unglaubliche Behördenwillkür ein florierendes Unternehmen in die Insolvenz trieb, seinen Chef wirtschaftlich vernichtete und mit arroganter Konsequenz dafür sorgte, dass 200 Männer und Frauen ihre relativ sicheren Jobs verloren. Der haarsträubende Fall erlangte im Herbst 2005 sogar bundesweit traurige Berühmtheit, als sich die Redakteure des ARD-Magazins „plusminus" des Themas annahmen.

Im Mittelpunkt der Story stand das Templiner Bauunternehmen von Jochen K. Der Betrieb florierte und erwirtschaftete – in dieser krisengeschüttelten Branche alles andere als selbstverständlich – ordentliche Gewinne. So sehr war Jochen K. von seiner Firma überzeugt, dass er für Kredite mit seinem Privatvermögen bürgte. Kurz: Der dynamische Unternehmer schrieb eine der raren Erfolgsgeschichten in den östlichen Bundesländern. Er trug seinen Teil zu den „blühenden Landschaften" bei, von denen führende Politiker dereinst schwärmten. Doch dann kam das Finanzamt und machte diese vielversprechende Landschaft im Gewerbegebiet von Templin regelrecht platt.

Alles hatte damit begonnen, dass der Fiskus vor mehreren Jahren den Unternehmer mit Umsatzsteuerforderungen in Höhe von 325.615 D-Mark konfrontierte. Kurze Zeit später verlangte das Finanzamt dann plötzlich nur noch 240.605 D-Mark, doch selbst diese Forderung bestand zu Unrecht, wie sich später zeigen sollte. Zu spät allerdings, um das Unternehmen von Jochen K. zu retten. Das Finanzamt jedenfalls fuhr gleich schweres Geschütz auf und pfändete die Bankkonten des Unternehmens. Hasenfüßige Bankvorstände befürchteten daraufhin das Schlimmste und kündigten die Kredite. Von einem Tag auf den anderen saß der Betrieb finanziell auf dem Trockenen. Die Geldinstitute nannten ausdrücklich das Vorgehen des Finanzamts als Grund für ihre folgenschwere Entscheidung. Abgeschnitten von der lebensnotwendigen Liquiditätsversorgung, geriet das Bauunternehmen schnell in eine schwere Krise mit der unabwendbaren Folge der Insolvenz. Mehr noch: Auf Drängen des Finanzamts untersagte die Stadt Jochen K., weiterhin ein Gewerbe auszuüben, schließlich habe er erhebliche Steuerschulden.

Bis zu diesem Punkt war das Vorgehen der Steuerbehörden – zurückhaltend formuliert – schon mehr als fragwürdig. Zu einem handfesten Skandal weitete sich die Affäre aus, als sich herausstellte, dass die Forderungen des Fiskus nicht korrekt waren. Im Gegenteil: Letztlich hatte Jochen K. sogar einen Erstattungsanspruch aus gezahlter Vorsteuer gegenüber dem Finanzamt. Als die Behörden den Fehler nach langem Zögern endlich einräumten, durfte Jochen K. zwar wieder ein Gewerbe führen, doch sein Unternehmen war pleite, sein Vermögen vernichtet. Der einst erfolgreiche Chef zog in eine Sozialwohnung im Plattenbau, und der Sprecher des brandenburgischen Finanzministeriums konnte sich vor laufenden Kameras nicht einmal zu einer Entschuldigung durchringen: „Die Behörden sind gehalten, als auch unsere Finanzämter, sich an Recht und Gesetz zu halten", lautete sein nicht nur sprachlich verunglücktes Statement.

Kampf mit harten Bandagen

Dass die Finanzämter nicht zu den besten Gläubigern gehören, davon wissen viele Schuldnerberater ein Klagelied zu singen. Oft ist es ausgerechnet der Fiskus, der einer vernünftigen Regelung für alle Beteiligten im Wege steht. Entschuldigend verweisen die Beamten dann in der Regel auf die restriktiven Bestimmungen der Abgabenordnung, die angeblich keine großzügigeren Entscheidungen zuließen. Dass durch diese vom Gesetzgeber verordnete Sturheit schon so mancher Steuerzahler und so manches Unternehmen in den endgültigen Ruin getrieben wurden, ist die andere Seite der Medaille.

Bei der Auswahl ihrer Druckmittel ziehen sich die Damen und Herren der Finanzämter keine Glacéhandschuhe über. Zwangsgelder, Kontopfändungen und im schlimmsten Fall Zwangsvollstreckungen gehören ebenso zu ihrem Instrumentarium wie die sogenannte Parkkralle, mit der in manchen Bundesländern Steuersünder zur Räson gebracht werden sollen. Dadurch wird der Steuerzahler nicht nur seiner Mobilität beraubt, sondern gleichsam an den Pranger gestellt, denn natürlich bleibt den Nachbarn diese peinliche Zwangsmaßnahme nicht verborgen.

Üblicherweise begnügt sich das Finanzamt nicht nur mit der Pfändung von Bankkonten, was an sich schon ein gravierender Vorgang ist, der gerade bei Unternehmen die Gefahr der schnellen Zahlungsunfähigkeit in sich birgt. Auch die Großkunden des Betriebs werden vom Fiskus über die missliche Lage ihres Auftragnehmers informiert und ausstehende Zahlungen gepfändet. Diese Erfahrung musste der Freiberufler Kurt M. machen. Nach einer Betriebsprüfung meldete sich das Finanzamt mit fünfstelligen Nachforderungen. Kurt M. erklärte, diese Summe nicht begleichen zu können. Eilfertig informierte die Beamtin ihre Kollegin von der Vollstreckungsstelle erstens über sämtliche Kontoverbindungen und zweitens über die wichtigsten Kunden des Freiberuflers. Die Vollstreckungsbeamtin leistete aus ihrer Sicht ganze Arbeit: Die Bankkonten des Steuerzahlers wurden ebenso gepfändet wie dessen ausstehende Forderungen gegenüber den Kunden. Die Folgen sind nicht schwer zu erahnen: Einmal mehr wurde eine selbstständige Existenz vernichtet.

Praxistipp: Alternativ-Konto eröffnen

Wer mit dem Risiko einer Kontopfändung rechnen muss, kann noch rechtzeitig handeln. Die Vorgehensweise ist denkbar einfach, man braucht nur eine zuverlässige Vertrauensperson (Eltern, erwachsene Söhne oder Töchter, Geschwister, wirklich sehr gute Freunde), die ein Girokonto eröffnet.

> Dem in Bedrängnis geratenen Partner wird Vollmacht über dieses Konto eingeräumt, gleichzeitig zahlt er seine „eiserne Reserve" ein. Werden nun die auf seinen Namen lautenden Konten gepfändet, können dringende Zahlungsverpflichtungen über das „Strohmann-Konto" abgewickelt werden, ohne den Zugriff des Finanzamts befürchten zu müssen.

Hinweis: Die wichtigsten Gesetzestexte rund um das Thema „Pfändung" haben wir im Anhang dieses Buches zusammengestellt.

Rechtzeitiges Verhandeln lohnt sich

Wer mit den Damen und Herren der Vollstreckungsstelle zu tun bekommt, hat meist jede Menge Ärger mit dem Finanzamt hinter sich und einen (Steuer-)Schuldenberg vor sich. Zur „Klientel" der Vollstreckungsbeamten gehören in vielen Fällen gescheiterte Unternehmer und Freiberufler. Sei es, weil sie sich in den Fallstricken des kaum noch zu überblickenden deutschen Steuerrechts verfingen, sei es, weil sie sich als Kleinunternehmer mit einer Regelarbeitszeit von 80 bis 90 Stunden pro Woche nicht im notwendigen Umfang um ihre steuerlichen Angelegenheiten kümmern konnten. Entdeckt der Fiskus dann irgendwelche Unregelmäßigkeiten, gerät der Betrieb beziehungsweise der Freiberufler sehr schnell in bedrohliche wirtschaftliche Probleme. Die Steuern könnte der Betreffende vielleicht noch mit seinen Rücklagen bestreiten, doch wenn das Finanzamt vorsätzliche Hinterziehung unterstellt, steigen die Kosten drastisch: Wer die Steuerbehörden über zwei, drei Jahre hinweg um 50.000 Euro beschummelte, muss zusätzlich zu dieser Summe mit mehreren Tausend Euro Hinterziehungszinsen rechnen. Hinzu kommen oft ausgesprochen drakonische Geldstrafen. Ein überdurchschnittlich verdienender Freiberufler muss in vielen Teilen der Republik bei 50.000 Euro hinterzogenen Steuern schon mal mit einer Geldstrafe von 25.000 Euro oder mehr rechnen. Im konkreten Fall müsste der Steuerzahler mit einer finanziellen Belastung zwischen 90.000 und 100.000 Euro rechnen. Hinzu kommen Anwalts- und Steuerberaterhonorare, die ebenfalls eine fünfstellige Summe erreichen können.

Solche Beträge können selbst gut verdienende Kleinunternehmer oder Freiberufler in vielen Fällen nicht kurz- bis mittelfristig aufbringen.

Fatalerweise unterscheidet sich das Verhalten von Steuerschuldnern kaum von dem anderer Schuldner. Sie flüchten sich in eine Vogel-Strauß-Politik, freuen sich über jeden Tag, an dem der Postbote nicht neuerliche Drohbriefe vom Finanzamt bringt und hoffen, irgendwann werde wohl alles vorüber sein. Im Übrigen ist ja hinlänglich bekannt, dass es lange dauern kann, bis Zwangsmaßnahmen seitens der Gläubiger zulässig sind. Und brutale Inkasso-Agenturen, die am Rande der Legalität arbeiten, darf eine staatliche Behörde wie das Finanzamt nicht einsetzen. Das ist grundsätzlich zwar richtig. Natürlich werden nicht irgendwann muskulöse, schwarz gekleidete Herren mit Sonnenbrille vor der Tür stehen, lässig mit dem Schlagring spielen und den Steuerschuldner mit gefährlichem Unterton an seine Verpflichtungen erinnern. Im Fall von Rolf Z., der wegen einer Erbschaftsangelegenheit mit dem Finanzamt in Konflikt geraten war, erschien statt der Brutalo-Fraktion von einem Inkasso-Institut eines Tages eine junge, sportlich gekleidete Frau in Jeans. Die Dame hätte locker die Tochter von Rolf Z. sein können, und deshalb nahm er das „Mädel", wie er abends seinen Freunden beim Bier erzählte, anfangs nicht sonderlich ernst. Als die Beamtin Einlass begehrte, um sich nach pfändbaren Gegenständen umzuschauen, wies ihr der Hausherr der Tür. „Ich lass' diese wichtigtuerische Steuer-Tussi nicht in meine Privatsphäre", empörte sich Rolf Z. – und bekam prompt die Quittung: Wenige Tage später waren seine Bankkonten gepfändet.

Auch der Versuch, auf Zeit zu spielen, erweist sich meist nicht als sonderlich hilfreich. Denn die Finanzämter können sehr schnell Zwangsmaßnahmen einleiten. Immerhin ist ein Steuerbescheid – ohne gerichtliche Verfügung – sofort vollstreckbar. Wehren kann sich der Steuerzahler aber, indem er Einspruch gegen die vom Finanzamt getroffenen Verfügungen einlegt und – wichtig! – gleichzeitig einen Antrag auf Aussetzung der Vollziehung stellt. Dieser Antrag muss begründet werden. Aber selbst im Erfolgsfall sichert man sich mit einem solchen Schritt nur eine kurze Verschnaufpause. Welche Möglichkeiten hat aber ein Steuerzahler, der den Forderungen des Finanzamtes nicht mehr nachkommen kann? Welche nachhaltigen Lösungen gibt es, um irgendwann wieder ein Leben in ruhigen finanziellen Bahnen verbringen zu können? Grundsätzlich sind drei Wege denkbar:

1. Der Steuerzahler hofft auf die Gnade des Finanzamts und beantragt einen Erlass seiner Steuerschulden aus Billigkeitsgründen. Realistischerweise sei an dieser Stelle bereits angefügt, dass die Chancen hierfür ausgesprochen schlecht stehen. Liegt eine Steuerhinterziehung vor, kommt ein Erlass ohnehin nicht infrage.
2. Der Steuerzahler beantragt bei Gericht Privatinsolvenz und gleichzeitig eine Restschuldbefreiung nach sieben Jahren. Ob dieser Schritt sinnvoll ist, sollte von Anwälten, Steuerberatern oder Schuldnerberatungsstellen individuell geprüft werden.
3. Der Steuerzahler vereinbart bereits mit der Veranlagungsstelle seines Finanzamts eine längerfristige Ratenzahlung.

Es empfiehlt sich in jedem Fall, rechtzeitig mit der Steuerbehörde pragmatisch nach einem Ausweg zu suchen. Trotz des rigiden Steuerrechts haben die Beamten einen gewissen Ermessensspielraum. Außerdem liegt es im vorrangigen Interesse des Fiskus, die Steuerschulden möglichst vollständig einzutreiben. Dem Finanzamt kann daher nicht daran gelegen sein, einen in die Enge getriebenen Steuerzahler wirtschaftlich zu vernichten und in die Insolvenz zu treiben (dass derlei dennoch häufig passiert, steht auf einem anderen Blatt). Jedenfalls öffnen kooperative und ehrliche Gespräche mit den Mitarbeiterinnen und Mitarbeitern der Finanzämter oft den Weg zu einer für alle Beteiligten tragbaren Lösung. Nehmen wir die genannten Möglichkeiten etwas genauer unter die Lupe.

Der Erlass von Steuerschulden

Das Finanzamt kann auf die Einziehung von Steuern verzichten. Theoretisch zumindest, denn in der Praxis kommt dies äußerst selten vor. Geregelt ist der sogenannte Erlass in Paragraph 227 der Abgabenordnung. Infrage kommt ein solcher Schritt, wenn die Zahlung der Steuerschulden den betreffenden Bürger in den wirtschaftlichen Ruin treiben würde, sodass er auf Sozialhilfe angewiesen wäre. Ein Antrag auf Erlass der Steuern macht deshalb nur Sinn, wenn ohne den Verzicht des Finanzamts der Lebensunterhalt für den Steuerbürger und seine Familienangehörigen nicht mehr garantiert wäre. Dabei gelten strenge Maßstäbe. So muss der Steuerschuldner alle Möglichkeiten der Kreditbeschaffung ausgeschöpft haben und glaubwürdig nachweisen können, dass er keine Chance hat, anderweitig an Geld zu kommen (zum Beispiel durch Verwandtendarlehen o.Ä.). Ferner darf der Antragsteller seine Notlage nicht selbst schuldhaft herbeigeführt oder sein Vermögen verschwendet haben. Liegt eine Steuerhinterziehung vor, ist der Antrag auf Erlass in aller Regel vergebliche Liebesmüh.

Die Privatinsolvenz

Seit 1999 besteht in Deutschland die Möglichkeit, bei Überschuldung den Weg der Privat- oder Verbraucherinsolvenz mit anschließender Restschuldbefreiung zu gehen. Dieses Verfahren gilt für natürliche Personen, auch ehemalige Selbstständige und Kleingewerbetreibende, die weniger als 20 Gläubiger und keine Verbindlichkeiten aus Beschäftigungsverhältnissen mit Arbeitnehmern haben. Bestehen hohe Steuerschulden, die der Betreffende trotz großer Anstrengungen selbst längerfristig nicht tilgen kann, so sollte rechtzeitig über eine Privatinsolvenz nachgedacht werden. Hierzu ist es notwendig, einen Anwalt oder eine anerkannte Schuldnerberatung einzuschalten. Da Schuldnerberatungsstellen chronisch überfordert und lange Wartezeiten die Regel sind, sollte man sich frühzeitig um einen Beratungstermin bemühen. Gefährlich ist es, sich an private

Schuldenberater zu wenden, die unter anderem in den Tageszeitungen inserieren. Verbraucherschützer warnen ausdrücklich vor solchen schwarzen Schafen: Sie berechnen hohe Gebühren für unnötige Dienste.

Zurück zur Verbraucherinsolvenz: Das Verfahren läuft in drei Phasen ab.

Phase 1: Der außergerichtliche Einigungsversuch
Nach der Beratung durch einen Anwalt oder eine Schuldnerberatungsstelle muss der Betreffende einen Schuldenbereinigungsplan erarbeiten, in dem alle Ausgaben und Einnahmen detailliert aufgelistet sind. Auf der Grundlage dieses Plans wird versucht, mit den Gläubigern eine außergerichtliche Einigung herbeizuführen. Misslingt dieser Versuch – was der Anwalt beziehungsweise die Schuldnerberatung schriftlich bestätigen muss –, beginnt das gerichtliche Schuldenbereinigungsverfahren. Gleichzeitig beantragt der Schuldner Restschuldbefreiung nach Ablauf der sogenannten Wohlverhaltensperiode.

Phase 2: Das gerichtliche Schuldenbereinigungsverfahren
Vor der Eröffnung des Insolvenzverfahrens prüft das Gericht, ob ein gerichtlicher Schuldenbereinigungsplan Aussicht auf Erfolg hat. Bei einem positiven Ergebnis dieser Prüfung werden der Plan und das Vermögensverzeichnis an die Gläubiger verschickt. Diese haben vier Wochen Zeit, dazu Stellung zu nehmen. Im Unterschied zur Phase 1 gilt dabei der Plan als angenommen, wenn die Mehrheit der Gläubiger der Einigung zustimmt. Scheitert dieser Versuch jedoch, eröffnet das Gericht das vereinfachte Insolvenzverfahren.

Phase 3: Vereinfachtes Insolvenzverfahren mit anschließender Wohlverhaltensperiode
Zunächst wird das vorhandene pfändbare Vermögen des Schuldners verwertet und der Erlös nach Abzug der Verfahrenskosten an die Gläubiger ausgeschüttet. Darüber hinaus wird ein Treuhänder eingesetzt. Der Schuldner muss während der sechsjährigen Wohlverhaltensphase einen bestimmten Teil seines Einkommens auf ein

Treuhandkonto einzahlen. Faktisch führt er über Jahre hinweg ein Leben auf Sozialhilfeniveau. Nach Ablauf dieser Wohlverhaltensperiode erteilt das Gericht dem Schuldner Restschuldbefreiung. Die gilt zwar auch für Schulden gegenüber dem Finanzamt, aber nur, wenn keine Straftat zugrunde liegt. Mit anderen Worten: Im Fall einer Steuerhinterziehung ist die Privatinsolvenz nicht hilfreich.

Die Stundung

In den meisten Fällen dürften sich Finanzämter und Steuerzahler auf eine Ratenzahlung verständigen, was normalerweise für beide Seiten vernünftig erscheint. Wollen die Steuerbehörden ihre Forderungen kompromisslos durchsetzen, obwohl beim Schuldner nichts mehr zu holen ist, treiben sie ihn in den wirtschaftlichen Ruin. Oft verliert der Betreffende dann noch seinen Job. Ergebnis: Das Finanzamt muss nicht nur mit großer Wahrscheinlichkeit auf seine Forderungen aus der Vergangenheit verzichten, vielmehr nimmt es auch künftig von der betroffenen Person keine Steuern mehr ein. Bei einer Stundung mit Ratenzahlung hingegen können die Altschulden sukzessive abgetragen und die laufenden Steuern entrichtet werden.

Genau darin liegt aber der Nachteil dieses Verfahrens – der Steuerbürger wird gleich doppelt belastet. Er zahlt für die Sünden der Vergangenheit und gleichzeitig seine aktuellen Steuern. Liegt eine Hinterziehung vor, muss er zudem noch eine hohe Geldstrafe abstottern. Keine erfreulichen Aussichten.

Dabei ist nicht einmal sicher, ob das Finanzamt einer Ratenzahlung überhaupt zustimmt. Gute Chancen bestehen nur dann, wenn der Schuldner schlüssig nachweisen kann, dass er dauerhaft in der Lage ist, seinen Verpflichtungen nachzukommen. Außerdem sollte ein möglichst hoher Betrag der Steuerschuld vorab getilgt werden (das empfiehlt sich auch aus steuerstrafrechtlicher Perspektive, denn wer einen Teil der verkürzten Steuern als Vorauszahlung überweist, zeigt tätige Reue und darf auf eine etwas mildere Strafe hoffen).

Um eine vereinbarte Stundung mit Ratenzahlung nicht zu gefährden, sollte der Schuldner sehr diszipliniert vorgehen und die

Vereinbarungen penibel einhalten. Sollte er einmal in finanzielle Engpässe geraten und die Rate nicht pünktlich zahlen können, empfiehlt sich ein rechtzeitiges Gespräch mit dem Finanzamt. Handelt es sich um einen einmaligen Ausnahmefall, wird man bei einer rechtzeitigen Information normalerweise nicht die gesamte Vereinbarung infrage stellen. Aber generell gilt: Der Schuldner sollte peinlich genau auf eine pünktliche Zahlung seiner Raten achten.

Die Eidesstattliche Versicherung

Kann die Vollstreckung nicht erfolgen, weil ohnehin nichts mehr da ist, wird das Finanzamt vom Steuerschuldner eine Eidesstattliche Versicherung fordern (besser bekannt unter dem früher üblichen Begriff „Offenbarungseid"). Der Schuldner muss dabei genaue Auskünfte über seine aktuellen Vermögensverhältnisse geben. Das Finanzamt muss im Gegensatz zu anderen Gläubigern nicht einmal das Amtsgericht bemühen. Die Vollstreckungsstelle ist berechtigt, vom Schuldner eine Eidesstattliche Versicherung zu verlangen.

Vorsicht bei Vermögenshinterziehung: Im Vermögensverzeichnis der Eidesstattlichen Versicherung wird nach Veräußerung von Vermögensgegenständen gefragt. Konkret: Was wurde in den letzten zwei Jahren an Angehörige oder Mitbewohner veräußert? Was wurde in den letzten vier Jahren verschenkt? Bei Überschuldung oder drohender beziehungsweise eingetretener Zahlungsunfähigkeit macht sich nach Paragraph 283 StGB strafbar, wer aktiv unnötige Vermögensverluste herbeiführt und so gegen die Interessen seiner Gläubiger handelt. Dabei gilt folgende Faustregel:

- Überwiegend strafbar ist eine Vermögensminderung, wenn sie weniger als sechs Monate vor der Zahlungsunfähigkeit eintrat.
- Möglicherweise strafbar sind Minderungen, die zwischen sechs und 24 Monaten vor Zahlungsunfähigkeit erfolgten.
- Nicht strafbar dürften Minderungen sein, wenn sie früher als 24 Monate vor Zahlungsunfähigkeit eingetreten sind.

Verbraucht der Schuldner sein Vermögen jedoch für seinen normalen Lebensunterhalt, hat er nichts zu befürchten. Normal bedeutet in diesem Zusammenhang natürlich nicht, jeden Abend in einem Gourmet-Tempel mit drei Sternen zu tafeln und auffallend oft teure Luxusreisen zu unternehmen.

Es mag menschlich verständlich sein, wenn ein Schuldner bei der Abgabe dieser Versicherung gern mal das eine oder andere „vergisst" oder falsch angibt. Die Konsequenzen können freilich ausgesprochen drastisch ausfallen. Denn wer in einer Eidesstattlichen Versicherung falsche oder unvollständige Angaben macht, muss mit einer hohen Geldstrafe und bis zu drei Jahren Haft rechnen. Bereits bei fahrlässig gemachten Angaben droht eine einjährige Freiheitsstrafe. Besonders kritisch ist die Situation, wenn der Betroffene zuvor bereits wegen Steuerhinterziehung rechtskräftig verurteilt wurde, denn dann gilt er als vorbestraft.

> **Was darf gepfändet werden – und was nicht?**
>
> Kommt es trotz aller Verhandlungen dennoch zur Pfändung, dann hat der Schuldner natürlich Rechte – vor allem auf den Besitz von unpfändbaren Sachen, die dem persönlichen Gebrauch dienen. Dazu gehören Haus- und Küchengeräte, Wäsche, Betten und alle Gegenstände, die der Schuldner zur Ausübung seiner Erwerbstätigkeit braucht. Einem freien Journalisten wird man zum Beispiel nicht seinen PC pfänden können. Geschieht dies dennoch, sollte umgehend Einspruch eingelegt werden.

> **Auf einen Blick**
>
> Die Pfändung der Bankkonten gehört zu den besonders beliebten Methoden der Finanzämter, um Steuerschuldner unter Druck zu setzen. Wer kann, sollte rechtzeitig vorsorgen (Eröffnung eines Alternativ-Kontos auf den Namen eines Dritten mit entsprechender Vollmacht).
>
> Zeichnet sich ab, dass der Steuerschuldner seinen Verpflichtungen nicht oder nicht im vollen Umfang nachkommen kann, empfiehlt sich ein frühzeitiges Gespräch mit dem Finanzamt, um nach Möglichkeit eine Eskalation zu verhindern und zu einer gütlichen Einigung zu kommen.
>
> Der Steuerbescheid ist sofort vollstreckbar. Das Finanzamt kann dem Steuerschuldner also sehr schnell die Daumenschrauben anlegen.

Ein Erlass von Steuerschulden kommt nur sehr selten in Betracht. Liegt eine Steuerhinterziehung vor, ist dieser Weg chancenlos.

Die Privatinsolvenz kann einen Ausweg aus dem Schuldenchaos weisen. Liegt aber eine Straftat vor (zum Beispiel eine Steuerhinterziehung), wird keine Restschuldbefreiung gewährt.

Die Stundung sowie die Vereinbarung von Ratenzahlungen ist oft die für alle Seiten vernünftigste Regelung.

Werden Ratenzahlungen vereinbart, müssen die Abmachungen peinlich genau eingehalten werden.

Vorsicht bei Eidesstattlichen Versicherungen: Wer in der Vermögensaufstellung geflissentlich etwas „vergisst", muss mit hohen Geldstrafen und im schlimmsten Fall sogar mit Gefängnis rechnen. Nach Möglichkeit sollte vor der Abgabe der Eidesstattlichen Versicherung ein Anwalt oder der Steuerberater hinzugezogen werden. Der Schuldner sollte sich keinesfalls unter zeitlichen Druck setzen lassen.

10 Nichts wie weg? Was Steuerparadiese wirklich bieten

Wichtiger Hinweis: Jeder Bundesbürger hat das Recht, in einer sogenannten Steueroase ein Konto oder Depot zu eröffnen. Die dort realisierten Kapitalerträge müssen jedoch dem deutschen Fiskus gemeldet werden. Ansonsten macht sich der diskrete Anleger strafbar. Wir geben an dieser Stelle keine Empfehlung für das Ausweichen in eine Steueroase ab. Insofern sind die nachfolgenden Ausführungen nicht als Tipps zu verstehen. Vielmehr handelt es sich um eine Bestandsaufnahme des in Europa und in anderen Teilen der Welt bestehenden Steuerwettbewerbs. Der Autor.

Diskretion Ehrensache

Das Telefongespräch, das der deutsche Anleger Winfried K. mit dem Anlageberater in Vaduz führt, klingt ganz danach, als würden sich beide zu einem konspirativen Treffen verabreden. Natürlich könne er sehr gern die Tiefgarage der Bank benutzen, dort stünden ausreichend Kundenparkplätze zur Verfügung, erläutert der Banker. Sicherer sei es jedoch, auf einem öffentlichen Parkplatz in Vaduz zu parken und die letzten hundert Meter zu Fuß zu gehen. Welches Auto er denn fahre, will der Berater von seinem potenziellen Kunden noch wissen. Und als der ihm sagt, er sei stolzer Besitzer eines Fahrzeugs der oberen Luxusklasse, empfiehlt der Banker, vielleicht mit dem Auto seiner Frau anzureisen. Von einem Leihwagen rät er dringend ab. Wenige Tage später wird der Anleger die angeforderten Informationsunterlagen zur Vorbereitung des Gesprächs in Vaduz erhalten. Nichts wird auf den Absender im Fürstentum Liechtenstein hindeuten. Die Bank wird den Brief im benachbarten Feldkirch in Vorarlberg abschicken und mit österreichischen Marken frankieren.

Im Gespräch mit dem Banker erfährt Winfried K. dann die Gründe für die aus seiner Sicht vielleicht etwas übertriebene Geheimniskrämerei. Der Anlageberater deutet aus dem Fenster auf den Bürgersteig gegenüber, wo gerade Tagestouristen ihre mitgebrachten Brötchen verzehren: „Wissen Sie, Herr K., wenn da drüben ein Mann oder eine Frau mit Kamera steht, wird das in den meisten Fällen ein Tourist sein. Doch sollen wir uns darauf verlassen? Können wir wirklich definitiv ausschließen, dass es sich um einen Spitzel einer ausländischen Steuerbehörde handelt? Natürlich nicht. Und würden Sie Ihre Hand für Ihren Postzusteller ins Feuer legen, wenn er Ihnen mehrfach Briefe mit den begehrten liechtensteinischen Briefmarken zustellt? Unterschätzen Sie niemals die destruktive Kraft des Neides", gibt der Banker seinem Kunden noch vor dem eigentlichen Anlagegespräch zu bedenken.

Diskret geht es zu im Fürstentum Liechtenstein, einem der kleinsten und wohlhabendsten Staaten der Welt. Die pittoreske Zwergmonarchie am Jungrhein mag bei diskreten Anlegern sehr beliebt sein, bei ausländischen Finanzbeamten löst sie geradezu pawlowsche Reflexe auf. Wer Konten in Liechtenstein unterhält, gehört zum „Großwild". Will sagen: Das sind nicht die typischen Sparer, die mal 50.000 oder 100.000 Euro beiseitelegen. Die findet man eher in Österreich und teilweise in Luxemburg. Die hochmoderne Liechtensteiner Finanzdienstleistungsbranche steht in puncto Professionalität und internationalem Know-how den großen Bankenplätzen Zürich, London und Frankfurt in nichts nach. Nur gemütlicher und beschaulicher geht es zu in diesem Zwergstaat. Längst vorbei sind die Zeiten, da es im Fürstentum nur ein Oligopol von drei Banken gab, von denen eine der fürstlichen Familie gehört, die hoch über der Stadt in Schloss Vaduz residiert. Eine Liste mit den Anschriften aller in Liechtenstein tätigen Geldinstitute gibt es bei der liechtensteinischen Bankiervereinigung unter der Internetadresse www.bankenverband.li.

Obgleich das kleine Fürstentum von den ausländischen Finanzbehörden fast schon wie ein Paria-Staat behandelt wird, ist das Land doch eng an die Europäische Union angebunden. Im Gegensatz zur Schweiz, die am Nikolaustag des Jahres 1992 völlig überraschend einen Beitritt zum European Economic Space (EES) ablehnte, akzeptierten die Liechtensteiner diese enge Form der Anbindung an die EU. Faktisch bedeutet dies, dass die vier Freiheiten des Europäischen Binnenmarktes (Freizügigkeit für Personen, Waren, Kapital und Dienstleistungen) auch für die Mitgliedstaaten des EES gelten, ohne dass die betreffenden Länder der EU als Vollmitglieder beitreten müssen. Obwohl Liechtenstein enger an die Europäische Union angebunden ist als die Schweiz, gibt es zwischen dem Fürstentum und den Eidgenossen offene Grenzen. In der Außenpolitik geht Liechtenstein ebenfalls eigene Wege. Während sich die Schweiz einem Beitritt zu den Vereinten Nationen hartnäckig widersetzt, trat das Fürstentum der internationalen Staatengemeinschaft im Jahr 1990 bei. Überhaupt hat sich vieles bewegt in dem einst als stockkonservativ verschrienen Land. So durften noch bis in die 1980er Jahre Frauen nicht an Parlamentswahlen teilnehmen. Heute bekleidet mit der Juristin und ehemaligen Schuldirektorin Rita Kieber-Beck eine Frau das Amt der Außenministerin.

Es gibt eine Reihe von Klischees über das Fürstentum. Dazu gehört die falsche Annahme, das Land lebe nur von diskreten Anlegern, Briefkastenunternehmen und Treuhändern. Tatsächlich verfügt Liechtenstein über eine Reihe höchst erfolgreicher Industrieunternehmen, darunter die weltweit tätige Hilti AG. Ferner wird der Ministaat von Wintersportlern sehr geschätzt. Den Vorwurf, Liechtenstein sei eine Steueroase, hört man in Vaduz nicht so gern. Fürst Hans-Adam – das Staatsoberhaupt der Monarchie – reagierte auf einen entsprechenden Vorwurf einmal mit der Replik: „Wenn wir tatsächlich eine Steueroase sind, dann nur, weil unsere Nachbarn ihre Staaten in Steuerwüsten verwandelt haben."

Massiv unter Druck gerieten die Regierung in Vaduz und die Finanzwirtschaft des Landes im Jahr 1999, als ein Bericht des deutschen Bundesnachrichtendienstes (BND) an die Öffentlichkeit gelangte. Der zentrale Vorwurf: Treuhänder in Liechtenstein würden das Vermögen krimineller Organisationen verwalten. Insbesondere werde für südamerikanische Drogenkartelle Geld gewaschen. Die Organisation für wirtschaftliche Zusammenarbeit und Entwicklung (OECD), in der manche bereits eine Art „internationales Finanzamt" sehen, setzte Liechtenstein auf eine schwarze Liste – neben Ländern der Dritten Welt. Unter anderem berichtete der „Spiegel" damals in großer Aufmachung über die „Geldwaschmaschine" Liechtenstein. Die Veröffentlichung fiel zusammen mit der CDU-Spendenaffäre, weshalb viele Beobachter von einem politisch lancierten Skandal sprachen. Führende Finanzmanager der hessischen Christdemokraten mussten damals einräumen, Schwarzgeld in Höhe von mehreren Millionen Schweizer Franken in einer Liechtensteiner Stiftung mit dem Namen „Norfolk" angelegt zu haben. Es ist und bleibt ein Treppenwitz der Geschichte, dass sich ausgerechnet der ehemalige Bundesinnenminister Manfred Kanther, unter dessen Ägide das Geldwäschegesetz zur Verbrechensbekämpfung eingeführt wurde, später wegen einer Schwarzgeldaffäre vor Gericht verantworten musste.

Das Fürstentum Liechtenstein musste damals um seinen (zumindest bei diskreten Anlegern) guten Ruf fürchten und ergriff die Flucht nach vorn. Die Regierung in Vaduz engagierte kurz vor Weihnachten 1999 den Innsbrucker Staatsanwalt Kurt Spitzer und beauftragte ihn, den Vorwürfen nachzugehen. In den folgenden Monaten gerieten prominente Bürger des Fürstentums ins Visier der Ermittler, darunter ein Landtagsabgeordneter. Dennoch wurde das Fürstentum zumindest ansatzweise rehabilitiert: Großteils seien die Beschuldigungen nicht nachvollziehbar, stellte der österreichische Ermittler fest. Trotzdem gelten in Liechtenstein seither sehr viel strengere Gesetze gegen die Geldwäschekriminalität. Der diskrete Anleger ist davon indessen nicht betroffen. Als „Oase" steht Liechtenstein weiter hoch im Kurs.

Liechtensteiner Spezialität: Die Familienstiftung

In Deutschland dient eine Stiftung in der Regel der Unterstützung gemeinnütziger Ziele. Sie wird daher gleichsam „für die Ewigkeit" gegründet. Das heißt, das Stiftungskapital bleibt unangetastet. Dem wohltätigen oder gemeinnützigen Zweck fließen lediglich die Kapitalerträge zu.

Eine Privatstiftung nach liechtensteinischem Recht hingegen weist einige Besonderheiten auf.

Solche Stiftungen können von natürlichen oder juristischen Personen aus der Taufe gehoben werden, und zwar unabhängig davon, ob es sich um In- oder Ausländer handelt. Für die Gründung einer liechtensteinischen Stiftung bedarf es keiner behördlichen Genehmigung. Sie kann vom Stifter selbst, durch Vollmacht oder treuhänderisch ins Leben gerufen werden. Wer besonderen Wert auf Diskretion legt, wird die Stiftungsgründung mittels Treuhänder vorziehen. Sobald die Stiftung existiert, können Vermögenswerte in sie übertragen werden.

Das vorgeschriebene und im Stiftungsstatus angegebene Stiftungskapital muss mindestens 30.000 Schweizer Franken betragen, wobei diese Summe auch in fremder Währung oder in Sacheinlagen eingebracht werden kann. Im Gegensatz zum Stiftungskapital ist die Höhe des Stiftungsvermögens nicht ersichtlich. Liechtensteiner Banker empfehlen aus Kostengründen ein Mindestvolumen von rund 800.000 Schweizer Franken.

Für die Stiftung muss ein liechtensteinischer Repräsentant bestellt werden – üblicherweise handelt es sich dabei um einen ortsansässigen Anwalt. Diesem kommt die Funktion des Zustellungsberechtigten zu, nicht aber die Geschäftsführung oder die Vertretung der Stiftung. Der Stifter kann sich in den Statuten ein jederzeitiges Widerrufsrecht einräumen lassen. Dann geht das Vermögen an den Stifter zurück. Die laufenden Kosten einer solchen Stiftung betragen nach Angaben der Raiffeisenbank Liechtenstein AG jährlich rund 4.300 Schweizer Franken.

Beliebt ist die liechtensteinische Familienstiftung vor allem als Instrument zur steuerschonenden Vermögensübertragung an nachfolgende Generationen. Der Stifter zahlt zu Lebzeiten keine EU-Zinssteuer, außerdem ist sein Vermögen vor den neugierigen Blicken ausländischer Finanzbehörden optimal geschützt. Bei der Vermögensübertragung fällt nur eine sehr geringe Besteuerung nach liechtensteinischem Recht an.

Doch Vorsicht: Der deutsche Fiskus erkennt solche Stiftungen nicht an. Steuerehrliche Bürger müssen daher die Kapitalerträge und den Erbschaftsfall ihrem zuständigen Finanzamt melden.

Warum in die Ferne schweifen?

Nicht ohne Grund steht das Fürstentum beispielhaft am Anfang dieser Betrachtung der europäischen und außereuropäischen Steueroasen. Unter Fachleuten besteht kaum ein Zweifel: Nirgendwo in

Europa sind Anleger besser vor den neugierigen Blicken der Finanzämter geschützt als in dieser Zwergmonarchie. Zu den Spezialitäten des Landes gehören die beschriebenen Stiftungen sowie Trusts, deren Steuerbelastung verschwindend gering ist. Gleichzeitig bleibt die Anonymität des diskreten Anlegers gesichert.

Neben der Schweiz als dem „Klassiker" unter den Steueroasen haben Liechtenstein sowie die Sondergebiete Jungholz und Kleinwalsertal, die teils zu Deutschland, teils zu Österreich gehören, zwei weitere entscheidende Vorteile: Sie liegen gleichsam vor der Haustür – und die Banker dort sprechen Deutsch. Damit können andere Steueroasen nicht dienen. Sie liegen teilweise weit entfernt und lassen sich erst nach einem mehrstündigen Flug erreichen.

Sogar das Fürstentum Andorra stellt schon einige Anforderungen an die Steuerflüchtlinge. Auf den ersten Blick scheinen in dem Pyrenäen-Staat, der mit 468 Quadratkilometern fast dreimal so groß ist wie Liechtenstein, aus steuerlicher Sicht nachgerade paradiesische Zustände zu herrschen. In Andorra gibt es keinerlei gewinnabhängige Steuern, also keine Einkommensteuer, keine Körperschaft- und Erbschaftsteuer, keine Mehrwertsteuer, ja sogar nicht mal eine Hundesteuer. Finanzämter existieren nicht, und was man unter Steuerhinterziehung versteht, ist den Andorranern nur vom Hörensagen bekannt. Doch die Anreise in diesen Zwergstaat am Ende der Welt mutet recht abenteuerlich an. Die Anfahrt mit dem Auto über Frankreich dauert Stunden und ist im Winter häufig gar nicht möglich, da der Pyrenäenpass nach Andorra oft gesperrt wird. Wer diese Strapazen nicht auf sich nehmen möchte, nimmt das Flugzeug nach Barcelona (kostenbewusste Anleger fliegen mit der Billig-Airline Ryanair ins nahegelegene Girone) und fahren die letzten rund 200 Kilometer nach Andorra mit dem Leihwagen. Ob die Anreise lohnt, steht auf einem anderen Blatt. Denn von den Vorteilen Andorras profitiert nur der so richtig, der dort seinen Hauptwohnsitz wählt. Wer sich dennoch über das versteckte Fürstentum näher informieren möchte, erhält weitere Informationen unter www.andorra.be oder unter www.andorra-intern.com.

Um noch exotischere „Oasen" in der Karibik (zum Beispiel Nassau, Bahamas oder die Cayman Islands) oder im Pazifischen

Ozean (Nauru) sollte man nicht nur wegen der großen Entfernung einen Bogen machen. Interessant könnte auf mittlere Sicht allerdings Singapur werden. Der fernöstliche Stadtstaat gilt als politisch stabil – und der Finanzsektor als einer der professionellsten der Welt. Viele europäische Geldinstitute sind in Singapur vertreten und bieten ihren Kunden „Inhouselösungen" an. Das heißt, das Geld tritt gleichsam per Mausklick die Reise von Zürich nach Singapur an. Das Bankgeheimnis in diesem fernöstlichen Kleinstaat gilt als absolut sicher, ferner gibt es keine Quellensteuer auf Kapitalerträge.

Steuerparadies auf Abruf?

So etwas wirkt auf eine bestimmte Klientel nicht gerade vertrauensfördernd: Zu Beginn des Jahres 2006 sollten 2 Millionen Euro von Monaco nach Liechtenstein transferiert werden. Für den Normalverdiener sicher ein nettes Sümmchen, doch muss man nicht unbedingt Vorstandsvorsitzender einer deutschen Großbank sein, um einen solchen Betrag – gemessen am Volumen der Tag für Tag um die Welt flutenden Finanzströme – als „Peanuts" zu bezeichnen. Das Vorhaben flog auf, und die monegassischen Behörden froren das Geld ein. „Die Wege für schmutziges Geld führen über Monaco in eine Sackgasse", kommentierte das britische Wirtschaftsmagazin „The Economist" den ungewöhnlichen Vorgang. Ungewöhnlich deshalb, weil sonst Beträge ganz anderer Größenordnung unbehelligt im Fürstentum der Grimaldi zirkulieren. Das liberale Steuerklima zog nicht nur einkommensstarke Sportler wie Boris Becker an (der – wie an anderer Stelle erwähnt – für sein Intermezzo in Monte Carlo bitter büßen musste), sondern auch jede Menge zwielichtiger Gestalten. Stellen Länder wie die Schweiz oder Liechtenstein gern ihre konservativen Traditionen und ihre Verschwiegenheit in den Vordergrund, so galt Monaco – mit 2 Quadratkilometern der zweitkleinste Staat Europas nach dem Vatikan – eher als Steuerparadies der leichtfüßigen Halbwelt. Mit Show und Glamour machte sich das Fürstentum häufiger einen Namen denn als innovativer Finanzplatz. Doch immerhin gibt es in Monaco nicht weniger als 47 Geldinstitute, die auf 350.000 Konten fast 68 Milliarden Euro verwalten. Und angeblich haben knapp tausend deutsche Multimillionäre ihren Wohnsitz in der „Oase" am Mittelmeer.

Ob Monaco dauerhaft zum Kreis der steuerbegünstigten europäischen Kleinstaaten gezählt werden darf, scheint zumindest ungewiss. Nicht nur das bisweilen restriktive Vorgehen der Behörden wie im Fall der eingefrorenen 2 Millionen Euro lassen Zweifel aufkommen. Vielmehr versprach der seit 2005 regierende Fürst Albert II., sein kleines Land vom zweifelhaften Image eines Offshorezentrums für Geldwäsche befreien zu wollen. Schon in den Jahren zuvor waren die monegassischen Behörden schärfer gegen zweifelhafte Geschäfte vorgegangen. „Der Druck von außen wächst. Das Fürstentum, durch Frankreich an den Euro gekoppelt, hat sich auf Anweisung des Europarates nahezu allen internationalen Gremien angeschlossen: OECD, Siccfin (Bekämpfung der Geldwäsche) und Gafi/Fatf (Verhinderung von Finanzierung des Terrorismus)", schreibt der Journalist und Monaco-Kenner Thomas Veszelitis.

Dem organisierten Verbrechen und dem Terror die finanzielle Plattform zu entziehen und ihre Finanzkanäle trockenzulegen, ist ohne Frage ein höchst begrüßenswerter Schritt. Doch stellt sich die Frage, wie belastbar in Zukunft das monegassische Bankgeheimnis ist. Was, wenn der Fürst beschließen sollte, auf dem Weg seines Landes vom fiskalischen „Schmuddelkind" zum Musterknaben auch die Diskretion der Geldinstitute zu beschneiden? Mit dem Vorwand der Geldwäschebekämpfung haben europäische Finanzminister bekanntlich schon häufig ehedem verschwiegene Banken zur Zusammenarbeit verpflichtet – und zwar nicht nur, wenn es um kriminelle Aktivitäten geht.

Das Beispiel Monaco zeigt dem diskreten Anleger jedenfalls: Es gibt keine Garantien, dass eine „Oase" diesen Status auf Dauer behält. Der Druck mächtiger Staaten und der von ihnen getragenen Organisationen, die den Steuerwettbewerb eindämmen und die eigenen klammen Staatskassen auffüllen möchten, sollte nicht unterschätzt werden. Man muss sich keineswegs zum Advokaten von Steuerhinterziehern machen, wenn man den „Oasen" weiterhin Erfolge wünscht. Denn letztlich sind es diese steuerbegünstigten

Länder, die noch höhere Steuern in den großen Nachbarstaaten verhindern. Ist es ein Zufall, dass überall auf der Welt in der Nähe von Hochsteuerstaaten höchst effiziente Steueroasen anzutreffen sind?

Nicht nur auf das Bankgeheimnis schauen

Wer sein Geld im Ausland anlegt, muss nicht unbedingt auf der Flucht vor dem Finanzamt sein, zumal in der Regel das betreffende Zielland ebenfalls Steuern auf die Zinserträge erhebt und die Höhe dieser Quellensteuer sich in den nächsten Jahren angleichen dürfte. Nein, vielen Anlegern geht es um den Schutz ihrer Privatsphäre. Sie möchten sich nicht damit abfinden, dass jeder neugierige Finanzbeamte in ihren Konten herumschnüffeln darf. Diese Klientel legt Wert auf ein absolut zuverlässiges Bankgeheimnis. In dieser Hinsicht genießen nicht nur die Schweiz und Liechtenstein, sondern auch Österreich einen exzellenten Ruf. In der Alpenrepublik genießt das Bankgeheimnis sogar Verfassungsrang. Das heißt, etwaige Änderungen bedürften im nationalen Parlament einer Zwei-Drittel-Mehrheit. Somit gilt das Bankgeheimnis in Österreich als sicher, zumal viele der dortigen Banken Nummernkonten anbieten, deren Inhaber nur wenigen leitenden Mitarbeitern der Geldinstitute bekannt sind.

Doch die tatsächliche Qualität eines Bankgeheimnisses entscheidet sich im Ernstfall. Sprich: Wie verhält sich das betreffende Institut im Ausland, wenn gegen ihren Kunden in Deutschland bereits ein Steuerstrafverfahren eingeleitet wurde? Grundsätzlich leisten die meisten ausländischen Staaten aufgrund internationaler Abkommen sogenannte Rechtshilfe, das heißt, sie unterstützen ihre Kollegen in anderen Staaten bei der Verfolgung von Straftaten. Da in der Bundesrepublik die Hinterziehung von Steuern als Straftat gilt, können die deutschen Behörden Auskünfte von ausländischen Banken anfordern. Das Bankgeheimnis eines Landes mag in der Theorie noch so streng sein, doch das Wort „Rechtshilfe" erweist sich in der Regel gleichsam als Sesam-öffne-dich. So erteilen österreichische Banken auf dem Rechtshilfeweg Auskünfte. Voraussetzung hierfür ist ein gegen den Kunden im Ausland eingeleitetes Steuerstrafverfahren (keine Steuerordnungswidrigkeit!). Ob die Bank gezwungen wird, die Konto- und Depotverbindungen deutscher Staatsbürger offenzulegen, entscheidet das jeweilige österreichische Landgericht.

Fazit: Österreich mag geeignet sein für Kunden, die sich vor den Schnüffelattacken deutscher Finanzämter in Sicherheit bringen wollen. Wenn es aber ernst wird, ist man in Liechtenstein, der Schweiz und Luxemburg besser aufgehoben. Zwar leisten auch diese Länder grenzüberschreitende Rechtshilfe, doch gilt dort nicht jede Steuerhinterziehung gleich als Straftat. So differenzieren die Schweizer zwischen einer einfachen Steuerhinterziehung und dem sogenannten Steuer- und Abgabebetrug. Wer zum Beispiel versehentlich seine Kapitalerträge nicht in seinen Steuererklärungen deklariert, gilt in der Schweiz zwar als Hinterzieher, aber nicht als Straftäter. Selbst die nicht vollständige Angabe von Betriebseinnahmen gilt bei den Eidgenossen nicht als Straftat. Doch Vorsicht: Wurde Umsatzsteuer hinterzogen, dürften dies die Eidgenossen als Steuerbetrug ansehen. In diesem Fall leistet die Schweiz Rechtshilfe. Steuer- und Abgabebetrug liegt insbesondere vor, wenn der Hinterzieher zum Beispiel vorsätzlich Urkunden fälschte oder andere Straftaten beging, um die Steuer zu verkürzen.

Das heißt konkret: Bei einfacher Steuerhinterziehung hat das Schweizer Bankgeheimnis Bestand, liegt hingegen Steuer- und Abgabebetrug vor, werden die Behörden des diskreten Nachbarn die Banken in der Regel zwingen, Auskünfte zu erteilen. In Liechtenstein und Luxemburg gelten ähnliche Regelungen, wobei Experten das Bankgeheimnis in Liechtenstein dauerhaft sogar für sicherer halten als das der Schweiz, die unter erheblichem Druck aus dem Ausland – vor allem seitens der USA – steht, in Sachen Steuerhinterziehung und Geldwäsche stärker mit dem Ausland zu kooperieren. Dennoch ist und bleibt die Schweiz mit Recht ein sicheres und diskretes Fluchtland. Wohl dem, der sich dort seinen Wohnsitz nehmen kann. Das ist mittlerweile etwas einfacher möglich als früher. Wir kommen später auf diesen interessanten Aspekt zurück.

Auf Einlagensicherung achten

Wer in Deutschland ein Sparkonto eröffnet, kann beruhigt schlafen. Denn seit der spektakulären Pleite der Herstatt-Bank in den 1970er Jahren sind die Einlagen der Kunden hierzulande fast grenzenlos geschützt. Es gilt zwar ein Limit von 30 Prozent des haftenden Eigenkapitals der Bank, doch selbst bei sehr kleinen Instituten liegt der gesicherte Betrag bei mehreren Millionen Euro. Alle drei Banksysteme in der Bundesrepublik (Sparkassen, Volks- und Raiffeisenbanken sowie Privatbanken) unterhalten eigene Einlagensicherungssysteme. Ist ein kleineres privates Geldinstitut nicht dem Einlagensicherungsfonds des Bundesverbandes Deutscher Banken angeschlossen, muss es den Kunden hierauf explizit hinweisen. Sparkassen sowie die Volks- und Raiffeisenbanken gehören alle den entsprechenden Sicherungsfonds ihrer jeweiligen Gruppe an. Im Ausland sind Spareinlagen in vielen Fällen jedoch nur sehr gering abgesichert. Auch darauf sollte achten, wer sein Geld ins steuerbegünstigte Ausland transferieren möchte.

Land	Gesicherter Betrag in Euro (bei Fremdwährungsländern gerundete Beträge)
Belgien	20.000
Dänemark	40.000
Frankreich	60.000
Großbritannien	22.000
Irland	20.000
Liechtenstein	19.000
Luxemburg	20.000
Österreich	20.000 (Ausnahme: Sparkassen sowie Volks- und Raiffeisenbanken unbegrenzt)

Schweiz	19.000
USA	80.000

Stand: 2006

Der diskrete Geldtransfer

Die Eröffnung eines diskreten Kontos oder eines Depots ist schnell und unbürokratisch möglich. Allerdings muss sich der Kunde ausweisen, und seine Daten werden erfasst. Bei Nummernkonten, wie sie zum Beispiel Banken in der Schweiz und Österreich anbieten, muss sich der Anleger zwar ebenfalls legitimieren, doch wissen nur wenige leitende Mitarbeiter des Instituts Bescheid, wer hinter diesen diskreten Konten steht. Für alle anderen Bankmitarbeiter sind nur die Kontonummer und das vereinbarte Passwort ersichtlich.

Als weitaus schwieriger als die Kontoeröffnung erweist sich der Geldtransfer von Deutschland in die Steueroase. Allzu leichtfertig haben in der Vergangenheit deutsche Anleger arglos ihr Kapital von einem Inlandskonto zum Beispiel nach Luxemburg transferiert und damit die Zugriffsmöglichkeiten der deutschen Steuerfahnder maßlos unterschätzt. Grundsätzlich gilt: Der Geldtransfer darf keine im Inland nachvollziehbare Spuren hinterlassen – weder bei der Einzahlung auf das diskrete Konto noch bei Abhebungen. Die Verwaltung ausländischer Konten per Online-Banking ist ebenfalls gefährlich (siehe Checkliste). Unglaublich, aber wahr: Manche diskreten Anleger bewahren die Visitenkarte des Kundenberaters der ausländischen Bank in der Brieftasche auf, andere legen sogar zu Hause Aktenordner mit allen Unterlagen und Auszügen Ihrer diskreten Bankverbindung an. Im Fall der Fälle eine fette Beute für die Beamten der Steuerfahndung.

Doch zurück zur Frage, wie das Geld des Anlegers in das ausgesuchte Steuerparadies gelangt. Die Überweisung von einer „Oase" in die andere – zum Beispiel von Luxemburg in die Schweiz –

ist normalerweise unkritisch. Ebenso die bereits erwähnte „Inhouselösung", wenn also zum Beispiel die Private Banker einer schweizerischen Bank das Vermögen des Kunden ins sichere Singapur transferieren. Doch Restrisiken sind dabei nicht auszuschließen. Wer absolut auf Nummer sicher gehen möchte, schlüpft in die Rolle des Geldboten und zahlt das Kapital in bar ein. Der Nachteil: Wie schon ausgeführt, finden an den Grenzen zu steuerbegünstigten Nachbarländern häufig Zollkontrollen statt. Wer dann mit dem berühmten Köfferchen mit 1 Million Euro erwischt wird, muss sich auf einiges gefasst machen, falls er nicht zweifelsfrei nachweisen kann, woher das Geld stammt und was er damit im Ausland anfangen möchte. Unkritisch bleiben Beträge bis 15.000 Euro. Das bedeutet: Bei einem Anlagevolumen von 150.000 Euro müsste der diskrete Anleger zehnmal ins Ausland reisen. „Kein Problem, heutzutage gibt's doch Billigflieger", empfahl zum Beispiel eine Schweizer Anlageberaterin ihrem Kunden. Tatsächlich gibt es mittlerweile sehr günstige Flüge nach Zürich. Doch geht es nicht allein um die Fahrt- oder Flugkosten. Für mehrere Reisen ins benachbarte Ausland muss der Anleger viel Zeit investieren. Die Erfahrung zeigt, dass manchen Anlegern der ständige Geldtourismus spätestens nach dem fünften Transfer ziemlich auf die Nerven geht. Da werden manche leichtsinnig und schaffen immer größere Bargeldsummen ins steuerdiskrete Ausland, zumal dann, wenn sie bei ihren bisherigen Transaktionen noch nicht aufgefallen ist. Gut beraten, wer sich an das bewährte deutsche Sprichwort erinnert: „Der Krug geht so lange zum Brunnen, bis er bricht."

Andere Banker empfehlen, das Geld über Drittländer in die sogenannten Steueroasen zu schleusen. Sie raten zum Beispiel, das für eine Luxemburger Bank bestimmte Geld nicht direkt über die deutsch-luxemburgische Grenze ins Großherzogtum zu schaffen, sondern einen kleinen Umweg via Belgien in Kauf zu nehmen. Der Vorteil: An der deutsch-belgischen Grenze sei die Gefahr von Zollkontrollen weitaus geringer als am Übergang von Deutschland nach Luxemburg. Erst einmal in Belgien, stelle es kein Problem dar, unbehelligt nach Luxemburg zu gelangen, schließlich unterhielten Belgien, die Niederlande und Luxemburg seit vielen Jahrzehnten eine Zollunion ohne Grenzen. Soweit der Tipp eines Luxemburger Bankers. Grundsätzlich sollte sich der Anleger nicht darauf verlassen, dass ihm der Bankberater im diskreten Ausland in der Frage des Transfers allzu behilflich ist. Wie das Geld über die Grenze kommt, bleibt in der Regel dem Kunden überlassen. Bei dieser heiklen Frage beschränken sich Banker oft auf ein paar mehr oder minder unverbindliche Tipps.

Vom Geheimnis der „Bleibepost"

Wo immer man ein Konto oder Depot unterhält, fällt im Laufe der Zeit jede Menge Papier an. Belege, Konto- und Depotauszüge, Mitteilungen der Bank, Bewertungen und andere Schriftstücke sind aber in hohem Maße verräterisch. Die Steueroase und die dort ansässigen Geldinstitute mögen noch so diskret sein, wenn aber der Kontoinhaber allzu leichtfertig mit seinen Unterlagen umgeht und sich die Post womöglich an die Heimatadresse nach Deutschland schicken lässt, macht er den deutschen Steuerbehörden im Fall der Fälle das Leben leicht. Ebenso gefährlich ist es, E-Mails mit den diskreten Banken auszutauschen. Experten raten sogar von Telefonaten ab und empfehlen, bei Beratungs- oder Klärungsbedarf vor Ort das persönliche Gespräch mit den Bankern zu suchen. Auch dies ein Grund, weshalb das betreffende Land, in dem das Geld „Urlaub" macht, nicht mehrere Flugstunden entfernt sein sollte.

In der Regel geben Anleger im diskreten Ausland gegenüber den Banken sogenannte Bleibeposterklärungen ab. Sie untersagen damit den Instituten, schriftliche Unterlagen, die das Konto beziehungsweise Depot des Kunden betreffen, an die Heimatadresse zu schicken. In der Bleibeposterklärung verpflichtet sich der Kontoinhaber im Gegenzug, die volle Verantwortung für Nachteile zu übernehmen, die sich aus der Nichtzustellung der Unterlagen ergeben. Zu diesen Nachteilen gehört zum Beispiel das Verstreichen von Widerspruchsfristen gegen Kontoabschlüsse u.Ä. Die Bank wird nach Abgabe dieser Erklärung sämtliche Korrespondenz des Kunden in einem Postfach oder einer Postmappe hinterlegen. Manche Institute lassen sich diese diskreten Serviceleistungen allerdings recht üppig honorieren. In bestimmten Abständen sollte der Anleger die Post einsehen. Banken empfehlen mindestens einmal im Jahr die Post abzuholen – besser zweimal jährlich. Zu beachten ist ferner, dass in den sogenannten Oasen-Ländern oft unterschiedliche Aufbewahrungsfristen gelten. Holt der diskrete Anleger seine Post nicht ab, landen die Dokumente irgendwann im Reißwolf. Das kann schon nach sechs Monaten oder nach drei Jahren geschehen. Natürlich kann man sich zum Beispiel die Kontoauszüge nacherstellen lassen, doch das ist häufig mit geradezu exorbitanten Gebühren verbunden. Wer seine im Ausland lagernde Bankpost lange Zeit nicht kontrolliert und damit nicht die geltenden Fristen einhält, verliert unter Umständen das Reklamationsrecht bei Fehlbuchungen. Üblicherweise müssen Beanstandungen bezüglich der Konto- und Depotabschlüsse innerhalb von vier Wochen nach Zugang des betreffenden Dokuments erfolgen.

Bei all diesen Nachteilen erscheint die Frage angebracht, ob es nicht sinnvoller ist, sich die Bankkorrespondenz aus dem Ausland einfach in einem neutralen Umschlag nach Deutschland schicken zu lassen. Experten raten dringend ab, immerhin können die deutschen Behörden die Post eines ins Visier der Fahnder geratenen Bürgers beschlagnahmen. Außerdem stellt sich die Frage, wo der diskrete Anleger zu Hause die Dokumente aus dem verräterischen Ausland wirklich sicher aufbewahren soll. Selbst bei größtmöglicher Umsicht bleiben meist verräterische Spuren zurück. Daher gilt: Die diskrete Post sollte das diskrete Land nie verlassen.

Checkliste „Steueroasen"

Jede „Steueroase" ist nur so diskret wie der Konto- oder Depotinhaber selbst. Die Aktivitäten jenseits der Grenzen sollten absolut geheim gehalten werden. Besonders vorsichtige Zeitgenossen teilen dieses Geheimnis sogar nicht einmal mit ihrem Partner bzw. ihrer Partnerin.

Trotz aller Diskretion sollte sichergestellt sein, dass im Falle des Todes des Kontoinhabers mindestens eine Vertrauensperson über die Anlage im Ausland informiert ist.

> Wer von einem deutschen Konto aus Geld in eine Steueroase überweist, könnte theoretisch gleich eine Fotokopie des Überweisungsträgers an den Fiskus schicken. Daher: Niemals elektronische Spuren hinterlassen.
>
> Kontoauszüge sowie alle Unterlagen, die das diskrete Konto betreffen, sollten in der „Steueroase" verbleiben.
>
> Länder, die nicht der Europäischen Union angehören, bieten in vielen Fällen einen besseren Schutz für den diskreten Anleger.
>
> Zu beachten ist ferner, dass sich die Banker im diskreten Ausland ihre verschwiegenen Dienste meist ordentlich bezahlen lassen.
>
> Der Transfer des Geldes ins diskrete Ausland sollte persönlich und in mehreren Branchen erfolgen.

Wohnsitznahme in der Schweiz

Bis vor einigen Jahren war es alles andere als einfach, eine Aufenthaltsgenehmigung für die Schweiz zu erhalten. Mit Beginn des Jahres 2002 wurden die bis dahin geltenden strengen Regelungen für Bürger aus den Staaten der Europäischen Union und der EFTA (Europäische Freihandelszone) deutlich liberalisiert. Voraussetzung für eine erwerbslose Wohnsitznahme sind nur noch das Vorhandensein von ausreichenden finanziellen Mitteln sowie der Nachweis einer Krankenversicherung. Davon profitieren international tätige, standortunabhängige Unternehmerpersönlichkeiten und Privatiers. Wer einen länger als drei Monate dauernden Wohnsitz oder Aufenthalt in der Schweiz plant, muss lediglich eine Bewilligung bei der Schweizer Fremdenpolizei einholen.

Für die erwähnte Zielgruppe kann ein solcher Wohnsitzwechsel erhebliche Vorteile haben, da in der Schweiz nicht erwerbstätige Ausländer eine vorteilhafte Besteuerung genießen, die sich ausschließlich an ihrem geschätzten Aufwand orientiert. Zu diesen Aufwendungen gehören:

- Kosten für Verpflegung und Bekleidung
- Kosten für Unterkunft
- gesamte Aufwendungen für das Personal, das dem Steuerpflichtigen dient

- die Auslagen für Bildung, Kultur und Unterhaltung
- Kosten der Haltung von aufwändigen Haustieren
- Aufwendungen für Reisen, Ferien, Kuraufenthalte usw.
- Kosten für den Unterhalt und den Betrieb von Automobilen, Motorbooten, Flugzeugen usw.
- alle anderen Kosten der Lebenshaltung, einschließlich der direkten Steuern.

Mit anderen Worten: Die Höhe der zu zahlenden Pauschalsteuer orientiert sich nicht daran, was der Betreffende einnimmt, sondern was er ausgibt. Die nach dem Aufwand berechnete Steuer wird von den Schweizer Finanzbehörden einer sogenannten Kontrollrechnung unterzogen. Der Clou dabei: Wer in der Schweiz seinen Wohnsitz nimmt und die Voraussetzungen für die Pauschalbesteuerung erfüllt, braucht gegenüber dem Schweizer Fiskus sein ausländisches Vermögen und die dort erzielten Einkünfte nicht anzugeben.

Klingt gut, doch Vorsicht: Um in den Genuss der Pauschalbesteuerung zu kommen, muss der ausländische Steuerzahler eine Reihe von Voraussetzungen erfüllen. Es empfiehlt sich daher unbedingt, rechtzeitig vor einem solchen Schritt den Rat eines Schweizer Steuerberaters oder Anwalts in Anspruch zu nehmen. Wichtige Adressen für eine mögliche Wohnsitznahme in der Schweiz haben wir im Anhang dieses Buches zusammengestellt.

Die beliebtesten Auswanderungsländer für steuermüde Deutsche

Die unter steuerlichen Gesichtspunkten attraktivsten Staaten, die sich zur Auswanderung anbieten, lassen sich grob in vier Kategorien unterteilen:

1   Staaten, die grundsätzlich keine Einkommensteuer erheben. Ja, in der Tat, solche Länder gibt es, wenngleich gerade mal zwei an der Zahl: die Fürstentümer Andorra und Monaco.

2   Niedrigsteuerländer: In diese Kategorie fallen Staaten, in denen der Einkommensteuerspitzensatz erheblich (mindestens ein Drittel) geringer ist als in Deutschland. Dazu zählen zum Beispiel die Isle of Man, die Kanalinseln Guernsey und Alderney sowie das Fürstentum Liechtenstein.
3   Staaten, die bestimmte Einkünfte steuerlich begünstigen (zum Beispiel Kapitalerträge). Die bekanntesten Beispiele sind Irland und Österreich.
4   Länder, die Zuzüglern aus fremden Staaten besondere steuerliche Vorteile gewähren, wie etwa die Mittelmeerrepubliken Malta und Zypern.

Auswanderungsland Deutschland

Fast 150.000 Deutsche kehrten der Bundesrepublik allein im Jahr 2005 nach Angaben des Statistischen Bundesamtes den Rücken. Die meisten zog es in die Schweiz, USA und nach Österreich. Vor allem hochqualifizierte Arbeitskräfte suchen das Weite. Die Organisation für wirtschaftliche Zusammenarbeit in Europa (OECD) warnte in einer Studie aus dem Jahr 2006, kein anderes Industrieland verliere so viele Akademiker ans Ausland wie Deutschland. Überdies sei die Hälfte der Emigranten jünger als 35 Jahre. Personalverantwortliche sprechen bereits vom „Abfluss der Hirne". Hohe Steuern, eine überbordende Bürokratie und schlechte Jobaussichten treiben immer mehr flexible Deutsche ins nahe oder ferne Ausland.

Hitliste der bei Deutschen beliebtesten Auswanderungsländer:

Schweiz
USA
Österreich
Polen
Großbritannien
Spanien
Frankreich
Italien
Niederlande
Kanada

Quelle: Statistisches Bundesamt, Stand: 2005

> **Auf einen Blick**
>
> Jeder deutsche Anleger kann in einer sogenannten Steueroase Konten oder Depots eröffnen. Steuerehrliche Bürger müssen die dort erzielten Kapitalerträge aber in ihrer Einkommensteuer angeben.
>
> Hinweise auf Geschäftsverbindungen in Steueroasen lösen bei Finanzbeamten „pawlowsche Reflexe" aus. Als besonders suspekt gelten die Ministaaten Liechtenstein, Monaco, Luxemburg und Andorra.
>
> Nach Turbulenzen in den vergangenen Jahren hat sich das Fürstentum Liechtenstein wieder stabilisiert. Hohe Professionalität und ein äußerst strenges Bankgeheimnis machen dieses Land noch interessanter als die benachbarte Schweiz.
>
> Gleichzeitig entstehen neue Steueroasen. Besonders beliebt ist seit einiger Zeit Singapur. Manche schweizerischen Banken schichten das Geld ihrer Kunden bereits auf Konten in diesem südostasiatischen Stadtstaat um.
>
> Das strengste Bankgeheimnis kann aufgehoben werden, sobald der betreffende Staat den deutschen Behörden Amtshilfe leistet. Das ist in der Regel dann der Fall, wenn gegen den Kontoinhaber in Deutschland bereits ein Steuerstrafverfahren eingeleitet wurde.
>
> Vorsicht bei exotischen Steueroasen (Nauru, Bahamas, Nassau usw.). Der diskrete Anleger sollte nicht nur die weiten Entfernungen bedenken, sondern auch eventuelle politische und wirtschaftliche Risiken.
>
> Beim Geldtransfer niemals Spuren hinterlassen.
>
> Vorsicht beim Online-Banking mit ausländischen Banken.
>
> Unterlagen und Kontoauszüge sollten in der Steueroase verbleiben.
>
> Eine Wohnsitznahme in der Schweiz ist heute für bestimmte Berufsgruppen deutlich einfacher als noch vor wenigen Jahren.

Kurz & bündig: die wichtigsten „Oasen"

Die anhaltend hohe steuerliche Belastung, die Aufweichung des Bankgeheimnisses und der zwischen den meisten Staaten der Europäischen Union vereinbarte Austausch von Kontrollmitteilungen über Auslandskonten der Bürger rückten die sogenannten Steueroasen wieder verstärkt ins Blickfeld von Anlegern und steuerlich stark belasteten Personen. Großes Interesse besteht dabei an politisch und wirtschaftlich stabilen Staaten in Europa, die innerhalb weniger Stunden mit dem Auto oder dem Flugzeug zu erreichen sind. Exotische Oasen in der Karibik oder im Pazifischen Ozean sind zumindest bei den Europäern kaum gefragt.

Selbst in einem Staat wie Österreich, dessen Bankgeheimnis nach wie vor als sehr solide gilt, gibt es keine absolute Sicherheit. Über den Weg der Rechtshilfe – zum Beispiel im Zusammenhang mit einem in Deutschland anhängigen Strafverfahren – können auch österreichische Banken zur Offenlegung von Konten verpflichtet werden.

Mancher trägt sich daher mit dem Gedanken, Deutschland vollständig den Rücken zu kehren und in einem der steuerbegünstigten Länder in der näheren Umgebung einen Wohnsitz zu nehmen. An prominenten Beispielen fehlt es nicht. Grundsätzlich ist dies in vielen „Oasen" zwar mit überschaubarem Aufwand möglich, doch nicht überall empfehlenswert. Der folgende Beitrag gibt eine Übersicht über die Vor- und Nachteile der bekanntesten europäischen Niedrigsteuerstaaten und beleuchtet überdies die Frage, ob und zu welchen Bedingungen dort der Erwerb von Immobilien durch EU-Ausländer möglich ist.

Andorra

Vorteile:
Der 468 Quadratkilometer umfassende Kleinstaat in den Pyrenäen bietet derzeit das mit Abstand günstigste steuerliche Umfeld: In Andorra werden keine direkten Steuern erhoben, das heißt, jeder kann seine Erträge brutto für netto vereinnahmen. Auch die Erbschaftsteuer ist in dieser „Oase" unbekannt. Finanzämter gibt es in Andorra ebenso wenig wie Steuererklärungen und Buchprüfungen. Diese Tatsache macht das Land einzigartig und zunehmend begehrt. Die Andorraner finanzieren ihren Staatsetat, der stets einen Überschuss aufweist, aus indirekten Abgaben auf Bankeinlagen, Versicherungsprämien und Hotelkosten. Darüber hinaus erhebt der Zwergstaat zwischen Frankreich und Spanien eine Steuer auf Importe.

Das Bankgeheimnis in Andorra gilt derzeit als eines der strengsten der Welt. Es gibt keinerlei Datenaustausch mit ausländischen Behörden. Der Zahlungs- und Kapitaltransfer unterliegt keinen Devisenkontrollen oder Beschränkungen.

Nachteile:
Das Fürstentum ist nach wie vor schwer zu erreichen. Die Fahrt von Barcelona nach Andorra dauert bei guten Verkehrsverhältnissen über zwei Stunden. Die Anfahrt vom französischen Toulouse aus ist noch schwieriger. Unter allen europäischen Steueroasen ist Andorra sicher die abgeschiedenste.

Wer in diesem kleinen Pyrenäenstaat investieren oder sich dort niederlassen möchte, sollte sich entweder bereits gut auskennen oder die Dienste eines seriösen Partners vor Ort in Anspruch nehmen. Im Finanz- und Immobiliensektor des Landes tummeln sich zahlreiche „schwarze Schafe", die Bürger aus dem Ausland kräftig zur Kasse bitten.

Immobilienerwerb/Wohnsitznahme in Andorra:
Ausländer dürfen in Andorra jeweils nur ein Grundstück bis zu einer Größe von 1.000 Quadratmetern oder ein bewohnbares Objekt erwerben. Die Immobilienpreise sind in den vergangenen Jahren drastisch gestiegen. Für manche Objekte werden geradezu astronomische Preise verlangt. Dies führte dazu, dass die Nachfrage nach andorranischen Immobilien in jüngster Zeit gesunken ist. Potenzielle Investoren warten eine Erholung des überhitzten Marktes ab.

Die Makler-Courtage beträgt 5 Prozent und muss üblicherweise vom Käufer gezahlt werden. Zu beachten ist darüber hinaus, dass andorranische Banken Immobilien in der Regel nur bis 50 Prozent beleihen.

Um in den Genuss der steuerlichen Vorteile des Landes zu kommen, müssen Ausländer ihren Hauptwohnsitz in dem Zwergstaat unterhalten. Hierzu bedarf es einer Daueraufenthaltsgenehmigung. Voraussetzung hierfür ist ein bewohnbares Domizil. Dabei spielt es keine Rolle, ob die Immobilie gekauft oder gemietet wurde.

> **Oasencheck: Andorra**
> Politische und wirtschaftliche Stabilität: sehr gut
> Erreichbarkeit: schlecht
> Steuervorteile: sehr gut
> Bankgeheimnis: sehr gut
> Infrastruktur: befriedigend
> Lebensqualität: befriedigend
> Immobilienmarkt: mangelhaft, da extrem hohe Preise
> Gesamtbewertung: gut

Monaco

Vorteile:

Das kleine Fürstentum an der Cote d'Azur (knapp 2 Quadratkilometer groß) ist vor allem als Steuerrefugium für wohlhabende Sportler und Schauspieler bekannt. Ausländer, die in Monaco ihren festen Wohnsitz unterhalten, zahlen pauschal zwischen 15 und 20 Prozent Steuern – vorausgesetzt, sie halten sich mindestens 183 Tage im Jahr in Monaco auf. Lediglich im Fürstentum niedergelassene Franzosen sind von dieser Regelung ausgenommen. Erben oder Beschenkte in direkter Linie sowie der überlebende Ehegatte unterliegen in Monaco keiner Erbschaft- bzw. Schenkungsteuer. Geschwister, Onkel/Tante, Nichten und Neffen zahlen zwischen 8 und 10 Prozent Steuern. Die übrigen Verwandten unterliegen einem Steuersatz von 13 Prozent.

Monaco ist über den nur 22 Kilometer entfernten internationalen Flughafen von Nizza sehr gut zu erreichen. Zwischen dem Fürstentum und dem Flughafen besteht eine Hubschrauberverbindung. Die politische und wirtschaftliche Lage des Landes stellt sich stabil dar, die Lebensqualität ist überdurchschnittlich hoch. Monaco darf zudem als die landschaftlich wohl attraktivste europäische Steueroase bezeichnet werden.

Nachteile:
Die Lebenshaltungskosten sind im Fürstentum der Multimillionäre extrem hoch und können den Steuervorteil schnell aufzehren. Insofern eignet sich Monaco nur als Refugium für sehr wohlhabende Ausländer. Ungewiss erscheint außerdem, welchen Kurs der neue Fürst einschlagen wird. Er kündigte bereits mehrfach an, gegen den „schlechten Ruf" des Landes als Steueroase vorgehen zu wollen. So ist es nicht ausgeschlossen, dass Monaco eines Tages dem Drängen seines übermächtigen Nachbarn Frankreich nachgibt und die Steuergesetze bzw. das Bankgeheimnis ändert.

Immobilienerwerb/Wohnsitznahme in Monaco:
Entgegen einer weitverbreiteten Meinung ist es relativ einfach, eine Daueraufenthaltsgenehmigung für Monaco zu erhalten. Allerdings muss der Antragsteller nachweisen, dass er die hohen Lebenshaltungskosten des Landes finanzieren kann. Dies gilt vor allem für die Mieten. Um eine Aufenthaltsbewilligung zu erhalten, müssen Ausländer (auch aus der EU) in der Einwohnerabteilung der Direktion für öffentliche Sicherheit folgende Dokumente bzw. Bescheinigungen vorlegen:

- Strafregisterauszug
- Eidesstattliche Erklärung, nie strafrechtlich verurteilt worden zu sein
- Mietvertrag oder Eigentumstitel für eine Wohnung oder Liegenschaft in Monaco
- Nachweis vorhandener finanzieller Mittel bzw. einer entsprechenden Erwerbstätigkeit
- medizinisches Attest.

Der monegassische Immobilienmarkt gilt als stabil und krisenfrei. Die Objektpreise sind sehr hoch. Selbst kleine Eigentumswohnungen können mit siebenstelligen Beträgen zu Buche schlagen. Grunderwerbsteuer fällt nicht an, dafür aber Notar- und Gerichtsgebühren von etwa 9 Prozent. Das monegassische Recht ist sehr eng an das französische angelehnt. Insofern wird der Grundbesitz entsprechend abgesichert.

> **Oasencheck: Monaco**
> Politische und wirtschaftliche Stabilität: gut
> Erreichbarkeit: gut
> Steuervorteil: gut
> Bankgeheimnis: gut
> Infrastruktur: gut
> Lebensqualität: sehr gut, aber teuer
> Immobilienmarkt: mangelhaft, da extrem hohe Preise
> Gesamtbewertung: gut (nur für Bezieher höchster Einkommen)

Fürstentum Liechtenstein

Vorteile:
Das kleine Fürstentum am Oberrhein ist gerade für Deutsche schnell zu erreichen. Vom Bodensee aus fährt man knapp eine Stunde bis zur Hauptstadt Vaduz. Im Gegensatz zur Schweiz gehört Liechtenstein dem Europäischen Wirtschaftsraum (EWR) an – also einer Vorstufe zur EU-Vollmitgliedschaft, die derzeit freilich nicht zur Debatte steht. Die Steueroase geriet in den vergangenen Jahren häufig ins Visier der Fahnder und büßte vorübergehend an Reputation ein. Die Regierung in Vaduz gab dem Druck der starken Nachbarn teilweise nach und verabschiedete ein Sorgfaltspflichtgesetz für die Banken und Treuhänder. Am äußerst strengen Bankgeheimnis freilich haben die Liechtensteiner nicht gerüttelt. Es wird konsequenter gehandhabt als in den Nachbarländern Schweiz und Österreich. Ebenfalls wichtig: Die Liechtensteiner Behörden leisten bei einfacher Steuerhinterziehung keine Rechtshilfe. Nur bei gravierenden Fällen von Abgabenbetrug besteht die Möglichkeit, das Bankgeheimnis aufzubrechen.

Ein weiterer Vorteil: In Liechtenstein spricht man Deutsch. Außerdem genießen die dortigen Banker ein hohes Maß an Reputation. Mittlerweile ist es sogar möglich, kleinere und mittlere Beträge in Liechtenstein anzulegen. Fremdwährungsanleihen sind bereits ab 2.500 Euro möglich. Der Kunde sollte dabei jedoch die vergleichsweise hohen Bankgebühren nicht außer Acht lassen.

Nachteile:
Das kleine Fürstentum ist für deutsche Steuerfahnder gleichsam ein rotes Tuch. Selbst wer ganz legale Bankverbindungen mit einer liechtensteinischen Bank unterhält, muss mit intensiven Prüfungen rechnen. Auch in den nächsten Jahren dürfte der politische Druck der europäischen Nachbarstaaten auf Liechtenstein anhalten. Es bleibt abzuwarten, ob Vaduz das strenge Bankgeheimnis lockern wird. Derzeit spricht nichts dafür.

Immobilienerwerb/Wohnsitznahme in Liechtenstein:
Nach wie vor ist es schwierig, eine längerfristige Aufenthaltsgenehmigung für Liechtenstein zu erhalten. Voraussetzungen hierfür sind

- eine Bescheinigung, dass der Antragsteller in Liechtenstein keiner Erwerbstätigkeit nachgeht
- ausreichende finanzielle Mittel, um dauerhaft seinen Lebensunterhalt bestreiten zu können
- eine ausreichende Krankenversicherung.

Aufenthaltsgenehmigungen werden nur für fünf Jahre gewährt. Es besteht jedoch die Möglichkeit der Verlängerung. Auch der Liechtensteiner Immobilienmarkt steht fast ausschließlich den Inländern zur Verfügung. Eine Wohnsitznahme im Fürstentum ist für Ausländer daher kaum interessant.

Oasencheck: Liechtenstein

Politische und wirtschaftliche Stabilität: sehr gut

Erreichbarkeit: sehr gut

Bankgeheimnis: sehr gut

Infrastruktur: gut

Lebensqualität: sehr gut

Immobilienmarkt: für Ausländer weitgehend verschlossen

Gesamtbewertung: sehr gut

4. Großherzogtum Luxemburg

Vorteile:
Die Fahndungsaktionen deutscher Behörden haben Wirkung gezeigt: Das Großherzogtum Luxemburg – nach Malta das zweitkleinste EU-Mitglied – hat einiges an Reputation als nahegelegene Steueroase eingebüßt. Zu Unrecht, denn noch immer zeichnet sich das westliche Nachbarland durch eine Reihe von Vorteilen aus. Im Gegensatz zu den meisten anderen Steueroasen kann Luxemburg als vollwertiger Finanzplatz bezeichnet werden. Die ersten Adressen der Banken und Fondsgesellschaften sind fast alle im Großherzogtum vertreten. Hinzu kommen die liberale Fondsgesetzgebung des Landes und eine Vielzahl von interessanten Finanzinnovationen. Gemeinsam mit den EU-Partnern Belgien und Österreich hat sich Luxemburg dem Willen der EU zum Austausch von grenzüberschreitenden Kontrollmitteilungen an ausländische Steuerbehörden widersetzt. Stattdessen wird ein im Laufe der nächsten Jahre von 15 auf 35 Prozent ansteigender Teil an den Kapitalerträgen ausländischer Anleger als Quellensteuer von den Banken einbehalten und anonym an die Steuerbehörde abgeführt. Davon betroffen sind Zinserträge und Dividenden.

Nachteile:
Die EU drängt Luxemburg – ebenso wie Österreich und Belgien –, spätestens nach Ablauf der jetzigen Vereinbarungen im Jahr 2011 ebenfalls Kontrollmitteilungen einzuführen. Noch sind diese drei Länder dazu nicht bereit. Zwischen Deutschland und Luxemburg bestehen umfassende Rechtshilfeabkommen, sodass beispielsweise bei einem laufenden Steuerstrafverfahren das Bankgeheimnis nicht mehr garantiert ist. Allerdings muss es sich dabei um einen gravierenden Fall von Steuerhinterziehung handeln

Immobilienerwerb/Wohnsitznahme in Luxemburg:
Jeder EU-Bürger kann sich im Rahmen der Freizügigkeit in Luxemburg ohne größere Formalitäten niederlassen. Wegen der relativ hohen direkten Besteuerung macht dies in der Regel jedoch keinen

Sinn. Wer sich dennoch für eine Immobilie in Luxemburg entscheidet, muss wissen, dass man den Eintragungen im Registrierungsbüro (vergleichbar mit den Grundbucheintragungen in Deutschland) nicht unbedingt vertrauen darf. In Luxemburg gibt es keinen öffentlichen Glauben an die Richtigkeit von Grundbucheintragungen. Daher sind die Notare verpflichtet, vor der Beurkundung des Kaufvertrags genau zu prüfen, um Gewissheit über die derzeitigen Eigentümer und die Belastung des Grundstücks zu erhalten.

Die Grunderwerbsteuer liegt bei 6 Prozent des Kaufpreises, die Notare berechnen etwa 1,2 Prozent. Für die Hypothekenbestellung muss der Käufer noch einmal 0,5 Prozent des Darlehensbetrags für den Eintrag ins Register und eine staatliche Gebühr in Höhe von 0,24 Prozent einkalkulieren. Der Notar erhält 0,8 Prozent des Hypothekenbetrags.

Wichtig:
Der Kaufvertrag wird nur beurkundet, wenn die Zahlung des Kaufpreises sichergestellt ist. Deshalb werden Darlehen in der Regel zu treuen Händen an den Notar ausgezahlt.

Oasencheck: Luxemburg

Politische und wirtschaftliche Stabilität: sehr gut

Erreichbarkeit: sehr gut

Steuervorteil: gut bis befriedigend

Bankgeheimnis: gut

Infrastruktur: sehr gut

Lebensqualität: sehr gut

Immobilienmarkt: gut bis befriedigend

Gesamtbewertung: gut für Kapitalanleger, befriedigend für eine Wohnsitznahme (hohe direkte Besteuerung)

5. Österreich

Vorteile:
In den vergangenen Jahren wurde die Alpenrepublik für deutsche Anleger immer interessanter. Und das, obgleich es in Österreich seit dem EU-Beitritt des Landes nicht mehr ganz so diskret zugeht wie ehedem. Zum Beispiel wurden die anonymen Sparbücher abgeschafft. Dennoch schätzen die Anleger das strenge österreichische Bankgeheimnis. So werden auch künftig keine Kontrollmitteilungen an ausländische Finanzämter verschickt. Dafür zahlen die Anleger von jenseits der Grenzen seit 1. Juli 2005 auf ihre Kapitalerträge eine pauschale Quellensteuer. Deren Satz wird in den nächsten Jahren auf bis zu 35 Prozent steigen. Für manche könnte Österreich dann an Attraktivität einbüßen.

Nach wie vor bieten österreichische Banken ein hohes Maß an Diskretion. Dazu gehört zum Beispiel die Einrichtung von Nummernkonten für kleinere Summen. Für Österreich sprechen zudem die geografische Nähe und eben die Tatsache, dass man keine Verständigungsprobleme hat.

Nachteile:
Im Gegensatz etwa zu Liechtenstein leistet Österreich schon im Fall von einfacher Steuerhinterziehung Rechtshilfe für ausländische Behörden. Das im Grunde strenge Bankgeheimnis erweist sich bei näherem Hinsehen somit als etwas löchrig. Außerdem lässt sich derzeit nicht abschätzen, wie sich die Regierung nach Ablauf der von der EU gewährten Übergangsfrist verhält. Nicht auszuschließen, dass sich das Land dann ebenfalls dem europaweiten Kontrollsystem anschließen wird. Es gibt in Österreich in bestimmten politischen Lagern durchaus Stimmen, die den „Oasen-Status" ihres Landes kritisieren.

Wichtig außerdem: Die Einlagensicherung bei österreichischen Banken ist nicht in allen Fällen so weitreichend wie in Deutschland. Bei manchen Instituten gilt nur die europaweite Mindestsicherung von 20.000 Euro pro Kunde. Österreichische Volksbanken und Raiffeisenbanken indessen garantieren die Einlagen zu 100 Prozent.

Immobilienerwerb/Wohnsitznahme in Österreich:
Angesichts der günstigen Steuersätze kann eine Wohnsitznahme in Österreich empfehlenswert sein. Einige prominente Deutsche wissen dies bereits zu schätzen. Deutsche Staatsbürger können unter den gleichen Voraussetzungen wie Österreicher Liegenschaften in der Alpenrepublik kaufen. Allerdings unterliegt der Erwerb einer Immobilie in Österreich den Grundverkehrsgesetzen der jeweiligen Bundesländer. Das heißt, dass in jedem Bundesland andere Bestimmungen für den Immobilienkauf gelten. Zum Erwerb des Eigentumsrechtes an einer Immobilie sind im Nachbarland ein gültiger Kaufvertrag (notariell beurkundet) sowie die Eintragung ins Grundbuch erforderlich.

Oasencheck: Österreich

Politische und wirtschaftliche Stabilität: sehr gut

Erreichbarkeit: sehr gut

Steuervorteil: sehr gut

Bankgeheimnis: gut bis befriedigend (Rechtshilfe)

Infrastruktur: sehr gut

Lebensqualität: sehr gut

Immobilienmarkt: gut

Gesamtbewertung: gut bis sehr gut

6. Schweiz

Vorteile:
Die Schweiz gehört weltweit zu den führenden Finanzmärkten mit internationalem Know-how. Die eidgenössischen Banken genießen eine Top-Reputation. Und schließlich gehört die diskrete Geldanlage schon seit Jahrzehnten zu den Domänen der Schweizer Finanzdienstleister. Der Anleger kann in der Schweiz unter einer Vielzahl innovativer Investmentformen wählen. Das Land gehört weder der Europäischen Union noch dem Europäischen Wirtschaftsraum an

und steht daher nicht unmittelbar unter Harmonisierungsdruck. Die Schweizer Behörden verschicken keine Kontrollmitteilungen an ausländische Finanzämter.

Nachteile:
Eine Steueroase im eigentlichen Sinne ist die Schweiz nicht. Im Gegenteil: Zinserträge werden mit einem Abschlag von 35 Prozent belegt. Was die ausländischen Bankkunden schätzen, sind vielmehr die Diskretion und das strenge Bankgeheimnis. Andererseits musste auch die Schweiz in den vergangenen Jahren Konzessionen machen. Vor allem die USA drängten auf eine Lockerung des Bankgeheimnisses und eine Intensivierung der Zusammenarbeit mit den Behörden anderer Länder. Seit Inkrafttreten der „EG-Richtlinie zur Verhinderung der Nutzung des Finanzsystems zum Zwecke der Geldwäsche" leisten die Eidgenossen verstärkt Rechts- und Amtshilfe. Bankmitarbeiter sind nun teilweise von der Geheimhaltungspflicht befreit. Ferner willigte die Schweiz ein, die Zusammenarbeit auf die Hinterziehung von indirekten Steuern und die Geldwäsche im Falle von Abgabebetrug und Schmuggel auszuweiten. Bei der Hinterziehung von direkten Steuern sieht die Schweiz hingegen keine Verpflichtung zur Rechtshilfe. Es sei denn, es handelt sich um Steuerbetrug. Wo Steuerhinterziehung aufhört und Steuerbetrug anfängt, ist somit von entscheidender Bedeutung. Außerdem betrifft die Hinterziehung bzw. Verkürzung von direkten Steuern häufig auch indirekte Steuern. Wenn zum Beispiel ein Gewerbetreibender seine Betriebseinnahmen nicht oder nicht vollständig erklärt, hinterzieht er (direkte) Einkommensteuer und (indirekte) Umsatzsteuer. Kritiker bezeichnen die Konzessionen der Schweiz gegenüber dem Ausland daher als ein „Trojanisches Pferd" in der bröckelnden „Festung Bankgeheimnis".

Immobilienerwerb/Wohnsitznahme in der Schweiz
Für Bürger der Europäischen Union ist es seit 1. Juni 2002 einfacher, eine Aufenthaltsgenehmigung in der Schweiz zu erhalten. Voraussetzung sind ausreichende finanzielle Mittel sowie der Nachweis einer Krankenversicherung. Wer dermaßen wirtschaftlich abgesi-

chert ist, kann von den Vorteilen des Schweizer Steuerrechts profitieren. Allerdings sollten die deutlich höheren Lebenshaltungskosten und Immobilienpreise mit ins Kalkül gezogen werden. Darüber hinaus gelten für den Erwerb von Wohnimmobilien noch immer Beschränkungen für ausländische Investoren.

Oasencheck: Schweiz

Politische und wirtschaftliche Stabilität: sehr gut

Erreichbarkeit: sehr gut

Steuervorteil: ausreichend, da Quellenbesteuerung

Bankgeheimnis: gut bis befriedigend

Infrastruktur: sehr gut

Lebensqualität: sehr gut

Immobilienmarkt: befriedigend (eingeschränkt und teuer)

Gesamtbewertung: gut

7. Jungholz und Kleinwalsertal

Vorteile:
Unweit vom Skiparadies Oberstorf gelegen, sind diese beiden „Oasen" relativ einfach zu erreichen. Die beiden österreichischen Exklaven werden von deutschem Staatsgebiet umgeben, dennoch gilt in Jungholz und im Kleinwalsertal österreichisches Recht und damit das erwähnte strenge, in der Verfassung verankerte Bankgeheimnis, das die Alpenrepublik seit Jahren für deutsche Anleger so attraktiv macht. Mittlerweile haben sich in diesen Sondergebieten zahlreiche namhafte Banken niedergelassen, die sich größtenteils durch ein hohes Maß an internationaler Finanzkompetenz und Innovationskraft auszeichnen. Banken aus Jungholz und Kleinwalsertal werden von unabhängigen Fachmedien fast regelmäßig zu den führenden Vermögensverwaltern im deutschsprachigen Raum gewählt. Diskretion ist in diesen Alpenrefugien Ehrensache. So bietet eine dortige Bank das sogenannte „Goldfingerkonto" an. Der Kunde nennt bei

seinem Besuch weder seinen Namen noch seine Kontonummer. Er legitimiert sich vielmehr mit einem Codewort und seinem Fingerabdruck. Schon vor Einführung der neuen Zinsbesteuerung innerhalb der EU zum 1. Juli 2005 verwalteten die Banken in Jungholz und im Kleinwalsertal rund 4 Milliarden Euro. Der größte Teil davon stammt aus Deutschland.

Nachteile:
Die Zufahrtswege in diese Sondergebiete lassen sich leicht einsehen und kontrollieren. Mehr als einmal sollen sich deutsche Ermittler auf die Lauer gelegt und die Kfz-Kennzeichen deutscher „Touristen" in Jungholz oder Kleinwalsertal notiert haben. Ob der Sonderstatus der beiden Exklaven wirklich auf lange Dauer uneingeschränkt Bestand haben dürfte, ist angesichts der Begehrlichkeiten der Finanzminister zumindest nicht absolut sicher, obgleich in den nächsten Jahren keine Veränderungen zu erwarten sind.

Immobilienerwerb/Wohnsitznahme in Jungholz/Kleinwalsertal:
Geringes Angebot an Immobilien, außerdem bringt eine Wohnsitznahme in den österreichischen Exklaven keine zusätzlichen Vorteile. Wer Deutschland den Rücken kehren möchte, kann sich in jedem anderen Teil Österreichs niederlassen.

Oasencheck: Jungholz und Kleinwalsertal

Politische und wirtschaftliche Stabilität: sehr gut

Erreichbarkeit: gut

Steuervorteile: gut

Bankgeheimnis: gut

Infrastruktur: gut

Gesamtbewertung: gut

Anhang

Straf- und Bußgeldvorschriften, Straf- und Bußgeldverfahren

Auszug aus der Abgabenordnung

§ 369 Steuerstraftaten. (1) Steuerstraftaten (Zollstraftaten) sind:
1. Taten, die nach den Steuergesetzen strafbar sind,
2. der Bannbruch,
3. die Wertzeichenfälschung und deren Vorbereitung, soweit die Tat Steuerzeichen betrifft,
4. die Begünstigung einer Person, die eine Tat nach den Nummern 1 bis 3 begangen hat.
(2) Für Steuerstraftaten gelten die allgemeinen Gesetze über das Strafrecht, soweit die Strafvorschriften der Steuergesetze nichts anderes bestimmen.

§ 370 Steuerhinterziehung. (1) Mit Freiheitsstrafe bis zu 5 Jahren oder mit Geldstrafe wird bestraft, wer
1. den Finanzbehörden oder anderen Behörden über steuerlich erhebliche Tatsachen unrichtige oder unvollständige Angaben macht,
2. die Finanzbehörden pflichtwidrig über steuerlich erhebliche Tatsachen in Unkenntnis lässt oder
3. pflichtwidrig die Verwendung von Steuerzeichen oder Steuerstempeln unterlässt
und dadurch Steuern verkürzt oder für sich oder einen anderen nicht gerechtfertigte Steuervorteile erlangt.
(2) Der Versuch ist strafbar.
(3) ¹In besonders schweren Fällen ist die Strafe Freiheitsstrafe von sechs Monaten bis zu zehn Jahren. ²Ein besonders schwerer Fall liegt in der Regel vor, wenn der Täter
1. aus grobem Eigennutz in großem Ausmaß Steuern verkürzt oder nicht gerechtfertigte Steuervorteile erlangt,
2. seine Befugnisse oder seine Stellung als Amtsträger missbraucht,
3. die Mithilfe eines Amtsträgers ausnutzt, der seine Befugnisse oder seine Stellung missbraucht, oder
4. unter Verwendung nachgemachter oder verfälschter Belege fortgesetzt Steuern verkürzt oder nicht gerechtfertigte Steuervorteile erlangt.

Anhang

§ 370a Gewerbsmäßige oder bandenmäßige Steuerhinterziehung.
¹Mit Freiheitsstrafe von einem Jahr bis zu zehn Jahren wird bestraft, wer in den Fällen des § 370
1. gewerbsmäßig oder
2. als Mitglied einer Bande, die sich zur fortgesetzten Begehung solcher Taten verbunden hat,
in großem Ausmaß Steuern verkürzt oder für die oder einem anderen nicht gerechtfertigte Steuervorteile erlangt. ²In minder schweren Fällen ist die Strafe Freiheitsstrafe von drei Monaten bis zu fünf Jahren. ³Ein minder schwerer Fall liegt insbesondere vor, wenn die Voraussetzungen des § 371 erfüllt sind.

§ 371 Selbstanzeige bei Steuerhinterziehung. (1) Wer in den Fällen des § 370 unrichtige oder unvollständige Angaben bei der Finanzbehörde berichtigt oder ergänzt oder unterlassene Angaben nachholt, wird insoweit straffrei.
(2) Straffreiheit tritt nicht ein, wenn
1. vor der Berichtigung, Ergänzung oder Nachholung
a) ein Amtsträger der Finanzbehörde zur steuerlichen Prüfung oder zur Ermittlung einer Steuerstraftat oder einer Steuerordnungswidrigkeit erschienen ist oder
b) dem Täter oder seinem Vertreter die Einleitung des Straf- oder Bußgeldverfahrens wegen der Tat bekannt gegeben worden ist oder
2. die Tat im Zeitpunkt der Berichtigung, Ergänzung oder Nachholung ganz oder zum Teil bereits entdeckt war und der Täter dies wusste oder bei verständiger Würdigung der Sachlage damit rechnen musste.
(3) Sind Steuerverkürzungen bereits eingetreten oder Steuervorteile erlangt, so tritt für einen an der Tat Beteiligten Straffreiheit nur ein, soweit er die zu seinen Gunsten hinterzogenen Steuern innerhalb der ihm bestimmten angemessenen Frist entrichtet.
(4) ¹Wird die in § 153 vorgesehene Anzeige rechtzeitig und ordnungsmäßig erstattet, so wird ein Dritter, der die in § 153 bezeichneten Erklärungen abzugeben unterlassen oder unrichtig oder unvollständig abgegeben hat, strafrechtlich nicht verfolgt, es sei denn, dass ihm oder seinem Vertreter vorher die Einleitung eines Straf- oder Bußgeldverfahrens wegen der Tat bekannt gegeben worden ist. ²Hat der Dritte zum eigenen Vorteil gehandelt, so gilt Absatz 3 entsprechend.

§ 377 Steuerordnungswidrigkeiten. (1) Steuerordnungswidrigkeiten (Zollordnungswidrigkeiten) sind Zuwiderhandlungen, die nach den Steuergesetzen mit Geldbuße geahndet werden können.

(2) Für Steuerordnungswidrigkeiten gelten die Vorschriften des Ersten Teils des Gesetzes über Ordnungswidrigkeiten,[1] soweit die Bußgeldvorschriften der Steuergesetze nichts anderes bestimmen.

§ 378 Leichtfertige Steuerverkürzung. (1) [1]Ordnungswidrig handelt, wer als Steuerpflichtiger oder bei Wahrnehmung der Angelegenheiten eines Steuerpflichtigen eine der in § 370 Abs. 1 bezeichneten Taten leichtfertig begeht. [2]§ 370 Abs. 4 bis 7 gilt entsprechend.

(2) Die Ordnungswidrigkeit kann mit einer Geldbuße bis zu fünfzigtausend Euro geahndet werden.

(3) [1]Eine Geldbuße wird nicht festgesetzt, soweit der Täter unrichtige oder unvollständige Angaben bei der Finanzbehörde berichtigt oder ergänzt oder unterlassene Angaben nachholt, bevor ihm oder seinem Vertreter die Einleitung eines Straf- oder Bußgeldverfahrens wegen der Tat bekannt gegeben worden ist. [2]§ 371 Abs. 3 und 4 gilt entsprechend.

Strafverfahren

§ 385 Geltung von Verfahrensvorschriften. (1) Für das Strafverfahren wegen Steuerstraftaten gelten, soweit die folgenden Vorschriften nichts anderes bestimmen, die allgemeinen Gesetze über das Strafverfahren, namentlich die Strafprozessordnung, das Gerichtsverfassungsgesetz und das Jugendgerichtsgesetz.

(2) Die für Steuerstraftaten geltenden Vorschriften dieses Abschnitts, mit Ausnahme des § 386 Abs. 2 sowie der §§ 399 bis 401, sind bei dem Verdacht einer Straftat, die unter Vorspiegelung eines steuerlich erheblichen Sachverhalts gegenüber der Finanzbehörde oder einer anderen Behörde auf die Erlangung von Vermögensvorteilen gerichtet ist und kein Steuerstrafgesetz verletzt, entsprechend anzuwenden.

§ 386 Zuständigkeit der Finanzbehörde bei Steuerstraftaten. (1) [1]Bei dem Verdacht einer Steuerstraftat ermittelt die Finanzbehörde den Sachverhalt. [2]Finanzbehörde im Sinne dieses Abschnitts sind das Hauptzollamt, das Finanzamt, das Bundeszentralamt für Steuern[2] und die Familienkasse.

(2) Die Finanzbehörde führt das Ermittlungsverfahren in den Grenzen des § 399 Abs. 1 und der §§ 400, 401 selbstständig durch, wenn die Tat
1. ausschließlich eine Steuerstraftat darstellt oder
2. zugleich andere Strafgesetze verletzt und deren Verletzung Kirchensteuern oder andere öffentlich-rechtliche Abgaben betrifft, die an Besteuerungsgrundlagen, Steuermessbeträge oder Steuerbeträge anknüpfen.

(3) Absatz 2 gilt nicht, sobald gegen einen Beschuldigten wegen der Tat ein Haftbefehl oder ein Unterbringungsbefehl erlassen ist.

[1.] § 383a eingef. mWv 16.12.2004 durch G v. 09.12.2004 (BGBl. 1 S. 3310).
[2.] Bezeichnung geänd. mWv 01.01.2006 durch G. v. 22.09.2005 (BGBl. I S. 2809).

(4) ¹Die Finanzbehörde kann die Strafsache jederzeit an die Staatsanwaltschaft abgeben. ²Die Staatsanwaltschaft kann die Strafsache jederzeit an sich ziehen. ³In beiden Fällen kann die Staatsanwaltschaft im Einvernehmen mit der Finanzbehörde die Strafsache wieder an die Finanzbehörde abgeben.

§ 391 Zuständiges Gericht. (1) ¹Ist das Amtsgericht sachlich zuständig, so ist örtlich zuständig das Amtsgericht, in dessen Bezirk das Landgericht seinen Sitz hat. ²Im vorbereitenden Verfahren gilt dies, unbeschadet einer weitergehenden Regelung nach § 58 Abs. 1 des Gerichtsverfassungsgesetzes, nur für die Zustimmung des Gerichts nach § 153 Abs. 1 und § 153a Abs. 1 der Strafprozessordnung.

(2) ¹Die Landesregierung kann durch Rechtsverordnung die Zuständigkeit abweichend von Absatz 1 Satz 1 regeln, soweit dies mit Rücksicht auf die Wirtschafts- oder Verkehrsverhältnisse, den Aufbau der Verwaltungsbehörden oder andere örtliche Bedürfnisse zweckmäßig erscheint. ²Die Landesregierung kann diese Ermächtigung auf die Landesjustizverwaltung übertragen.

(3) Strafsachen wegen Steuerstraftaten sollen beim Amtsgericht einer bestimmten Abteilung zugewiesen werden.

(4) Die Absätze 1 bis 3 gelten auch, wenn das Verfahren nicht nur Steuerstraftaten zum Gegenstand hat; sie gelten jedoch nicht, wenn dieselbe Handlung eine Straftat nach dem Betäubungsmittelgesetz darstellt, und nicht für Steuerstraftaten, welche die Kraftfahrzeugsteuer betreffen.

§ 392 Verteidigung. (1)[1)] Abweichend von § 138 Abs. 1 der Strafprozessordnung können auch Steuerberater, Steuerbevollmächtigte, Wirtschaftsprüfer und vereidigte Buchprüfer zu Verteidigern gewählt werden, soweit die Finanzbehörde das Strafverfahren selbstständig durchführt; im Übrigen können sie die Verteidigung nur in Gemeinschaft mit einem Rechtsanwalt oder einem Rechtslehrer an einer deutschen Hochschule im Sinne des Hochschulrahmengesetzes mit Befähigung zum Richteramt führen.

(2) § 138 Abs. 2 der Strafprozessordnung bleibt unberührt.

Auszüge aus der Abgabenordnung zum Thema „Pfändung"

§ 254 Voraussetzungen für den Beginn der Vollstreckung
(1) 1. Soweit nichts anderes bestimmt ist, darf die Vollstreckung erst beginnen, wenn die Leistung fällig ist und der Vollstreckungsschuldner zur Leistung oder Duldung oder Unterlassung aufgefordert worden ist (Leistungsgebot) und seit der Aufforderung mindestens eine Woche verstrichen ist. 2. Das Leistungsgebot kann mit dem zu vollstreckenden Verwaltungsakt verbunden werden. 3. Ein Leistungsgebot ist auch dann erforderlich, wenn der Verwaltungsakt gegen den

---

[1.] § 392 Abs. 1 zweiter HS geänd. mWv 01.09.2004 durch G v. 24.08.2004 (BGBl. I S. 2198).

Vollstreckungsschuldner wirkt, ohne ihm bekannt gegeben zu sein. 4. Soweit der Vollstreckungsschuldner eine von ihm auf Grund einer Steueranmeldung geschuldete Leistung nicht erbracht hat, bedarf es eines Leistungsgebots nicht. (2) 1. Eines Leistungsgebots wegen der Säumniszuschläge und Zinsen bedarf es nicht, wenn sie zusammen mit der Steuer beigetrieben werden. 2. Dies gilt sinngemäß für die Vollstreckungskosten, wenn sie zusammen mit dem Hauptanspruch beigetrieben werden.

§ 259 AO – Mahnung
1. Der Vollstreckungsschuldner soll in der Regel vor Beginn der Vollstreckung mit einer Zahlungsfrist von einer Woche gemahnt werden. 2. Als Mahnung gilt auch ein Postnachnahmeauftrag. 3. Einer Mahnung bedarf es nicht, wenn der Vollstreckungsschuldner vor Eintritt der Fälligkeit an die Zahlung erinnert wird. 4. An die Zahlung kann auch durch öffentliche Bekanntmachung allgemein erinnert werden.

§ 281 AO – Pfändung
(1) Die Vollstreckung in das bewegliche Vermögen erfolgt durch Pfändung.
(2) Die Pfändung darf nicht weiter ausgedehnt werden, als es zur Deckung der beizutreibenden Geldbeträge und der Kosten der Vollstreckung erforderlich ist.
(3) Die Pfändung unterbleibt, wenn die Verwertung der pfändbaren Gegenstände einen Überschuss über die Kosten der Vollstreckung nicht erwarten lässt.

§ 282 AO – Wirkung der Pfändung
(1) Durch die Pfändung erwirbt die Körperschaft, der die Vollstreckungsbehörde angehört, ein Pfandrecht an dem gepfändeten Gegenstand.
(2) Das Pfandrecht gewährt ihr im Verhältnis zu anderen Gläubigern dieselben Rechte wie ein Pfandrecht im Sinne des Bürgerlichen Gesetzbuchs; es geht Pfand- und Vorzugsrechten vor, die im Insolvenzverfahren diesem Pfandrecht nicht gleichgestellt sind.
(3) Das durch eine frühere Pfändung begründete Pfandrecht geht demjenigen vor, das durch eine spätere Pfändung begründet wird.

Mini-Glossar

Abgabebetrug:
Begriff aus dem Schweizer Steuerrecht. Steht für besonders gravierende Fälle von Steuerhinterziehung, in denen die Eidgenossen Rechts- und Amtshilfe für ausländische Behörden leisten.

Abgeltungssteuer:
Pauschale Besteuerung von Kapitalerträgen (zum Beispiel 25 Prozent). Die Steuer wird von den Banken einbehalten und an den Fiskus abgeführt. Keine Freistellungsaufträge erforderlich, keine Steuerhinterziehung mehr möglich. Die Abgeltungssteuer soll ab 2009 auch in Deutschland gelten.

Ansparabschreibung (Ansparrücklage):
Möglichkeit für mittelständische Unternehmen und Freiberufler, sozusagen Anschreibungen „auf Vorrat" vorzunehmen. So können bis 40 Prozent der Summe der geplanten Investitionen vorab steuerlich geltend gemacht werden. Bei einer voraussichtlichen Investitionssumme von 100.000 Euro könnte also der Unternehmer schon im aktuellen Steuerjahr eine Anschreibung in Höhe von 40.000 Euro vornehmen und damit seine Steuerlast reduzieren. Die Ansparabschreibung muss allerdings spätestens bis zum Ende des zweiten auf die Bildung der Rücklage folgenden Wirtschaftsjahrs aufgelöst werden. Wurde die Rücklage nicht oder nicht vollständig in Anspruch genommen, wirkt sich der (Rest)Betrag gewinnerhöhend aus. Außerdem berechnet das Finanzamt pro Jahr 6 Prozent „Strafzinsen".

Außenprüfung:
Kontrolle sämtlicher Steuerunterlagen vor Ort durch einen Prüfer des Finanzamts. Weitergehender Begriff für → Betriebsprüfung.

Bankgeheimnis:
Verpflichtung der Bank, die Kundendaten geheim zu halten. In Deutschland nur noch sehr eingeschränkt gesichert. Das österreichische Bankgeheimnis hat hingegen Verfassungsrang. Streng gehandhabt wird das Bankgeheimnis darüber hinaus in Liechtenstein, Andorra, der Schweiz und Luxemburg.

Betriebsprüfung:
→ Außenprüfung bei Unternehmen und Freiberuflern. Geregelt in Paragraph 193 der Abgabenordnung. Geprüft werden in der Regel drei Jahre. Sollten sich dabei Auffälligkeiten ergeben, kann die Betriebsprüfung erweitert werden.

Briefkastenfirmen:
Unternehmen, die nur zum Schein einen Sitz im steuerbegünstigten Ausland unterhalten (lediglich eine Adresse). Wird unter anderem in Liechtenstein praktiziert. Als Repräsentanten der Firmen, die ihren eigentlichen Geschäftssitz in einem anderen Land unterhalten, treten häufig Anwälte auf, deren Büros als Domizil mehrerer Unternehmen fungieren.

Mini-Glossar

Doppelbesteuerung/Doppelbesteuerungsabkommen:
Treffen zwei Besteuerungsprinzipien zusammen, ergibt sich für den Steuerzahler eine doppelte Belastung. Nach dem Welteinkommensprinzip unterliegt ein deutscher Steuerzahler in seinem Heimatland der uneingeschränkten Steuerpflicht. Zugleich sind seine im Ausland erzielten Einkommen dort beschränkt steuerpflichtig (Territorialprinzip). Eine zweifache Belastung wird durch den Abschluss von bilateralen oder multilateralen Doppelbesteuerungsabkommen vermieden. Deutschland und Andorra zum Beispiel unterhalten kein Doppelbesteuerungsabkommen. Daraus können sich für deutsche Staatsbürger Probleme ergeben.

Durchsuchungsbeschluss:
Bei Verdacht auf Steuerhinterziehung kann die Steuerfahndung mit richterlicher Zustimmung die Privat- und Geschäftsräume des Betreffenden durchsuchen und Gegenstände bzw. Unterlagen und Computer-Festplatten sowie andere Speichermedien beschlagnahmen. Nicht zulässig sind Durchsuchungen in der Nacht (zwischen 21 Uhr und 4 Uhr im Frühjahr und Sommer bzw. zwischen 21 Uhr und 6 Uhr im Herbst und Winter).

EG-Amtshilfe-Gesetz:
Mit dem EG-Amtshilfe-Gesetz (EG = heutige EU) wird der Auskunftsverkehr zwischen Behörden und Gerichten der einzelnen Staaten der Europäischen Union geregelt. Die deutsche Finanzverwaltung ist nach Paragraph 117 der Abgabenordnung berechtigt, die Rechts- und Amtshilfe von Gerichten und Behörden anderer EU-Länder in Anspruch zu nehmen, um in grenzüberschreitenden Steuerfällen zu ermitteln.

Ermessen:
Unter Berücksichtigung des individuellen Einzelfalles haben Finanzbeamte die Möglichkeit, Ermessen auszuüben. Sie können zum Beispiel Steuern erlassen oder stunden.

Erbschaftsteuer-Finanzamt:
Grundsätzlich ist im Erbschaftsfall jenes Finanzamt zuständig, in dessen Bezirk der Erblasser seinen Wohnsitz hatte. Innerhalb einer Region ist meist nur ein (größeres) Finanzamt mit Erbschaftssachen beschäftigt. Beispiel: Erblasser lebte in Lindau (Bodensee), zuständiges Erbschaftsteuer-Finanzamt wäre in diesem Fall Kaufbeuren (Stand 2006).

Festsetzungsverfahren:
Nach einer Frist von vier Jahren kann eine bestehende Steuerfestsetzung nicht mehr geändert werden. Bei leichtfertiger Steuerverkürzung beträgt die Frist fünf Jahre, bei Steuerhinterziehung zehn Jahre.

Geldwäsche:
Der Begriff bezeichnet den Vorgang der Einschleusung illegaler Gelder in den legalen Finanz- und Wirtschaftskreislauf. Gilt als Straftatsbestand. Illegale Gelder können zum Beispiel aus dem Drogen- und Waffenhandel stammen. In Deutschland gilt sogar nicht versteuertes Geld offiziell als „Schwarzgeld".

GNOFÄ:
Abkürzung für „Grundsätze zur Neuordnung der Finanzämter und zur Neuordnung des Besteuerungsverfahrens". Richtlinie, in der unter anderem Umfang und Intensität von Prüfungen festgelegt werden.

Hinterziehungszinsen:
Zinsen, die der Steuersünder für die hinterzogenen Steuern entrichten muss. Berechnet werden 6 Prozent pro Jahr. Damit soll der Zinsvorteil, den sich der Betreffende durch die Hinterziehung angeblich sicherte, ausgeglichen werden. Da aber in den vergangenen Jahren bei keiner wirklich sicheren Kapitalanlage 6 Prozent Zinsen zu erzielen waren, kommen die Hinterziehungszinsen in dieser Höhe indirekt einer weiteren Strafe gleich, auch wenn der Gesetzgeber dies bestreitet.

Kontrollmitteilung:
Mitteilungen, die von den Finanzämtern oder von Zollbehörden untereinander ausgetauscht werden, sobald sie auf steuerlich relevante Vorgänge stoßen. Die Zahl der Kontrollmitteilungen, die mit wenigen Ausnahmen auch grenzüberschreitend erfolgen können, ist in den vergangenen Jahren drastisch gestiegen.

Progressionsvorbehalt:
Zur Ermittlung des Einkommensteuertarifs werden von der Einkommensteuer freigestellte inländische und ausländische Einkommen herangezogen. Auf das zu versteuernde Einkommen ist dabei jener Steuersatz anzuwenden, der sich ergeben würde, wenn die steuerfreien Einkünfte in der Bemessungsgrundlage berücksichtigt würden. Durch die Progressionswirkung ergibt sich ein höherer Grenz- und Durchschnittsteuersatz.

Säumniszuschläge:
Zahlt ein Bürger seine Steuern nicht pünktlich, fallen Säumniszuschläge an. Deren Höhe liegt bei 1 Prozent des rückständigen Steuerbetrags für jeden

Mini-Glossar

angefangenen Monat. Bei einer Zahlungsverzögerung von neun Monaten beträgt der Zuschlag also immerhin schon 9 Prozent. Hat der betreffende Bürger seine Steuern bisher aber durchweg pünktlich gezahlt oder war er zur Fälligkeit der ausstehenden Steuern erkrankt und somit nicht in der Lage, die Überweisung zu veranlassen, können Säumniszuschläge „aus Billigkeitsgründen" erlassen werden. Ein entsprechender Antrag an das Finanzamt erscheint auf jeden Fall empfehlenswert.

Schätzung:
Die Abgabenordnung räumt den Finanzämtern die Möglichkeit ein, Einkünfte eines Steuerbürgers zu schätzen, sofern der Betreffende keine ausreichenden Unterlagen vorlegt. Eine solche Schätzung muss wirtschaftlich plausibel, an den Tatsachen orientiert und schlüssig sein. „Strafschätzungen" sind offiziell zwar nicht zulässig, in der Praxis aber setzen die Damen und Herren vom Finanzamt gern schon mal einen drauf, um einen renitenten Steuerzahler zur Räson zu bringen. Verhindern kann dies der Betroffene in der Regel nur, indem er nachträglich noch Belege präsentiert.

Selbstanzeige:
Freiwillige Selbstbezichtigung gegenüber dem Finanzamt (meist als Abgabe von „Berichtigungserklärungen" getarnt). Vorteil: Der reuige Steuersünder braucht meist keine Strafe zu fürchten. Allerdings muss er die hinterzogenen Steuern samt Zinsen relativ kurzfristig nachzahlen und wird darüber hinaus beim Finanzamt fortan als „schwarzes Schaf" geführt.

Vermögenszuwachsrechnung:
Oft bei Betriebsprüfungen angewandte Methode, bei der zunächst der während der Prüfungsjahre erzielte Vermögenszuwachs ermittelt wird. Hinzu kommen die persönlichen Ausgaben des Steuerzahlers. Danach ermittelt der Prüfer die Einnahmenseite. Zu dem versteuerten Einkommen werden die sogenannten nicht steuerbaren Einnahmen (Erbschaften, Spielgewinne etc.) addiert. Stellt der Prüfungsbeamte fest, dass die Ausgaben deutlich höher ausfallen als die Einnahmen, schrillen bei ihm alle Alarmglocken, und der geprüfte Steuerzahler muss sich auf weiteres Ungemach einstellen.

Vorbehalt der Nachprüfung:
Setzt das Finanzamt einen Steuerbescheid unter den „Vorbehalt der Nachprüfung gemäß Paragraph 164 der Abgabenordnung", so bedeutet dies, dass der Fiskus den Bescheid jederzeit ändern kann. Aber auch der Steuerbürger hat die Möglichkeit, eine Änderung des Bescheids zu beantragen.

Nützliche Links

www.abbl.lu
Verband der luxemburgischen Banken (überwiegend in französischer Sprache).

www.andorra.ad
Zahlreiche Informationen rund um das Steuerparadies Andorra.

www.bankenverband.li
Wichtige Informationen rund um den Finanzplatz Vaduz (Fürstentum Liechtenstein).

www.bzst.bund.de
Bundeszentralamt für Steuern. Dort können unter anderem die jeweils zuständigen Wohnsitz-Finanzämter abgerufen werden.

www.creditandorra.ad
Homepage der Bank Credit Andorra in Andorra la Vella.

www.dstv.de
Homepage der deutschen Steuerberater. Interessante Informationen auch für Laien.

www.living-in-switzerland.com
Für alle, die ihren Wohnsitz in die Schweiz verlagern wollen.

www.redaktion-brueckner.de
Homepage des Autors dieses Buches; quartalsweise Updates.

www.steuerwohnsitz-schweiz.ch
Nützliche Tipps und Infos rund um die Wohnsitznahme in der Schweiz.

www.steuerzahler.de
Homepage des Bundes der Steuerzahler. Eine nützliche Fundgrube für aktuelle Informationen, Urteile etc.

www.steuerlinks.de
Wie der Name schon sagt: Eine Zusammenstellung mehr oder minder brauchbarer Links zum Thema Steuern.

www.swissbanking.org
Schweizer Bankenvereinigung mit Mitgliederverzeichnis.

www.voebb.at
Vereinigung der österreichischen Banken und Bankiers.

Nützliche Adressen

Bund der Steuerzahler
Französische Straße 9–12, 10117 Berlin

Bund der Steuerzahler in den Bundesländern:
Baden-Württemberg: Lohengrinstraße 4, 70597 Stuttgart, Telefon 0711 767740
Bayern: Nymphenburger Straße 118, 80636 München, Telefon 089 1260080
Berlin: Lepsiusstraße 110, 12165 Berlin, Telefon 030 7924014
Brandenburg: Kopernikusstraße 39, 14482 Potsdam, Telefon 0331 747650
Hamburg: Ferdinandstraße 36, 20095 Hamburg, Telefon 040 330663/4
Hessen: Bahnhofstraße 35, 65185 Wiesbaden, Telefon 0611 992190
Mecklenburg-Vorpommern: Karl Marx-Straße 7, 19055 Schwerin, Telefon 0385 5574290
Niedersachsen-Bremen: Ellernstraße 34, 30175 Hannover, Telefon 0511 851016-17
Rheinland-Pfalz: Riedweg 3, 55130 Mainz, Telefon 06131 986100
Saarland: Talstraße 34–42, 66119 Saarbrücken, Telefon 0681 5008413
Sachsen: An der Markthalle, 09111 Chemnitz, Telefon 0371 690630
Sachsen-Anhalt: Lüneburger Straße 23, 39106 Magdeburg, Telefon 0391 5311830
Schleswig-Holstein: Lornsenstraße 48, 24105 Kiel, Telefon 0431 563065/66
Thüringen: Steiger Staße 6, 99096 Erfurt, Telefon 0361 2170790.

Literaturverzeichnis

ALTENKIRCHEN, LARS: Techniken der Geldwäsche und ihre Bekämpfung, Frankfurt 2006
BILSDORF, PETER; WEYAND, RAIMUND: Die Informationsquellen und -wege der Finanzverwaltung – Auf dem Weg zum ‚gläsernen Steuerbürger', Berlin 2005
BIZER, KILIAN; FALK, ARMIN; LANGE, JOACHIM (Hrsg.): Am Staat vorbei, Berlin 2004 (Finanzwissenschaftliche Forschungsarbeiten, Band 73)
BRÜCKNER, MICHAEL: Vermögen sichern und gediegen mehren (Interview mit Privatbankier Christoph Breunig), in Zeitschrift „Kontakt", Lindau 10/2006
BUCHERT, BERND; GNAUCK-STUWE, MANUELA; HELLER, EDGAR: Betriebsprüfung, 4. Aufl., Freiburg 2005

BURKHARD, JÖRG; ADLER, JENS H.: Fehlerquellen in der Betriebsprüfung, Bonn 2003
GÖTZENBERGER, ANTON-RUDOLF: Diskrete Geldanlage, Wien 2006
KIRCHHOF, PAUL: Das Gesetz der Hydra – Gebt den Bürgern ihren Staat zurück, München 2006
MARFELS, MICHAEL: Steuerstrafrecht, Steuerstrafverfahren, Steuerhaftung, Altenberge 2005
SALDITT, FRANZ: Der Bürger zwischen Zuckerbrot und Peitsche (Vortrag auf dem Steuerberatertag am 27. Oktober 2003)
VESZELITS, THOMAS: Die Monaco AG, Frankfurt 2006
WACKER, WILHELM H.; SEIBOLD, SABINE; OBLAU, MARKUS: Lexikon der Steuern, 2. Aufl., München 2005
WINTER, TANJA: Die gewerbsmäßige- und bandenmäßige Steuerhinterziehung, Hamburg 2005

Für alle, die noch etwas zu lachen haben

„Steuern machen glücklich. Für viele ist die Behörde ein Ort des Grauens. Doch wer im Finanzamt arbeitet, kann sich kaum etwas Schöneres vorstellen" (DIE ZEIT vom 23. Juni 2005)

„Der Bürger liebt sein Finanzamt mit der gleichen Leidenschaft wie der Metzger den Vegetarier" (Peter Gillies, deutscher Wirtschaftspublizist)

„Steuern – ein erlaubter Fall von Raub" (Thomas von Aquin, ital. Theologe, 1225–74)

„Der Sturz des kapitalistischen Systems ist unvermeidlich. Er wird durch die Einkommensteuer erreicht werden" (Ephraim Kishon, israelischer Schriftsteller und Satiriker, 1924–2005)

„Am schwersten auf der Welt zu verstehen ist die Einkommensteuer" (Albert Einstein, deutsch-amerikanischer Physiker, 1879–1955)

„Ein König richtet das Land auf durch Recht. Wer aber viel Steuern erhebt, richtet es zugrunde" (Salomon, König von Juda und Israel, 965–925)

„Nichts motiviert den modernen Menschen mehr, als eine Chance, Steuern zu sparen" (Peter F. Drucker, amerikanischer Publizist und Managementberater)

Das Letzte

„Erst beim Abfassen der Steuererklärung kommt man dahinter, wie viel Geld man sparen würde, wenn man gar keines hätte" (Fernandel, französischer Filmkomiker, 1903–71)

„Steuerreform = Ein Gerichtsvollzieher, der sich als Weihnachtsmann verkleidet" (Wolfram Weidner, deutscher Journalist)

„Wen, in bestimmten Einkommensbereichen, das Steuerrecht ohne Vergünstigungen voll trifft, der kann nicht überleben" (Franz Klein, deutscher Jurist, ehem. Präsident des Bundesfinanzhofs)

„Wer mehr als die Hälfte seines Einkommens an das Finanzamt abführen muss, ist mehr darauf bedacht, Steuern zu sparen, als darauf, Geld zu verdienen" (Hans-Karl Schneider, deutscher Wirtschaftswissenschaftler, zwischen 1985 und 1992 Vorsitzender des Sachverständigenrats)

„Die Hydra, dieses alles verschlingende Ungeheuer, ist nach Deutschland geflohen und beginnt hier ihren Schrecken zu verbreiten. Auf ihrer Wanderung ist sie schlauer geworden, damit noch gefährlicher: Sie tritt den Menschen nicht mehr als Ungeheuer gegenüber, das den Kampfesmut weckt, sondern verkleidet sich als Wohltäter, der mit jedem seiner neun Köpfe Subventionen, Steuervergünstigungen und Privilegien verspricht. Doch immer dann, wenn ein Bürger eines dieser Versprechen angenommen hat, verdoppelt sich einer ihrer Köpfe: Neben dem Haupt des leistenden Wohltäters erwächst das noch größere des steuerlichen Übeltäters."
(Professor Dr. Paul Kirchhof, ehemaliger Richter am Bundesverfassungsgericht, Direktor des Instituts für Finanz- und Steuerrecht an der Universität Heidelberg)

Das Letzte

Nicht nur für die Freunde von idyllischen Landschaften rund um die Modelleisenbahn dürfte ein Angebot der Firma Zaldo interessant sein. In seiner Modellbaureihe bietet der Hersteller ein „brennendes Finanzamt" an. Die Anschaffungskosten können wohl nur die Betreiber von gewerbsmäßigen Modelleisenbahnanlagen steuerlich geltend machen ...

Anhang

Statt eines Nachworts

Wussten Sie, dass

... es in Deutschland nur noch 26 Millionen Steuerzahler, aber 28,5 Millionen Transferleistungsempfänger gibt?

... ein durchschnittlich verdienender Single in Deutschland einer Steuer- und Abgabenlast von 51,8 Prozent unterliegt (vergleichbarer OECD-Durchschnitt: 37,3 Prozent)?

... jeder zweite in Deutschland erwirtschaftete Euro über Behörden und Körperschaften des öffentlichen Rechts umverteilt wird?

... es in Deutschland rund 85.000 Verwaltungsvorschriften gibt?

... 70 Prozent der gesamten Fachliteratur zum Steuerrecht in deutscher Sprache erscheinen, obwohl Deutschland nur 2 Prozent zum weltweiten Steueraufkommen beiträgt?

... sich die Bürokratiekosten in Deutschland pro Jahr auf schätzungsweise 80 Milliarden Euro belaufen? Davon könnten nach Ansicht von Experten bis zu 25 Prozent eingespart werden.

Stichwortverzeichnis

Abgabenordnung, Auszug 207
Abgeltungssteuer 83
Abhilfebescheid 72
Aggressives Vorgehen 144
Alkohol 139f.
Alternativ-Konto 165
Alterseinkünftegesetz 43
Altersvorsorgegesetz 30
Andorra 180, 194–196
– Bankgeheimnis 195
– Wohnsitznahme 195
Ansparabschreibung 62f.
Anzeigen, anonyme 51f.
Arbeitnehmerstelle 89
Arbeitszimmer, häusliches 44, 77
Auskunftsperson 64, 66
Auskunftspflicht des Prüfers 65f.
Außenprüfung 42, 63
Außergerichtlicher Einigungsversuch 170
Aussetzung der Vollziehung 73, 75, 167
Auswanderungsländer 191f.

Bande 116, 155f.
Banken, Betriebsprüfung 55
Bankgeheimnis 47, 183
Becker, Boris 34f., 181
Beihilfe zur Steuerhinterziehung 112
Benfordsches Gesetz 66f.
Beschlagnahmeverbot 103f.
Beschlagnahmeverzeichnis 103
Betriebsprüfung 60–67, 89, 131
– Aufschiebung 61
– Aussetzung 61
– bei Banken 55
– digitale 66f.
– Vorbereitungszeit 62
Bewertungsstelle 90
Billigkeitsgründe 168
Blackbox-Verfahren 48
Bleibepost 188f.

Blitzbesuche 62
Breunig, Christoph 10, 120
Briefkastenunternehmen 177
Buchführung 89
Bund der Steuerzahler 27
Bundesanstalt für Finanzdienstleistungsaufsicht 48
Bundesfinanzhof 76
Bundeszentralamt für Steuern 48
Bußgeld- und Strafsachenstelle (BuStra) 90, 94–96

Chi-Quadrat-Test 66f.

Denunziantentum 51–54
– Schutz des Denunzianten 53f.
Deutsche Steuer-Gewerkschaft 44f.
Dienstaufsichtsbeschwerde 74f.
Diskretion 54, 139, 175
Drittländer 187
Durchsuchung 98–100, 102f.
– Gedächtnisprotokoll 103
– beim Steuerberater 103f.

ebay 80
Eidesstattliche Versicherung 172f.
Einheitswertbescheid 90
Einkommensteuerbescheid 70–72
– Änderung 79
– Prüfung 71f.
Einkommensteuererklärung 42–44, 70f.
– Berichtigung 62, 133
– Prüfung 43–47
Einlagensicherung 185
Einspruch 70–77, 167
– Musterbrief 75
Emotionale Faktoren 21
Erbschaftsfälle 46, 57
Erbschaftsteuererklärung 57
Erbschaftsteuer-Stelle 90

221

Stichwortverzeichnis

Erlass der Steuerschulden 168f.
Ermessen, pflichtgemäßes 47, 107, 117
Ermessensspielraum 168
Europäische Union 176f., 190
– Außengrenzen 59f.
– Binnengrenzen 59f.
Europäischer Binnenmarkt 177
European Economic Space (EES) 177
Existenzangst 21, 28f.

Fahrlässigkeit 29, 80, 111
Familienstiftung 178f.
Familienunternehmen 64
Festsetzungsfristen 79f.
Festsetzungsverjährung 78–80, 106f.
Finanzamt, Hierarchie 86
Finanzamt, Sachgebiete 89–93
Finanzgericht 72, 76
Finanzkasse 90
Flat Tax 31f.
Flucht ins Ausland 140–143
Freistellungsaufträge 45, 83

Gafi/Fatf 182
Gefahr in Verzug 95, 98f., 101
Geldbußen/-strafen 106f., 157–160, 166
Geldtransfer, diskreter 59, 186–188
Geldverkehrsrechnung 89
Geldwäsche 117–120, 178, 182
Geldwäschegesetz 120, 155, 178
Gerichtliches Schuldenbereinigungsverfahren 170
Gerichtsverhandlung 157–159
Gewährspersonen 52
Gewerbebetrieb 81
Glaubwürdigkeitsprüfung 47
GNOFÄ 46f.
Graf, Peter 34
Graf, Steffi 34
Grenzkontrollen 59f.
Grunderwerbsteuerstelle 56, 90
Grundsteuer 90

Halbteilungsgrundsatz 21
Handwerker 21, 108
Hauptsachgebietsleiter 87

Hayek, Friedrich A. 26
Hinterziehungszinsen 166

Immobilienkäufe/-verkäufe 46
Inhouselösung 181, 187
Insolvenzverfahren, vereinfachtes 170f.

Jahressteuerbescheinigungen 46
Jungholz 205f.
– Bankgeheimnis 205
– Wohnsitznahme 206

Kanther, Manfred 178
Kapitalerträge, ausländische 49, 127, 134, 178f.
Kassenführung 89
Kfz-Steuer-Stelle 90
Kinder, Freibetrag 83
Kirchensteuer 110
Kirchhof, Paul 21, 31
Kleinwalsertal 205f.
– Bankgeheimnis 205
– Wohnsitznahme 206
Kontenabruf 47–50
Kontopfändung 165
Kontostammdaten 47f.
Kontrollmitteilungen 46, 54–57
– einzelne 55
– flächendeckende 55
Kostenträgerrechnung 89

Lambsdorff, Otto Graf 33
Lang, Joachim 30f.
Legalitätsprinzip 108
Leichtfertigkeit 106f.
Liechtenstein 175–179, 183, 198f.
– Bankgeheimnis 183, 198f.
– Wohnsitznahme 199
Lindner, Patrick 36f.
Lohnsteuer-Arbeitgeberstelle 91
Lohnsteuer-Außenprüfung 91
Luxemburg 200f.
– Bankgeheimnis 184, 200
– Wohnsitznahme 200f.

Stichwortverzeichnis

Mackscheid, Klaus 30
Minoggio, Ingo 150
Monaco 181f., 196–198
– Bankgeheimnis 197
– Wohnsitznahme 197

Nachforderungen 79, 125
Nachprüfung, Vorbehalt der 79
Nebenleistungen 110
Nichtzulassungsbeschwerde 77
Niedrigsteuerländer, außereuropäische 180f.

Oberfinanzdirektion 93f.
OECD 177, 182
Offenbarungseid 172
Öko-Steuer 22
Online-Banking 186
Opportunitätsprinzip 107
Organisiertes Verbrechen 58, 118, 182
Österreich 202f.
– Bankgeheimnis 125, 183f., 202
– Wohnsitznahme 203

Quellensteuer 183

Panikreaktionen 138
Parkkralle 165
Pauschalbesteuerung 191
Pfahls, Ludwig-Holger 37f.
Pfändung 165f., 173
– Auszug aus der Abgabenordnung 210f.
Plausibilitätsprüfung 41
Privateinnahmen 64
Privatinsolvenz 168–171
Privatsphäre 49, 82, 87, 183
Prominente Steuersünder 32–39
Psychologische Hilfe 138
Prüfungsanordnung 61–64
Prüfungsdauer 65

Quinn, Freddy 36

Ratenzahlung, längerfristige 168, 171f.
Rechtsanwalt 76f., 96, 98, 102, 143–146

Rechtsbehelfstelle 91
Rechtshilfe 125, 183f.
Reichensteuer 23
Rentenbesteuerung 78
Restschuldbefreiung 166–171
Reue zeigen 145
Risiko-Management 124
Roter Bogen 121f.

Sachbearbeiter 86
Sachgebietsleiter 87
Sacksofsky, Ute 30
Säumnisaufschläge 73, 110
Schätzverfahren 43
Schenkungsteuer-Stelle 90
Schlichte Änderung 74
Schlüssigkeitsprüfung 47
Schuldenbereinigungsplan 170
Schuldfähigkeit 111
Schuldnerberatungsstellen 168–170
Schumpeter, Joseph 21
Schutzschrift 158
Schwarzgeld 49, 178
Schweiz 176f., 203–205
– Bankgeheimnis 183, 204
– Wohnsitznahme 190f., 204f.
Selbstanzeige 19, 62, 111, 115, 123, 129–134
– Musterbrief 134f.
Servicestelle 91
Siccfin 182
Singapur 181, 187
Sofortrente 51
Soziale Gerechtigkeit 26f.
Spareinlagen, Abfluss 49
Sparerfreibetrag 28, 82f.
Spekulationsgewinne 10
Spitzensteuersatz 192
Sprache der Steuerbehörden 121f.
Staatsanwaltschaft 93f., 120
Steuerausfälle 24
Steuerberater 71, 76f., 96, 98, 102, 143f., 146
– Beschlagnahmeverbot 103f.
– Durchsuchung 103f.
– Zeugnisverweigerungsrecht 103f.

223

Stichwortverzeichnis

Steuerbescheid 70–72
Änderung 79
– Prüfung 71f.
Steuererhöhung 22f.
Steuererklärung 42–44, 70f.
– Berichtigung 62, 133
– Prüfung 43–47
Steuerfahndung (Steufa) 92, 96–99
– Aufgaben 99–101
– Verhalten gegenüber 102f.
Steuergeldverschwendung 27
Steuergesetz, deutsches 26
Steuerhinterziehung 80, 108–111, 168f.
– Anstiftung 112–115
– Beihilfe 112f.
– gewerbsmäßige 115f., 134, 155f.
– Gründe 25–29
– Kriterien 109
Steuermoral 30f.
Steuerordnungswidrigkeit 105–107, 117, 160
Steuerpolitik 22f.
Steuerstrafrecht 105, 115
Steuerstraftat 101, 105–111, 117
Steuer- und Abgabebetrug 184
Steuervereinfachung 30f.
Steuerverkürzungsbekämpfungsgesetz 115
Steuerwiderstand 21
Steuerzahler 23
StraBu 95
Strafbefehl 95f., 149, 156–159, 161
Strafmaßtabelle 150
Straftaxen, regionale Unterschiede 149–151, 159
Straf- und Bußgeldverfahren, Abgabenordnung 207–210
Stundung 171f.
Stundungs- und Erlass-Stelle 92

Tagessatz 153f.
Terrorismus, internationaler 41, 118, 182
Transferleistungsempfänger 23
Treuhänder 177
Treuhandkonto 171

Umsatzsteuer 92, 155, 184, 204
Umsatzsteuersonderprüfung 92
Umsatzsteuervoranmeldung 92
Umsatzverprobung 89
Ungerechtigkeit, Gefühl der 26–28

Veranlagungsstelle 168
Veranlagungsteilbezirk für Körperschaften 93
Veranlagungsteilbezirk für Personengesellschaften 93
Veranlagungsteilbezirk für Steuerpflichtige 92
Verböserung 74
Verbraucherinsolvenz 169f.
Verbrauchsteuer 79
Verbrauchsteuervergütungen 79
Verbrechen, Definition 20
Verfahrenseinstellung 154f., 157
Vergehen, Definition 20
Verhandlungen, direkte 146
Vermögenshinterziehung 172
Vermögenszuwachsrechnung 65, 89
Versicherungen 50f.
Verwarnung mit Strafvorbehalt 157
Vogel-Strauß-Politik 143
Vollstreckungsstelle 93, 165f., 172
Vorsatz 18, 29, 60, 80, 106, 110f., 166
Vorsteuer 155f.
Vorstrafe 108, 154, 157f., 173

Werbekostenpauschale 83
Werbungskosten 44, 64, 71
Wiedereinsetzung in den vorigen Stand 73
Wohlverhaltensperiode 170f.

X-Spider 81

Zinsbesteuerung 206
Zollkontrollen 59f., 187
Zwangsgeld/Zwangsgeldandrohung 109, 165
Zwangsvollstreckungen 165